江苏省优势学科建设工程三期项目

# 现代社会
## 与
## 道德批判

上海三联书店

李志祥 ◆ 著

# 前　言

本书是一部论文集,收录了笔者近二十年来撰写的部分论文。其中有些论文在期刊上公开发表,有些论文只是参与过学术研讨会,并未公开发表。将一段时期内撰写或发表的论文结集出版,在国内学术界乃是一种常态,在国外学术界也比较多见,更有部分此类著作后来发展成了经典著作。在通常情况下,论文集是无须写前言的,读者自己逐篇阅读论文就可以了。本论文集写前言,主要是出于两个考虑:第一,书中部分论文写作时间比较久远,收入本书时基本上保持了原貌,并未作与时俱进的改动,这就需要在前言部分简略提及作者目前的想法;第二,书中的论文是独立成篇的,写作时并未考虑与其他论文的关系,逐篇看比较难以看出其中的逻辑联系,这就需要在前言部分勾画出其中基本的逻辑联系。当然,这种联系并非当年写论文时已经构想好的,而是在汇编成集时赋予的。

## 一、现代社会的双重批判

在笔者看来,当代学术的根本性社会背景只有一个,这就是现代性、现代化或现代社会。西方很多国家正处于现代社会之中,具有比较典型的现代性,其现代化历程始于文化上的启蒙运动,后由知识上的科学化运动、政治上的民主化运动和经济上的市场化运动所加强,其现代化历程一直持续到今天。尽管西方学术界提出了"后现代"概念,但从总体上说,"后现代"只是一种批判性概念,仅限于揭示西方现代性的弊病,并没有提出真正可以替代现代社会的后现代社会。

如果说西方很多国家正处于现代社会之中,那么可以说,我国仍然处于现代化进程之中。我国的现代化历程始于清末,主要经历了三个阶段:第一个阶段是在西方帝国主义列强的坚船利炮下屈辱性地接受了现代性;第二个阶段是在苏联共产主义模式的影响下艰难地探索现代性;第三个阶段是在改革开放的旗帜下主动地进入现代性。尽管中国的现代化发展速度非常迅猛,尽管学术界早已开始探索西方曾经热议过的"后现代"概念,但学者们仍然理性地意识到,中国仍然处于现代化进程之中,中国社会并未产生普遍成熟的现代性。

在现代社会中,道德处于一种"祛魅"状态。道德的根本意义在于调和社会需求与个人私欲之间的冲突,使社会需求战胜或者约束与之相冲突的个人私欲。在传统社会,道德往往处于"附魅"状态,即以神魅作为基础,从而使道德的社会需求借助神魅的力量战胜不道德的个人私欲。而在现代社会,道德的神魅基础被理性所祛除,人们重新找回了道德的世俗基础,从而以理性的利益取代了非理性的神魅。随着神魅的祛除,与神魅同在的信仰盲目性和道德神圣性也必将消失,这就必然给现代社会提出一个重大问题:在一个后"祛魅"的时代,世俗的非神圣性如何能提供道德的神圣基础。

面对现代社会,处于重建中的道德仍然要保持一种反思的或批判的态度。这种反思的或批判的态度,一方面体现为否定性的,即根据一定的道德理想和价值王国,从伦理道德的角度指出现代社会的弊病或不足,进而提出各种更具道德性的替代性方案;另一方面则体现为肯定性的,即根据一定的道德理想和价值王国,从伦理道德的角度为现代社会提供伦理辩护,肯定现代社会各种制度措施的道德价值。从这个意义上说,现代道德在现代社会中扮演了双重角色:一种是体现内在善的目的角色,一种是体现工具善的手段角色。这双重角色奠定了伦理学研究的双重向度——目的向度和工具向度,其中,目的向度可以为当代社会提供具有内在价值、值得人们追求的理想目标,而工具向度则可以为当代社会提供具有手段价值、可以帮助社会实现其理想的道德工具。缺少其中任何一个向度,伦理学都难以完成自己的社会使命。

## 二、资本主义现代社会的道德批判

西方的现代社会是以资本主义社会形式到来的,资本通过商品和市场占领了世界,取代了传统社会中血缘和政治的支配地位。面对君临天下的现代性,西方社会出现了三种态度:居于边缘地位的保守势力反对资本主义现代性,希望退回到更为温馨的、以小农经济为基础的传统社会;居于主导地位的资本势力欢迎资本主义现代性,希望市场经济、民主政治和个人主义进入世界的每一个角落;而处于被压迫地位的劳动势力则想超越资本主义现代性,希望将现代性建立在更为公平正义、更具人性的基础之上。

马克思主义者正是从第三种立场出发批判了资本主义现代社会,他们力图继承资本主义社会先进的生产力,但又尽力超越资本主义社会落后的生产关系。正是在这个意义上,马克思在《资本论》中对资本主义社会展开了两个方面的道德批判:第一,《资本论》批判了为资本主义社会作合理辩护的资产阶级伦理思想,指认资本主义市场经济并不能产生真正的自由观念和平等观念,因为自由和平等只存在于流通领域,一旦进入生产领域就会完全消失。第二,《资本论》批判了资本主义经济社会的不道德性,它以剩余价值理论揭示了资本主义生产关系的剥削性,以商品拜物教和资本拜物教理论揭示了资本主义生产关系的异化性。

在经济与道德的关系问题上,历史唯物主义理论强调经济关系对道德观念的决定作用,因为经济隶属于经济基础范围,道德隶属于社会意识范围,经济基础决定社会意识就意味着经济关系决定道德观念。但是,一些机械唯物主义者曲解了这种决定关系,并最终将历史唯物主义推向了自发的、机械的决定论,即有什么样的经济关系,就会自发地、机械地产生相应的道德观念,不需要任何人作任何主观努力。马克思主义者对自发经济决定论进行了三次批判:第一次是恩格斯晚年对德国青年派机械经济决定论的批判;第二次是列宁对俄国经济派经济主义的批判;第三次是卢卡奇和柯尔施对第二国际庸俗唯物主义的批判。在道德建设方面,自发经济决定论的本质危害在于把一切道德问题都还原为经济问题,用经济建设替代、取消了道德建设。

在马克思恩格斯之后,西方马克思主义者走上了一条继承却又偏离马克思主义的批判道路。自霍克海默之后,经济批判理论偏离了马克思开启的生产关系批判道路,逐步转向了生产力批判。在生产关系批判理论看来,资本主义生产关系是资本主义经济恶产生的源头,它直接导致了资本主义剥削、奴役以及物化现象,因此,通过无产阶级革命,改造资本主义生产关系,就能走向理想社会;而在生产力批判理论看来,资本主义生产力是资本主义一切社会问题产生的根源,以科技为代表的、人对自然的控制直接催生了控制、顺从以及极权现象。由于这种控制深入各个社会生活领域,摆脱控制走向自由独立的希望十分渺茫。很显然,将生产力批判置于经济批判理论的核心,没有认识到生产关系才是各种社会问题产生的根源,这是西方马克思主义经济批判理论误入歧途的根本原因。

而在马尔库塞之后,从生产关系批判向生产力批判的转向呈现出另一种方式,即从资本主义经济批判转向了经济批判。以超越经济取代超越资本主义经济,是西方马克思主义社会批判理论思想发展的一个主要方向。马克思与马尔库塞在经济观方面的根本分歧有三点:

一是人能否在经济活动中实现其本质,马克思认为人正是在劳动中实现其本质,而马尔库塞则认为在经济活动中人受操作原则支配,所以人只能在经济活动之外实现其本质;二是经济在资本主义社会发展过程中是否具有优先性地位,马克思强调经济在整个社会结构中的核心和优先地位,而马尔库塞认为经济优先性只是匮乏社会的产物,在富裕社会中经济必然会丧失其优先地位;三是我们应该超越的是资本主义经济形态还是所有的经济形态,马克思认为未来社会应该超越资本主义经济形态,而马尔库塞认为未来社会应该超越的不仅仅是资本主义经济形态,而且是一切经济形态。很显然,在强调经济优先性的基础上对资本主义经济形态展开批判是历史唯物主义的基本要求,而在批判资本主义经济形态的过程中消解经济优先性必然会偏离历史唯物主义。

从总体上看,在马克思恩格斯开创历史唯物主义经济批判道路之后,西方马克思主义的经济批判理论在诸多方面背离了马克思主义。在历史观方面,它们恢复了人的主体性地位,但抛弃了社会发展规律的客观性。在人性论方面,它们看到了人的自由本质,却忘记了人的社会本质。在经济观方面,他们发现了理性在经济活动中的作用,却忽视了经济关系的根本决定作用。在具体经济现象方面,它们指认了科技、组织和消费的意识形态性,却丢掉了生产关系的决定性。

### 三、个人价值与社会共享

从传统社会进入到现代社会,个人的形象发生了根本性的变化。在传统社会里,个人是作为共同体成员存在的,或者是作为城邦的公民,或者是作为教会的子民,或者是作为家族的成员。其中,共同体优先于个体,共同体赋予个体以社会角色和生存意义。但进入现代社会以后,自由独立的个体形象出现了,个人开始优先于共同体,一切共同体(包括国家、教会、家庭等)都变成了实现个人权益的工具。在这种情况下,一种以自我利益为基础的道德理论出现了,更强调自我利益的思想观念出现了,先是以马基雅维利为代表的极端利己主义,然后是以霍布斯为代表的合理利己主义,在当代中国则发展出了精致利己主义。

自利能否作为一种合理道德体系的基础呢? 马基雅维利的极端利己主义早已被严肃的伦理学理论所抛弃,而霍布斯的合理利己主义自其诞生之日起就受到了其他学者的攻击,沙夫茨伯里和哈奇森的情感主义、边沁和穆勒的功利主义以及康德的自由主义都坚决反对将自利作为道德的基础。这其中,休谟对合理利己主义的批判相对来说更为系统深刻。休谟从三个方面批判了合理利己主义:一是以"自爱加仁爱"的混合人性论批判人性自私论,为道德奠定了仁爱情感基础;二是以明智旁观者的同情论批判了自爱论,将自利和私欲驱逐出了道德认识论;三是以一般福祉论批判了自利论,将公益与私利融合进了道德目的论。休谟对合理利己主义的批判留给我们的重要启示是:第一,道德体系不能完全奠基于自利,必须充分激发每一个人的道德荣誉感;第二,道德体系不能完全违背自利,必须尽力创造德福一致的各种条件。

从对利己主义的批判可以看出,个体地位的上升并不意味着自我利益可以成为道德的基础,究其原因,乃在于个体地位的上升意味着每一个个体地位的上升,而不仅仅是自我地位的上升。利己主义看到了自我地位的上升,但忽视其他个体地位的上升,从而错误地预设自我对于他人的优先性。在克服自我利益优先性的基础上,现代社会更强调个体间的不偏不倚性,无论是功利主义还是自由主义,都在强调个体的同时取消自我的优先性,强调道德的可普遍性。作为利己主义的替代物之一,个人主义在一定意义上满足了这些要求,它对每一个个体都一视同仁,认为自我与他人完全平等。如果说合理利己主义还留下了可以为自我利益伤害他人利益的余地,那么个人主义则以所有个体权益平等取消了伤害他人的可能性。个人主义在解决了自我与他人关系的同时,却留下了另外一个问题:如何处理个体与共同体的关系。在这个问题上,个人主义与利己主义一样,骨子里都是个人权益至上,都坚持个体对于共同体的优先性。由此留下的隐患是:个人主义极有可能使个人陷入自我圈子,从而将公共领域拱手让给潜在的独裁者。良好的自发性社交倾向可能会将个人从自我圈子引向公共领域,但在缺乏自发性社交习惯的社会里,盲目提倡个人主义只会导致公共生活的衰亡。

中国在发展现代化的道路上,始终是反对利己主义和个人主义的,因为公有制经济无法与利己主义和个人主义相兼容。但随着社会主义市场经济体制的建立,随着市场份额的不断扩大,中国在坚持共同体优先性的同时,加大了对个体权益和地位的关注力度。这种关注体现为两个方面:一方面是坚持按劳分配原则,承认通过正当方式先富的合理性,而不是盲目要求均等和同步富裕;另一方面则是坚持公平正义,要求全体人民共享发展成果,而不是只让少数人享有发展成果。由此产生的结果是:大多数人可以通过共建的方式享有发展成果,从而过上体面的幸福生活;少数贫困者可以通过共生的方式享有发展成果,从而过上有保障的基本生活。从表面上看,中国社会与西方社会同样关注个体权益,尤其是关注社会弱势群体的权益,但无论是关注的理由,还是关注的方式,二者都有所不同。功利主义者关注个体权利,是为了增加整个社会的福利总量,但他们可能以同样的理由侵犯个体权利;自由主义者关注个体权利,是为了履行所有个体共同签订的契约,但他们所关注的主体可能不包括那些不能签订契约的生命;社会主义者关注个体权利,是为了共同体的繁荣发展,每一个成员的意义在于他们都是共同体的基本组成部分。

在社会主义者眼中,每一个人不仅作为个体而存在,更要作为公民而存在,作为国家的公民而存在。要促进共同体的繁荣发展,就必须培养和促进每一个个体的公民意识。一方面,加强公民道德建设,可以借鉴国外相对成熟的公民建设经验,特别是古希腊的城邦本位型公民道德发展模式,通过城邦统筹系统培养、理性艺术军事多头教育、公共闲暇活动观摩演习、公共政治活动实践强化以及制度法规限制保障等手段,进一步强化个体的公民意识。另一方面,加强公民道德建设,还必须处理好与社会主义市场经济建设的关系。加强公民道德建设是深化和发展社会主义市场经济的必然要求,公民道德建设既能通过创造相应的伦理精神和伦理环境为发展社会主义市场经济创造必要的伦理条件,又能通过确立更高的道德标准来保障社会主义市场经济发展的方向。但绝对不能用市场经济建设来替代公民道德建设。

中国现代化建设的关键在于"三农",其中特别是农民的现代化建设。中国农民的现代转型,不能仅仅是生产生活的现代转型,还必须包括思想观念的现代转型,尤其是经济德性的现代转型。在漫长的自然经济时代,中国农民在乡土依恋中形成了重利求稳、勤劳节俭、信任互助、关爱家园等独特的传统经济德性。在现代市场经济的洗礼下,中国农民在传统经济德性的基础上又新生了诸多现代的市场经济德性。传统德性源于乡土,现代德性源于市场。从未来发展看,中国农民一方面要完善现代市场所需的新兴经济德性,为实现农民的现代转型奠定必要的精神基础;另一方面要弘扬具有现代价值的传统经济德性,为促进世界的现代发展贡献中国农民的独特智慧。

## 四、道德资本与企业发展

"道德资本"概念是由南京师范大学伦理学科创始人王小锡教授

提出和论证的一个经济伦理学概念,并且已经发展出一个相对完备的道德资本理论体系。这一概念和理论的实质是要阐明道德的工具性功能及其在经济建设中的积极作用,目的是动员一切能够促进经济发展的道德元素,推动经济发展和道德建设的双赢局面。"道德资本"概念是传统"道德"概念和"资本"概念在现代化过程中的产物。它一方面总结了道德功能格局的历史变迁结果,即从道德的目的性功能居于主导地位,到道德的目的性功能与工具性功能相分离,再到道德的工具性功能异军突起;另一方面体现了从"实物资本"发展到"人力资本"、再到"文化资本"这一资本概念发展的时代趋势。

对于企业来说,履行道德义务(无论进行企业创新、讲究企业诚信、履行企业社会责任等)往往体现为一种企业负担,因为履行道德义务必然要付出额外的经济成本,但这些经济成本能否获得回报不得而知。另一方面,企业履行道德义务也可能成为一种企业资本,只要企业履行道德义务的回报大于其支出。在道德资本理论看来,企业的合德行为会引发道德赞赏,进而会引发基于道德认同的经济支持。从这个意义上讲,企业履行道德义务最终能否转化为企业道德资本,取决于企业履德行为能否引发利益相关者合理的道德反应,以及基于这种道德反应的经济反应。根据道德资本理论,推进企业道德建设的关键是要合理搭建企业履德行为与公众道德反应之间的桥梁,使企业败德行为受到应有的谴责和惩罚,企业履德行为得到应有的赞赏和支持,最终实现企业的"德""福"一致、"义""利"共生。

从道德资本理论来看,企业缺德,人人有责。当然,企业自身负有主要责任,企业作为社会存在物,必须履行自己应尽的社会责任,否则就会失去企业的社会存在意义。尽管如此,道德资本理论提醒我们,企业是否履德,不仅企业自己要负责任,而且所有的企业相关者都要负责任。企业相关者的责任在于,企业行为在一定程度上受社会反应的影响。很显然,如果社会愿意为企业履德行为买单,主动对企业失德行为施加额外惩罚,使企业履德行为能够带来更好的收益,失德行为带来更大的损失,那么,企业肯定会乐意履德而不是失德。从这个意义上说,消费者必须积极维护自己的消费权益,公众必须积极地表达自己的道德毁誉,进而促进企业的道德建设。

以上文字,仅仅是今我的表意,并非昔我的本义,或许可以作为今我对昔我的反思解读。

是为前言。

李志祥

2019 年 4 月 7 日于南京颐和公馆区

# 目　　录

# 第三部分　个人价值与社会共享

# 第四部分　道德资本与企业发展

# 第一部分

# 方法与视野

# 道德的附魅与祛魅<sup>*</sup>

在道德的基础这个问题上,思想界历来存在两种几乎完全相反的观点:一种观点主张在超利益的神圣基础上建构道德,与之相反的观点则要求在纯利益的功利基础上建构道德。前者可以称之为"道德附魅论",后者可以称之为"道德祛魅论"。这两种思想的对立向伦理学界提出了一个重要问题:道德究竟需要附魅还是祛魅? 在已经由现代化进程进行过道德祛魅的今天,这个问题显得尤为现实和重要。

## 一、道德之"魅"的根源

对于道德来说,"魅"是一种外在的东西,只有当道德不具备一定意义上的自洽性,即不能从根本上完成自身所应承担的功能时,外在的"魅"才有可能由一种外在的东西变成一种必要的东西。因此,道德需要附魅还是祛魅的前提问题是:道德自身有何不足,以致需要外在的"魅"来助其生存? 这个问题就是道德之"魅"的根源问题。

道德"起源于社会的存在和发展的需要,是维持社会活动秩序从而保障其存在和发展的手段",[①]这就是说,作为一种社会要素,道德需

---

\* 本文主要内容曾以《道德的附魅与祛魅》为题刊发于《道德与文明》2010 年第 3 期。

① 王海明:《新伦理学》,北京:商务印书馆 2001 年版,第 139 页。

要完成一定的社会功能,需要通过规范和约束社会成员的行为,以维护和保证特定的社会秩序。事实上,承担这一功能的社会要素不只是道德,还有宗教和法律。这三种社会要素尽管辖域不尽相同,作用方式也不尽相同,"法律最终以道德为基础,道德最后建立于宗教之上",①但在社会功能方面却是完全一致的,都要求通过影响社会成员的行为来满足特定的社会秩序要求。从最根本的意义上说,无论是宗教、法律还是道德,它们的直接作用对象都是社会成员的个体行为,而最终目的都是确保特定的社会秩序。

通过影响社会成员的行为来维护特定的社会秩序,首先要求把社会秩序这个外在需求转化为社会成员的内在需求。无论社会秩序是否集中体现统治阶级的根本利益,它在实际上都是特定社会生存发展的根本保障,都反映着特定社会总体的根本利益。因此,特定社会秩序的需求,实际上就是特定社会整体利益的需求;要转化为社会成员需求的,就是特定社会整体利益对社会成员个体提出的行为需求。换句话说,一个社会对其成员提出的行为要求,其根本出发点是特定社会的整体利益,而不是社会成员的个人利益。由于社会整体利益并不直接体现为社会成员的个人利益,所以源于社会整体利益的需求对于个人来说必然首先体现为某种外在的东西。于是,这个"转化"就带有一定的"强加"意味,它是把某种外在的要求强加给社会成员。

在转化或强加的过程中,道德(也包括宗教和法律)必然会碰到一种强大的反抗力量,这种力量就是源于社会成员作为个体的真正的内在需求。同社会一样,个人也要生存和发展,而且个人自己的生存和发展对于个人来说乃是头等大事,其重要性远远高于所有其他需求,因为它直接代表着个人的根本利益,正如亚当·斯密所承认的:"同那

---

① [美]伯尔曼:《法律与宗教》,梁治平译,北京:生活·读书·新知三联书店1991年版,第154页。

些与别人相关的东西相比,每个人都会更密切地关注一切与他自己切身相关的东西。"①源于个体生存发展的需求具有两大特点:其一,它对个人来说是一种天然的、内在的需求;其二,它对个体行为的影响力远大于所有其他因素。如果把个人放回到社会中,恢复其社会成员的本貌,那么我们就不得不指出:社会成员对自己提出的行为要求,其根本出发点必然首先是社会成员的个人利益,而不是特定社会的整体利益。

社会整体利益的外在需求与成员个体利益的内在需求有可能在某些方面是吻合的,但不可能是完全一致的,二者并不具有必然的完全的一致性。这种不一致性,正是一切道德问题作为问题的根源。从集体主义的角度看,社会整体利益可能会偏离成员个体利益,这一方面是因为社会整体要考虑的是"每一个个人的全面而自由的发展",②而不是某个专门成员的利益,另一方面是因为社会整体还要考虑由个体聚合而成的,但又不同于个体的整体利益。从自由主义角度看,个体利益也可能会偏离社会整体利益,这一方面是因为"人们所能够知道的只是整个社会中的极小一部分事情",③另一方面是因为个体从天性来说关心自己更甚于关心他人和社会。

既然社会整体利益与成员个体利益之间并不具有必然的一致性,那么,外在的社会需求在转化为内在的个体需求时必然会面临原有个体需求的奋力抵抗。在这种情况下,转化或强加过程必须完成两个任务:第一,外在的社会需求必须内化为个体的需求,毕竟一切个体的行为都直接由个体需求所决定;第二,内化了的社会需求在与原有个

① [英]亚当·斯密:《道德情操论》,余涌译,北京:中国社会科学出版社2003年版,第89页。

② 《马克思恩格斯全集》(第44卷),北京:人民出版社2001年版,第683页。

③ [英]冯·哈耶克:《个人主义与经济秩序》,邓正来译,北京:生活·读书·新知三联书店2003年版,第19页。

体需求相冲突的时候必须能够压制原有的个体需求，使内化了的社会需求在个体总需求中居于首位。只有社会需求能够压制个体需求，社会秩序和社会需求才能在个体行为中得到保障。

转化或强加过程能否顺利完成，取决于施加在个人身上的双方力量对比，即施加于个人身上的社会需求的力量与源于个人自身的个体需求的力量孰大孰小。谁的力量强大，它就有可能压倒另一方。事实上，在自然状态下，个体需求的力量必然是强大的，因为它是一切个体行为的力量之源。那些个体需求力量弱小的情形，仅仅只是被相反力量削弱之后的结果，而不是真正的原初状态。而社会需求的力量大小，直接体现为社会整体利益与个人利益的相关度，毕竟社会利益主要是通过影响个人利益来影响个人行为的。当社会整体利益不能对个人利益产生任何影响时，社会需求就会变得抽象、空洞而无力。因此，要想顺利完成转化或强加过程，就必须通过各种方式来加强社会需求的力量，特别是加强社会需求与个人利益之间的联系，使之能够压倒或战胜原有的个人需求。

社会需求是必须要推行的，否则社会就无法顺利地生存发展；个体需求是力量强大的，它是个体行为的力量之源。这样一来，宗教、道德和法律所面临的共同难题是：社会需求通过何种方式进入到个体需求之中？社会需求又通过何种力量战胜和压制强大的个体需求？这个力量可以来自超凡脱俗的"魅"，也可以来自凡尘世俗的"利"。这就提供了道德之"魅"可能存在的空间，也提供了道德的附魅史和祛魅史的基础。

## 二、道德的附魅

自人类社会存在以来，有团体存在的地方都面临着一个普遍性的难题：如何解决社会利益（或团体利益）与个人利益之间的冲突。这个难题对于社会（或团体）来说就是，在相互冲突的时候，社会利益（或团体利益）如何才能压制或战胜个人利益。

在前资本主义社会，解决这一难题的主要途径就是"附魅"，即将道德与某种神圣的"魅"联系起来，通过附加"魅"来增强道德（即社会需求）的力量，削弱个体需求的力量，最终协助社会需求压制和战胜个体需求。原始社会的图腾崇拜通过图腾支持禁忌，西方社会的宗教信仰通过上帝宣扬十诫，中国社会的良心理论通过天良传播仁义，这些思想或理论在实质上都起着道德附魅的作用。

具体说来，前资本主义社会的道德附魅主要由三个方面的内容组成：

第一，在源头上，将社会需求隐密为神或人的需求。道德附魅的首要任务就是附道德以"魅"，使人看不清道德的真正利益基础，看不清道德在根本上是代表社会整体利益的需求，取而代之的是，将道德归为某种"魅"的要求。这种"魅"的要求，或者是原始社会里的部落禁忌，或者是宗教神学中的神谕，或者是人之为人的本性。这些附魅所表达的意义是，道德不是社会整体利益的世俗的要求，而是某种超验物的超世俗的要求。进而，这样一种超凡脱俗的道德要求不仅仅是一种外在的要求，而且是"人之异于禽兽"的内在要求，[①]也就是说，是人对自己作为人而提出的根本要求。正是通过附魅，道德获得了一种超越一切世俗利益的强大力量、一种能够战胜和压制个人利益的力量。

第二，在内容上，直接将压制个人对物质利益的需求设定为主要目标。道德的"魅"不仅在于作为道德源头的神圣性，而且还在于作为道德内容的神圣性。无论是部落禁忌、宗教神学还是先天良心论，莫不以不同程度的禁欲主义作为其核心要求。比较通常的做法是，将人

---

① 《孟子·离娄上》。

的需求分为两个部分,一个部分是与世俗物质享乐相关的需求,一个部分是与高尚精神追求相关的需求。前者一般被归结为人的动物性,后者一般被归结为人的神性。在这二者之间,动物性是必须要超越的,神性是必须要追求的。这套附魅程序的实质内容是,作为社会需求的道德被悄悄地放入人的神性部分,所有个人需求被悄悄地放入人的动物性部分,于是,在"神圣的、不朽的、智慧的、一致的、不可分解的、而且永不改变的"对于"凡人的、现世的、多种多样的、不明智的、可以分解的、而且变化无定的"的优越中,[①]社会需求轻而易举地战胜了个人需求。

第三,在动力上,一般求助于信仰和良心的力量。道德附魅使社会需求通过转化为神或者人的要求进入个人,并将个人的原始需求转化为动物性需求而剔除出个人,这又是依靠一种什么样的心理动力机制来完成的呢?是非理性的信仰或者先验的良心。有了神和人作为基础,道德附魅一般能够营造非常强大的、以舆论或者暴力为基础的社会制裁机制,这种强大的社会制裁机制最终被社会成员内化,积淀成一种强大的内在制裁机制,或者是一种坚定的精神信仰机制,或者是一种强大的、以"自然与健全的情感"为基础的先天良心机制。[②] 这些内在制裁机制力量非常强大,它往往能够在动机这个源头上扼杀一切个人利益的冲动。

借助这种"魅"和神性,社会需求全面压制和战胜个人需求,而这样一种局面是与前资本主义社会个人与社会的现实关系分不开的。在前资本主义社会,社会(和群体)是强大的,个体是弱小的,社会(和群体)对个体来说呈现为一种无法战胜而只能服从的客观因素。原始社会里部

①［古希腊］柏拉图:《斐多》,杨绛译,沈阳:辽宁人民出版社 2000 年版,第 42 页。
②［英］沙夫慈茨伯里:《人、风俗、意见与时代之特征——法夫茨伯里选集》,李斯译,武汉:武汉大学出版社 2010 年版,第 206 页。

落对于个人的超强性,封建社会里家族对于个人的超强性,都表明了这一点。当个人在社会(和群体)中不能感受到自己的力量,而只能服从社会(和群体)的力量时,社会需求就自然而然地具有一种超验的神性。

被附魅了的道德,全面支配了个人生活,它以"善"的名义,既关注个人自身的价值选择,也关注个人与他人、社会的关系;它以二元对立的模式,选择了作为社会需求化身的精神或灵魂,把作为个人需求化身的物质享受打入了地狱;在神和人的支持下,它建立了强大的信仰和良心体系,从自己内部开始制约一切与个人需求相关的东西。道德附魅的结果是:道德被宗教化了,人身上的神性成了道德的基础,道德与利益之间的内在联系被切断了。有了这种宗教性的"魅",道德也就获得了由神性带来的崇高感,享受高高在上的地位,这种崇高感和地位可以部分抵消禁欲给个人带来的痛苦。但是,当物质世界的大门被资本完全洞穿后,道德的"魅"必然会被无情地撕碎,道德也必然会从天上回归人间。

## 三、道德的祛魅

资本出现了,它引领世界昂首阔步地走入现代社会。资本这种"普照的光"和"特殊的以太"在赋予一切社会事物以资本的新属性的同时,也在不断清除着前资本主义社会事物的神性。[①] 一切原先被附魅的事物,都被资本从天国拉回尘世,原先服务于神的东西,现在被资本拉过来为自己服务。资本的不断发展之路,也就是包括道德在内的神圣事物的不断"祛魅"之路,其结果是"再也没有什么神秘莫测、无法计算的力量在起作用"。[②]

---

① 《马克思恩格斯选集》(第 2 卷),北京:人民出版社 1995 年版,第 24 页。

② 〔德〕马克斯·韦伯:《学术与政治》,冯克利译,北京:生活·读书·新知三联书店 1998 年版,第 29 页。

　　祛除附在道德身上的"魅"，也就是将神从道德的基础中剔除出去，将原先被神遮蔽掉的世俗利益显露出来。祛魅了的道德不要人成为神或只有具有神性的人，而是要人享有人该享有的一切，特别是久被禁锢的物欲。于是，道德从服务于神的工具，转变为服务于人的工具。神的工具使道德具有一种神性和终极目的性，而人的工具则取消了道德的神性和终极目的性，使道德回归到为人类社会服务的应有位置。

　　至少有三种思想在三个不同的层面同时进行着理论祛"魅"的工作：

　　其一，进化论用人类的进化利益解释了人不同于动物的道德能力，从而将超利益的神性或人性从道德的基础中清除出去。在附魅时代，神圣的"魅"是一切道德情感和道德行为的基础，自身无法解释的"魅"成了解释一切道德现象的基础。进化论者则揭示出，一切天生的、神秘莫测的道德情感，并不真的是由超功利的神赋予的，而是由体现人类根本利益的进化利益赋予的；人类特有的、不同于动物的道德能力，其根本意义只在于保证人类的进化优先性。而到了现代，更为极端的生物进化论者（尤其是基因论者）甚至提出，人类所拥有的一切道德，都不过是自私基因的杰作，都是"为了增加自身基因的存活率或基因复制的成功率"①。将人类的整体利益和进化利益作为道德的基础，这就从物种学的高度将"魅"清出了道德领域。

　　其二，意识形态理论用阶级利益解释了阶级社会中的阶级道德，从而使道德的神圣性让位于道德的阶级工具性。在前资本主义社会，道德地位至高无上，神圣不可侵犯，规定着人存在的终极目的，规定着人之为人的根本所在。但马克思和恩格斯却发现，在资本主义社会里，道德只是一种意识形态，是服务于资产阶级利益的一种工具；马克

---

　　① ［美］麦特·里德雷：《美德的起源：人类本能与协作的进化》，刘衍译，北京：中央编译出版社 2004 年版，第 10—11 页。

思和恩格斯进而又发现，其实在一切阶级社会里，"道德、宗教、形而上学和其他意识形态，以及与它们相适应的意识形态形式"都产生于现实生活，是阶级统治的特殊工具。[①] 这种意识形态理论褪祛了道德的神圣外衣，将道德从高高在上的神圣领域拖入意识形态的泥水坑中，使道德脱离了与神圣性之间的虚伪联系，恢复了道德与经济社会的真实联系。于是，道德不再以抽象的、全人类的、超阶级的人性或神性为基础，而是以现实的、特定社会的社会关系（尤其是经济关系）为基础。

其三，主体（间）性伦理学将人自己作为道德的立法者，从而取消了神魅的立法资格。在附魅时代，道德是天赋的，或者是以直接的谕命或戒律形式赋予，或者以间接的先天良知形式赋予。而道德祛魅，首先就是赋予人以道德的主体性，以"人赋"道德取代"天赋"道德。现代伦理学认为，人（不管是个人还是人类）是社会的主体，是道德的主体，因此，不是上帝为人类立法，而是人类为自己立法，是人的意志为人类"普遍立法"。[②] 立法者由上帝转变为人，道德立法权力从上帝转移给人类，这就从道德的源头上将"魅"祛除了，即：道德不是源于神的需要，而是源于人的需要。不管这个立法者是康德坚持的普遍理性，是斯密所说的公正的旁观者，还是哈贝马斯心中的商谈者，他们都不是神，都不具有超利益的神性。

通过各种领域各个层面的祛魅运动，道德难逃被祛魅的命运。最直接的体现是，尼采高呼着"上帝死了"，[③]要求重估一切价值，重估的标准当然是建立在世俗利益基础上的强力意志。神不再是道德的基

---

① 《马克思恩格斯选集》（第1卷），北京：人民出版社1995年版，第73页。
② ［德］康德：《实践理性批判》，邓晓芒译，北京：人民出版社2003年版，第39页。
③ ［德］尼采：《快乐的科学》，余鸿荣译，北京：中国和平出版社1986年版，第139页。

础,"魅"与道德脱离开来,以神魅为基础的道德神圣性也随之而去,留下的只有道德的世俗性。神圣性使世人对道德充满了敬畏,而世俗性却使世人对道德不再敬畏。于是,由"魅"支撑起来的信仰和良心体系随着"魅"的消失而逐步溃散,最终的结果是宗教信仰黯淡了,良心也脆弱得不堪一击。道德的基础从神魅变成物欲,精神不再拥有对物欲高高在上的优越地位,内心的情感体系就再也难以承受约束个人物欲的重责,个人的物欲就有可能像溃堤的江水一样一泄不可收拾。

神魅从道德中消失了,内在的约束力削弱了,道德的要求也开始一步步退让。先是从"善"退让到"正当"。"善"涉及两个维度:一是个人与自我的关系,二是个人与他人、社会的关系;而对"正当"来说,个人与自我的关系已经是个人自己的私事,我们不必去管它,只有涉及到个人与他人、社会的关系时,才是需要加以关注的。然后是从"观念"退让到"行为"。人们不再(也无法)关注人是怎么想的,而只关注人是怎么做的。退让到行为之后,又从行为的"动机"退让到行为的"效果",即在行为时,重点不再考虑在行为前和行为中是出于什么目的,而只考虑行为实际上造成了什么样的后果。

道德要求的退让反过来又强化了道德的无力。被附魅的道德往往会提出非常崇高的道德要求,这些要求一般会远高于常人的实际水平,道德与生活现实之间的巨大落差反而赋予道德以某种崇高性和神秘性,从而增强了道德的吸引力和约束力。而当道德要求一步步降低后,被降低的不只是一条条具体的道德规范,还有与之连在一起的道德力量。

归根到底,道德祛魅的实质是,由资本代表的经济力量冲破了神魅的束缚,自己占据了社会的中心舞台,盘踞为道德的基础。在道德祛魅的时代,一切道德现象都已不可能通过非理性超世俗的神魅来解释,而只能由理性的资本、经济与利益来解释。道德祛魅在给道德以理性启蒙方面作出了巨大的贡献,同时也给人类社会留下了极为现实的难题:"魅"原本是附魅时代道德的力量之源,祛除了"魅",也就取消了道德原有的力量之源,那么,祛魅后的道德又能从哪里获得自己的力量之源呢?

## 四、祛魅后的道德

"魅"已祛,万能的上帝是不能再求助了。没有了"魅"的帮助,如何制约激昂的个人物欲,维护畅通的社会秩序,将个人物欲与社会秩序调和起来,这就是祛魅时代最为重要的道德问题。

祛除了神魅之后,人成了道德的主体。当神魅不再为道德提供力量之源后,现代道德就开始把目光投向了个人,试图从个人身上发现新的道德的力量之源。功利主义者(如休谟和斯密等)看到了社会功利与个人私利之间的冲突,并把代表社会功利的道德建立在个人的同情心之上。但他们心里非常清楚:自利心是无比强大的,而同情心则是极其微弱的,"同情心远比我们对自己的关心微弱";[1]代表社会功利的道德要求人们能够战胜自己的自利心,但微弱的同情心战胜强大的自利心的希望却非常渺茫。道义论者康德直接把道德建立在个人的理性之上,他从理性的可普遍性中推演出道德黄金律,但康德自己也明白:要想德福一致,就要求"把上帝实存悬设为必然"。[2]

其实,功利主义者的同情心在本质上是一种道德情感,道义论者的普遍理性在本质上是一种道德理性,它们都是附魅时代行之有效的道德根源。不过,这种道德情感或道德理性在附魅时代的有效性是由

---

① [英]大卫·休谟:《道德原理探究》,王淑芹译,北京:中国社会科学出版社1999年版,第52页。

② [德]康德:《实践理性批判》,邓晓芒译,北京:人民出版社2003年版,第170页。

"魅"来保证的,"魅"的祛除同时也取消了同情心和普遍理性的力量之源。正因为如此,单靠同情心和普遍理性这些传统的道德情感和道德理性,已经无力撑起祛魅时代的道德。这就是说,对于个人物欲与社会秩序之间的冲突,借用附魅时代行之有效的传统工具已经行不通了,附魅时代工具的有效性已经随着"魅"的祛除而消失了。在这种情况下,人们必须发掘新的、不需要由"魅"提供力量源泉的道德基础。

在调解个人私欲与社会功利的关系方面,现代社会提供了两条道路:一条是由经济学指引的道路,一条是由法律指引的道路。在经济学指引的道路上,亚当·斯密发现,在"看不见的手"的作用下,个人"追求自己的利益,往往使他能比在真正出于本意的情况下更有效地促进社会的利益"。①斯密通过"看不见的手"将个人的私欲引向了社会功利,并在此基础上形成了个人自由主义的传统。在自由市场经济中,市场这只"看不见的手"通过市场交易机制和自由竞争机制,在一定程度上协调了个人私欲与社会功利之间的关系。这种思想从经济走向道德,就演化成了曼德维尔所说的"私恶即公益"以及自由主义伦理学所信奉的"主观为自己,客观为他人"。但是,这种思想很难让人满意:一方面,众多的"市场失灵"现象已经表明市场这只"无形的手"具有较大的局限性,另一方面,市场这只"无形的手"毕竟是无形的、自发的、不受人控制的。

把协调个人私欲与社会功利关系的任务完全交给自然的、自发的、自由的市场,是难以让人放心的,不过,人们同时又发现了另外一条更为有效的途径,那就是国家及其法律的途径。在现代政府理论中,无论是强国家还是弱国家,都产生于社会成员之间的利益冲突,都

---

① [英]亚当·斯密:《国民财富的性质和原因的研究》(下卷),郭大力、王亚南译,北京:商务印书馆1994年版,第27页。

是为了克服各种各样的"人人相互为战的战争状态"，①国家是社会成员利益冲突的调解者、仲裁者、法官以及执行者。当社会成员制定出维护社会秩序所必需的规范之后，国家就根据这一规范来协调实际的人际冲突。国家是如何保证自己的权威呢？依靠的是法律以及一切与法律相关的暴力手段。这就是说，在祛魅后的时代，人们不再完全相信个人自己的思想、感情、理性，不再相信单靠它们就能够真正约束个人的私欲冲动，所以人们就将这个约束权交给国家和法律。

从表面上看，市场这只"无形的手"与政府法律这只"有形的手"是相互对立的，实际上，这两只手用来协调个人私欲与社会功利的机制是一致的，都是通过一定的利益赏罚机制来制约个人私欲的。在市场上，不可能所有的个人私欲都能走向社会功利，市场依靠自由竞争的成败机制来选择和保留那些能够走向社会功利的个人私欲。在这个机制中，能够走向社会功利的私欲就是那些最终成功的私欲，不能走向社会功利的私欲就是那些最终失败的私欲。这种市场成败机制实质上就是一种利益机制，因为"成"直接表现为利益奖赏，"败"直接表现为利益惩罚。与市场相比，政府法律赏罚机制的利益性更为直接和明显，它直接对那些与社会功利相冲突的个人私欲进行利益惩罚。

通过利益赏罚机制来推进道德要求，通过外在的利益制约机制来协调个人私欲与社会功利的关系，一方面保留了个人对私利的冲动，另一方面保留了社会对功利的追求。这种机制承认满足私欲是个人行为的出发点，但是它通过利益赏罚将社会功利要求转化成了个人私欲。也就是说，个人的私欲本来是个人自己的私利，社会功利本来不直接体现为个人的私利，因而不能直接成为个人的私欲，但是，通过一

_____

① ［英］霍布斯：《利维坦》，黎思复、黎廷弼译，北京：商务印书馆1985年版，第96页。

定的利益赏罚机制,社会功利借助外在的利益赏罚与个人私欲挂起钩来,社会功利也就间接转化为了个人的私欲。毫无疑问,由社会功利转化而来的个人私欲,必然与社会功利相一致。

由直接的利益赏罚取代神谕,道德约束的重心就由内在的制约转向了外在的制约。内在制约依靠由神作基础的精神和情感赏罚机制,外在制约依靠由制度和秩序支配着的利益赏罚机制。前者在一定意义上可以称为道德宗教化,后者在一定意义上可以称为广义的道德法律化。这里所说的道德法律化,并不仅仅局限于法律层面,而是泛指一切能够提供现实利益赏罚功能的事物,既包括直接的经济利益赏罚,也包括间接的法律赏罚和舆论赏罚等。如果说道德宗教化求助于非理性的神魅,并最终难以被理性所接受;那么道德法律化求助于外在的利益赏罚机制,它同样会带来一些让人难以接受的问题:一方面,道德法律化会增加大量的社会成本,因为外在的利益赏罚本身需要大量的社会成本;另一方面,道德法律化严重削弱了道德的"道义感",毕竟道德行为只是出于利益计算而非道德心。

那么,如何以较低的社会成本将社会秩序的要求转化为社会成员的道德情感呢?这至少需要经历两个阶段:

第一个需要经历的阶段是习惯化阶段。一种新行为规范在最初被遵循时往往是出于明确的个人私利目的,即人们通过明确的利益计算,发现遵守社会整体利益的道德要求是合乎私利的,因而愿意为了自己的私利而遵守这种行为规范。但随着时间的推移,遵守次数的不断增加,行为者就会慢慢弱化利益计算过程,直至完全放弃利益计算,将遵守行为规范变成一种习惯。当遵守行为规范变成习惯之后,人们就不再追问遵守这种行为规范的原初目的,而是把遵守行为规范本身当成了一种应该。

第二个需要经历的阶段是道德化阶段。在习惯阶段,人们已经将利益计算从行为中分离出去,现在,行为必须进一步与人们内心的道德情感关联起来。在漫长的人类进化和社会发展过程中,人类已经形成了一定的道德感,已经具备了相应的荣辱感。在后祛魅时代,人们的道德能力可能变弱了,但这种道德能力仍然存在,它需要人们按照道德能力发展的规律去发掘、激发和强化,并使之与后祛魅时代的规范要求结合起来。

在祛魅时代,重新求助于神魅,呼唤超验性基础上的崇高性,只能走向幻想的道德乌托邦;建构完善的利益赏罚机制,强化固有的道德情感能力,才是构建后祛魅道德的必由之路!

# 经济伦理学研究的目的向度与工具向度<sup>*</sup>

我国经济伦理学研究始于上世纪 80 年代,迄今已有二十余年的历史。在这二十余年间,经济伦理学界就许多重要的经济伦理问题展开过讨论,取得过一些重要的理论成就,也留下了一些尚未解决的基础理论问题。其中一个对经济伦理学发展具有重要意义的基础问题是,到底应当从什么样的向度去从事经济伦理学研究。

## 一、向度问题的历史展现

经济伦理学研究的向度问题缘起于我国经济伦理学问世之初,也就是将伦理学与经济学相结合的初步尝试之中。80 年代初,我国经济飞速发展,人民群众物质生活水平迅猛提高,而整个社会的道德状况却不尽如人意,学界开始就社会道德水平的发展趋势进行了分析,出现了"滑坡论"与"爬坡论"的大讨论,争论双方在许多问题上各执一词,但最后都持有一个共同的见解,大家都认为有必要将道德建设引入到经济生活中去,以推动社会道德水平的进一步发展。

在如何将道德建设与经济生活结合起来的问题上,出现了两种不同的观点:"内引"说与"外灌"说。"内引"说与"外灌"说争论的核

---

　＊ 本文主要内容曾以《经济伦理学研究的双重向度》为题刊发于《伦理学研究》2006 年第 1 期。

心问题是,经济生活中的道德准则应当从何而来。"内引"说坚持从经济发展的自身规律出发,引出人们在经济生活中必须遵循的特殊道德准则,"外灌"说坚持将一般的社会道德准则直接灌入到经济生活之中。

由此向前再进一步,"内引"说之所以要求从经济生活中引出其独特的道德准则,是因为他们认为经济生活是一个独立的生活领域,它已经具有独立的、意义明确的目的,所需要的只是服务于这种目的的手段;"外灌"说之所以要求套用一般的社会准则,是因为他们认为经济生活仅仅只是整个社会生活的一个组成部分,其目的不应由自身确定,而应由它所从属的社会生活确定。从这个意义来说,"内引"说与"外灌"说之争牵涉到这样一个问题:经济伦理学研究是应当从整个社会生活出发为经济生活确定一定的目的,还是应当从经济发展自身的目的出发为经济生活提供一定的手段。这就是经济伦理学研究向度问题在我国的初次凸现。

进入 90 年代以后,经济伦理学研究的向度问题以另一种形式出现在经济伦理学的讨论之中,这就是伦理道德对于经济生活的功能问题。道德对于经济生活的功能问题,在 80 年代就受到了学者们的重视,几乎所有的经济伦理学著作都论述过这个问题,但这些论述基本上大同小异,并未产生真正有冲击性的争论。这种状况在 90 年代之后发生了变化,一位学者相继提出了"道德生产力"和"道德资本"概念。[1] 这两个新概念一经提出,立即赢得了一部分伦理学学者和经济学学者的认同,他们认为这是在寻求经济学与伦理学的结合上走出了

---

[1] 关于"道德生产力"与"道德资本"的思想参见王小锡教授的系列论文:《经济伦理学论纲》,载《江苏社会科学》1994 年第 1 期;《再论"道德是动力生产力"》,载《江苏社会科学》1998 年第 3 期;《道德与精神生产力》,载《江苏社会科学》2001 年第 2 期;《论道德资本》,载《江苏社会科学》2000 年第 3 期;《再论道德资本》,载《江苏社会科学》2002年第 1 期;《三论道德资本》,载《江苏社会科学》2002 年第 6 期。

一条新路,从经济伦理学的视角理清了经济与伦理的关系。

与此同时,又有一部分学者对这两个新观点提出了质疑,主要的质疑有两点:第一,有人认为道德不可能是"生产力"和"资本",因为"道德"并不具备"生产力"和"资本"概念所要求的内涵;[①]第二,有人认为,"道德生产力"和"道德资本"是伦理学向"经济主义"的一种屈服或者说是"迎合"。因为它暗含了一种思想:将道德视为手段,而将经济视为目的,只强调道德手段对于经济目的的服从,突出道德对经济生活的服务意义,忘却了道德对于经济的超越性,丢掉了道德对于经济生活的指导功能。

与"内引"说和"外灌"说之争相比,围绕"道德是生产力"和"道德资本"所展开的争论更清晰地表达了这样一个问题:道德在经济生活中应该扮演什么样的角色,起着什么样的功能。"生产力"也好,"资本"也好,都是为经济发展服务的,都是经济发展的一个手段。强调道德是生产力和资本,就意味着道德在经济生活中能够发挥促进经济发展的工具功能。反对"道德是生产力"和"道德资本",其实际意义在于认为道德不应该仅仅只是经济发展的一个手段,它还应该为经济生活提供一定的指导,从而发挥对于经济发展的目的功能。

至此,经济伦理学研究的向度问题已经完全展现出来,经济伦理学研究到底是应该偏重于目的向度,为经济发展提供一定的合理性目的,还是应该偏重于工具向度,为经济发展提供一定的道德手段。应该说,经济伦理学研究的向度问题正是当前中国经济伦理学发展的一个基础性问题,经济伦理学的研究边界、理论框架及其社会意义,都受

---

① 见周荣华的系列论文:《论道德在生产力发展中的作用》,载《南京理工大学学报(社会科学版)》1997 年第 4 期;《道德是动力生产力吗》,载《常州技术师范学院学报》2000 年第 3 期;以及郑根成、罗剑成的论文《试论道德的资本性特点》,载《株洲工学院学报》2002 年第 5 期。

到这一问题的制约,有待于对这一问题的正确理解。

## 二、经济伦理学研究的目的向度

所谓经济伦理学研究的目的向度,是指经济伦理学研究必须从人的全面需求和社会的全面发展出发,将经济生活视为个人生活以及社会生活的一个组成部分,视为实现个人目的和社会目的的一个重要手段,从而为经济生活提供更高的目的,以保证经济生活的合伦理性,使其不会越出应有的界线。

无论是对于个人生活还是对于社会生活来说,经济活动都具有极其重要的意义。离开了经济活动,离开了经济活动所提供的物质财富,人类生活就无法进行。但是,无论经济活动的意义有多大,这个意义都不可能由经济活动自身提供,经济活动不可能自己给自己确定意义,它的意义必须由经济活动之外的、比经济活动范围更广的、将经济活动纳入其中的、另外的某种东西提供。

这个为经济活动提供意义的东西,就是人的生活,就是人类的个人生活以及社会生活。人类要生活,就必须有经济活动,人类要过上优良的生活,就必须有更多的物质财富。但是,经济活动并不是人类生活的全部,物质财富也不是人类追求的唯一目的。经济活动和物质财富,仅仅只是满足人类全面需要的一个重要手段。因此,经济活动的意义,应当由人类的全面需要来提供,应当服务于人的全面需要。

从人类的全面需要来看待经济生活,有两个问题需要分析:第一个问题,经济活动能够为人类生活提供什么。经济活动的最终成果就是为社会提供一定数量的物质财富,但是,经济活动的真实意义不在于它能够提供多少物质财富,而在于它能在多大程度上满足多少人的多少需要。物质财富本身是死的,撇开与人的关系,其自身不具有任何意义,它的意义只存在于与人的关系之中。因此,对于一定的经济活动来说,并不是它所生产出来的财富在数量上越多越好,在质量上越高越好,而是要看它所生产出来的财富是否真正满足了人们的真正需要。如果不能真正满足人类的需要,或者是超出了人类需要的范围,那么再多再好的物质财富,也只能是垃圾一堆,没有任何意义。

古希腊德性论者认为,人的物质需求是有限的,与此相应,满足人类物质需求的财富本身也应该是有限的。这一点在中世纪基督教思想中得到了进一步的发展。进入近代以来,物质财富有限论的思想被彻底抛弃了,人们倾向于认为人的需求本身是无限的,用来满足人类需求的物质财富也是多多益善。沿着这条思路出发,近代经济学发展出了一种"唯财富"论,认为经济生活的唯一目的就是生产出最大量的物质财富,再向前走一步,他们甚至将这一目的扩大为整个社会生活的唯一目的,国民生产总值也就成了衡量社会进步的唯一尺度。这种思想无疑抛弃了人类进行经济活动的初衷,是一种目的与手段的颠倒。近些年来,随着发展经济学的兴起,人们已经逐渐意识到,财富增长不应该是经济生活的唯一目的,更不应该是社会发展的唯一目的,增长不等于发展,发展的内容既包括物质财富的增长,也应该包括生活质量的全面提高。至此,重新确定经济生活的意义问题才再次摆在全人类的面前。

第二个问题,不仅仅是经济生活所提供的物质财富应当接受合伦理性的检验,用来实现物质财富的手段同样应该接受合伦理性的检验。尽管人的全面需求能够赋予物质财富以一定的意义,从而使物质财富在这种意义上也成为一种的目的,但这个目的的合伦理性并不能保证其实现手段的合伦理性。不能说物质财富是好的,因此所有能够带来物质财富的手段也就是好的。经济手段是否可取,也需要根据人的全面需求和社会的全面发展来衡量。

经济活动首先是人的活动,它要求人类通过一定的劳动创造一定的物质财富。因此,在经济生活中,人首先是以一个劳动者的身份出现的,作为劳动者,他必须付出一定的智力和体力。但别忘了,参加经济活动的人,除了是一个劳动者之外,还应该是一个人,还具有人所具有的各种需求,而不是仅仅知道劳动的机器或动物。但是,自从亚当·斯密把经济生活中的人抽象为"经济人"之后,经济学家们就只把劳动者视为劳动的载体,认为人在生产过程中的唯一意义就是提供活的劳动,除了提供劳动之外,人的其他一切需要都不在考虑之列。"人"完全变成了劳动者,人的健康需求、智力需求、精神需求就都被放在一边,都成了可以漠不关心的东西。劳动者可以被要求在最恶劣的劳动环境下,从事最繁重的体力劳动,从而出现了马克思以及西方马克思主义者所谴责的"异化"现象。为了物质财富的增长而使人处于一种非人状态,这无疑又是一种目的与手段的颠倒。于是,人类历史上才开始出现一系列限制劳动时间、改善工作环境等等的斗争,其目的就是要将劳动者恢复到人的水平,而不仅仅只是一个劳动者。保障人在经济活动中的全面权益,是经济伦理学目的向度向经济生活提出的第一个目的性制约。

其次,在社会化和全球化的过程中,物质财富的创造工作不再单独地由一个人或一个家庭完成,而是越来越多地由全社会的劳动者通过合作的方式完成。通过合作劳动创造出来的物质财富,也必须由全社会的劳动者共同分享。如何分配共同生产出来的物质财富,这也不应该完全由经济效率原则决定。一个社会的分配,除了考虑到效率因素之外,还必须考虑到人的全面需求和社会的全面发展。西方自重农学派起,就开始追求社会物质财富总量的增长,功利主义学说的出现,更是为追求社会最大功利的做法提供了理论基础。这种学说只关心社会财富总量的增长,认为分配政策应当只考虑是否有利于社会财富总量的增长,而不管物质财富在人与人之间的分配,最终导致贫富两极分化,使很大一部分人陷入贫穷和苦难之中。毫无疑问,社会财富总量不断增长伴随着部分社会成员的生活不断恶化,这也不是一个合理社会所追求的目的,正因为如此,才有大量西方国家在二战后推行高福利政策,也才有了围绕"正义"主题展开的、迄今仍在进行的思想大讨论。协调人在经济活动中的利益关系,是经济伦理学目的向度向经济生活提出的第二个目的性制约。

第三,人类的一切经济活动都是在自然界中进行的,经济活动所创造的一切物质财富,最终都来自于自然界,来自于自然物质的形式转换。劳动者所使用的劳动工具和劳动对象,莫不来自于自然界,整个劳动过程,也完全是在大自然中进行的。因此,经济活动必然要涉及到一个与大自然的关系问题。从更大范围的生态学角度看,整个大自然自成一个经济体系,人类出现以后,人类经济活动发展以后,这个自然经济体系被迫发生了较大的改变。但是,这种改变不应该是无限制的,不应该改变到破坏自然经济体系自我调节的程度。一旦生态平衡受到破坏,整个自然界都将陷入灾难之中。不过,先是《圣经》赋予人类以管理大自然的无上权力,然后是培根的知识论,最后是大工业的实践活动,相继将大自然视为经济活动可以加以无限改造的对象,最终引发了资源危机、能源危机和生态危机。无论是从整个人类自身的利益出发,还是从整个生态平衡的要求出发,经济发展都必须注意一个生态的可持续性发展问题。保持与自然的和谐关系,是经济伦理学目的向度向经济生活提出的第三个制约。

以上问题,是作为目的向度的经济伦理学研究所特别关注的,它强调对经济目的与经济手段的伦理追问,其最终目标是建立一种合伦理的经济体系。

### 三、经济伦理学研究的工具向度

所谓经济伦理学研究的工具向度,是指经济伦理学研究必须从积累物质财富这一经济目的出发,将经济生活视为具有独立目的的领域,从而为经济发展提供必要的伦理手段,以推进经济生活的顺利发展。在这一向度中,伦理学将不再以目的提供者的身份出现,而是以手段提供者的身份出现,它不再凌驾于经济生活之上,指引经济生活发展的方向和目的,而是屈从于社会经济增长的目的之下,为这种目的提供伦理道德方面的必要手段和条件。

在社会生活的诸种意义中,经济活动以其提供的物质财富占有一席之地,如果撇开经济活动与社会生活的关系,撇开社会生活所要求的最高目的,那么,积累物质财富也就成为经济活动自身所独有的目的。经济生活发展的水平,在这个意义上就体现为它所积累的物质财富的数量和质量。为了实现这一目的,为社会提供更多的物质财富,经济生活就需要运用各种手段,调动各个方面的力量。在这些手段和力量之中,经济因素(如资本)当然占据着主导地位,但是,其他一些因素也具有重要的意义,如知识方面的科技因素、政治方面的政策因素,还有文化方面的精神因素。可以说,伦理道德也是经济发展的一个重要工具。

伦理道德在经济生活中的工具功能主要体现在三个方面:

第一,良好的社会伦理秩序是经济运营过程中的润滑剂。经济生活中的交往关系主要有两种:一种是市场中的交易关系,一种是企业内的组织关系。这些关系在协调方面存在着两个主要阻力:一个是由个人知识有限性所引起的信息不对称问题,一个是个人在经济交往中的投机主义问题。为了克服这些阻力,保证经济交往的正常进行,社会需要付出一定的"交易成本"。在其他因素相对固定的情况下,交易成本的高低往往取决于人们在交往中的基本道德信念,取决于人们关于交往行为的共同道德信念,尤其是人与人之间的信任程度。共同的交往道德信念越多,人与人之间的信任度越高,交易成本也就越低。

著名社会学家福山曾指出:"一个社会能够开创什么样的工商,和他们的社会资本息息相关,假如同一企业里的员工都因为遵循共通的伦理规范,而对彼此发展出高度的信任,那么企业在此社会中经营的成本就比较低廉,这类社会比较能够井然有序地创新开发,因为高度信任感容许多样化的社会关系产生。"[1]新制度经济学派将交易成本比作"物理学中的摩擦力",[2]以此视之,降低交易成本的道德就是缓解这种摩擦力的润滑剂,就是社会经济运营过程中的润滑剂。

第二,优秀的道德形象是企业赢得公众认可的重要资本。企业要赢利,除了要满足一定的经济合理性之外,至少还必须考虑三重关系:一是企业与消费者的关系,从表面上看,企业要赢得消费者的认可,依靠的是产品的质量和价格,不过,在这种经济认可之外,还有一种更深层次的认可,这就是消费者对企业的伦理认可。企业在生产、销售以及售后服务方面,一般会体现出一定的经营理念,消费者对企业的深层认可,就是对这种经营理念的伦理认可。这种伦理认可具有比经济认可更大的影响力。二是企业与社区的关系,任何企业都得建立在一定的社区之中,都会在其经营运行过程中,征用一定土地和人力,改变当地的空气、土壤、噪音状况,只有本着为社区服务的态度,处理好与社区的关系,才能为社区所接受,才有立足之地。三是企业与雇员的关系,企业中的一切活动都是由人来完成的,一个人能发挥多大的能量,除了他的能力之外,还有一个意愿问题。企业的道德关怀在促进员工发挥更大的能力方面起着重要作用。西方管理实践从泰罗制科学管理模式走向行为主义管理模式,其实质就是不再将员工视为机

---

① [美]福山:《信任——社会道德与繁荣的创造》,李宛蓉译,呼和浩特:远方出版社1998版,第37页。
② [美]威廉姆森:《资本主义经济制度》,段毅才、王伟译,北京:商务印书馆2002版,第31页。

器,而是把他们重新当人来看待,通过一些关心员工生活的道德措施,最终使员工产生更大的生产效率。二战以后西方企业界兴起的企业文化运动,其核心就是要营造一定的企业理念,发挥伦理文化在企业发展中的重要作用。

第三,适宜的道德素质是社会经济发展的精神基础。社会经济的繁荣,企业经济的发展,最终都必须依靠个人。个人既是生产过程中的劳动者,也是消费过程中的消费者。他们的劳动观念、团队观念、金钱观念和消费观念,直接影响着社会经济发展的规模和速度。任何特定类型的经济,无论是以自给自足为基础的庄园经济,还是以分工合作为基础的市场经济,都要求其社会成员具有与之相匹配的道德观念。只有在这些特定的道德观念之上,一定类型的经济才有可能出现和繁荣。马克斯·韦伯的宗教伦理研究表明,只有在由具备"资本主义精神"的人所组成的社会里,资本主义经济制度才有可能形成和发展。亚当·斯密从财富积累总量增长的角度出发,要求其成员在劳动过程中要勤劳,在消费过程中要节俭,这个思想已经表明,社会成员的个人道德素质已经与资本、劳动力、技术以及自然资源等要素一起,成为了影响经济增长的重要因素。

如何发挥道德的经济功能,促进经济生活的发展,是作为工具向度的经济伦理学研究所关注的核心问题,它强调道德从经济生活内部生成出来,最终指向合经济的道德,要求建立一个包括道德在内的经济手段体系。

## 四、坚持经济伦理学研究的双重向度:目的向度与工具向度

经济伦理学研究的目的向度与工具向度都反对将经济领域视为一个"道德无涉"的领域,都要求将经济发展与伦理要求结合起来。但在结合的层面和方式上,二者是互不相同的:目的向度从外部为经济

活动划出合伦理的边线,界定经济发展的伦理意义;工具向度则从内部为经济活动提供伦理性的动力,发掘经济发展的伦理要求。不过,这种不同并不是相互否定,而是互为补充。

就研究方法来说,经济伦理学研究的目的向度更注重综合方法,它将社会生活和个人生活的各个方面综合为一个有机体,而将经济生活还原为这个有机整体的组成部分。在整体与部分的关系中,部分存在的意义必然应当由整体来提供。因此,目的向度偏重于从人及其社会本身的意义出发,再由此扩及经济生活,确定经济生活存在的意义。而经济伦理学研究的工具向度更注重分析方法,它将经济生活从整个社会生活中抽取出来,暂时撇开有机整体的意义以及它与这个有机整体的联系,从而使经济生活成为一个独立自主的、自成意义的领域,道德与政治、法律等其他因素一起,构成这个独立王国发展的一个手段,它必须服务于这个独立王国的自身目的。在经济伦理学研究中,综合方法与分析方法都是不可或缺的。综合方法可以从一个宏大的层面确定经济生活的地位和意义,分析方法则可以从一个更具体的层面理解经济生活的道德需求。

就基本意义来说,经济伦理学的目的向度既然是通过整体来确定部分的意义,它所提供的目的,对于经济生活来说,就体现为一种外来的制约、责任和义务。这种外来的制约、责任和义务,有可能与经济生活自身的发展目的相冲突,这就需要经济生活通过牺牲自己的部分利益来完成社会交给它的任务。因此,目的向度是在为经济生活划定一个合伦理性界线,以保障经济发展不会走向极端。在这个界线之内,经济生活就具有合伦理性,一旦越出了这个界线,经济生活就失去了其合伦理性。经济伦理学研究的工具向度首先承认经济发展的自身目的,它不会对这个目的本身加以限制,而是将这个目的作为自身存在的目的,提出与此相适应的道德要求。这些要求不可能与经济生活发展的目的相冲突,而是经济生活自身提出的内在要求。因此,工具向度是在为经济生活提供一定的动力,以推动经济生活的顺利发展。有了这个动力,经济生活就能发展得更快,没有这个动力,经济发展的速度就会受到影响。毫无疑问,这两个方面是相互补充的:目的向度划定了经济活动的外部边界,工具向度提供了经济活动的内部动力。

就建设途径来说,既然经济伦理学研究的目的向度是为经济生活提供一种外来制约,它就相应地表现为一种"他律"要求,他律的东西必然要求通过自上而下、自外而内的方式进行,最终必须借助一定的社会力量,如公众舆论、法律法规等,迫使经济生活不得不接受这些要求。而经济伦理学研究的工具向度发掘的是经济发展自身的内在要求,它就表现为一种"自律"要求,自律的东西最终会被各种经济主体的自觉反省所发现,这就不需要由经济之外的强制力量来推行,而会体现为各种经济主体的自我建设。"自律"和"他律",正是道德建设的双重途径,也是经济与伦理相结合的两条主要道路。

在经济伦理学研究过程中,必须同时坚持这两大向度,恢复伦理道德所具有的双重功能。只坚持目的向度而否定工具向度,就有可能陷入伦理主义的误区,最终丢失甚至抹灭经济发展的本来意义;只坚持工具向度而否定目的向度,就有可能陷入经济主义的误区,最终丢失伦理道德的应有意义。一旦明确了经济伦理学研究双重向度之间的关系,此前的经济伦理争论也就可以澄清了。"内引"说与"外灌"说,"道德生产力"与"道德资本"的支持者与反对者,实际上各自坚持了一种研究向度:"内引"说与"道德生产力"及"道德资本"的支持者坚持了工具向度,"外灌"说与"道德生产力"及"道德资本"的反对者坚持了目的向度。坚持某一种向度以展开经济伦理学研究,这是没有问题的;但是,因为坚持一种研究向度而否认另一种研究向度,这就有问题了。

　　坚持经济伦理学研究的双重向度，从两个不同的层面将经济发展与伦理要求结合起来，才能全面发挥伦理道德在经济生活的功能，真正建立和发展经济伦理学这门新兴学科。

# 第二部分

# 资本主义社会与道德批判

# 《资本论》的经济伦理思想*

　　自《资本论》发表以来，理论界就从各个方面对它进行了分析研究，或将它视为历史唯物主义的经典之作，或将它视为政治经济学的经典之作，或将它视为辩证逻辑学的经典运用，这些研究都取得了丰富的成果；但是，迄今为止，尚未见有人从经济伦理学的角度来研究这部伟大的著作，来开发它的经济伦理思想，本文则试图进行这方面的尝试。

## 一、《资本论》在何种意义上是一部经济伦理学著作

　　当我们提出"《资本论》也是一部经济伦理学著作"这样一个命题时，我们至少必须先回答两个问题：问题之一，《资本论》中既没有一处自称为"经济伦理学"，也没有成套的经济伦理学概念，我们何以能称之为"经济伦理学著作"？问题之二，众所周知，《资本论》是一部经济学著作，当我们将它称为经济伦理学著作时，是否意味着对它作为经济学著作的否认？

　　首先来看第一个问题。的确，《资本论》没有在任何地方自称为"经济伦理学著作"，也没有一套完整而明确的经济伦理学概念体系。

　　* 本文主要内容曾以《〈资本论〉也是一部经济伦理学著作》为题刊发于《马克思主义研究》2001 年第 2 期。

在《资本论》中，称得上是经济伦理学概念的寥寥无几，仔细数来，也不过"异化"、[①]"平等"、"自由"等三四个概念。毫无疑问，单凭这三四个概念，是难以建构起一个完整的经济伦理学体系的。

但是，这并不妨碍我们将《资本论》称为一部"经济伦理学著作"，正如这一点并不妨碍列宁将《资本论》称为一部"逻辑学著作"一样。《资本论》中也没有完整的逻辑学概念体系，但列宁在阅读黑格尔的《逻辑学》一书时却指出："虽说马克思没有遗留下'逻辑'（大写字母的），但他遗留下《资本论》的逻辑，应当充分地利用这种逻辑来解决这一问题。"[②]列宁之所以将《资本论》称为"逻辑学著作"，是因为《资本论》是完全按照资本这样一个特殊的社会物的逻辑发展来分析资本主义社会的历史和现实的；而我们之所以能将《资本论》称为经济伦理学著作，则是因为《资本论》自始至终都贯穿了对资本主义经济过程的伦理分析和批判。

再来看第二个问题。《资本论》的主要内容是研究"资本主义生产方式以及和它相适应的生产关系和交换关系"，[③]这就决定了《资本论》正如它的名称所说的那样，首先不是别的著作，而是一部经济学著作，尤其是一部政治经济学著作。但是，说《资本论》是一部"经济学著作"与说《资本论》是一部"经济伦理学著作"之间并不矛盾，因为经济学著作与经济伦理学著作之间是相容的。而且，《资本论》从头到尾都贯穿着两条分析思路：一条思路是从客观上考察分析资本产生发展和消亡的历程；一条思路是从主观上分析批判资本所产生的经济关系和伦

---

① "物化"概念不是一个经济伦理学概念。马克思曾经指出："关键不在于对象化，而在于异化，外化，化在化。"见《马克思恩格斯文集》（第 8 卷），北京：人民出版社 2009 年版，第 207 页。

② 《列宁专题文集·论辩证唯物主义和历史唯物主义》，北京：人民出版社 2009 年版，第 145 页。

③ 《马克思恩格斯文集》（第 5 卷），北京：人民出版社 2009 年版，第 8 页。

理关系。在考察分析资本产生发展和消亡的客观规律时,《资本论》是一部经济学著作,在分析批判资本所产生的伦理关系时,《资本论》是一部经济伦理学著作,二者是并行的。

## 二、《资本论》中的经济伦理思想体系

《资本论》中的经济伦理思想,主要集中为三大部分:一是批判资产阶级政治经济学家的经济伦理思想;二是从伦理的角度分析批判资本主义的经济过程;三是展望未来社会的经济伦理状况。

古典经济学家,从威廉·配第到亚当·斯密,再到大卫·李嘉图,在阐述一个全新的、资本主义的经济学体系的同时,始终肩负着另外一项重大任务,这就是为他们所阐述的经济学体系或者说是为他们生存于其中的、现实的经济体制进行伦理合理性辩护。在其伦理辩护中,最根本的一条是资本主义制度是最能体现和保证自由、平等的制度。而这一点构成了《资本论》的重要批判对象。

对于资本主义社会中的自由和平等,马克思一方面承认它的历史合理性和进步性。资本主义制度是以交换价值为基础的生产和交往制度,它在交往过程中所产生和实现的是交换者之间的自由、平等的关系。这种自由和平等的关系,在此前的社会中是没有也不可能出现的。马克思指出:"可见,平等和自由不仅在以交换价值为基础的交换中受到尊重,而且交换价值的交换是一切平等和自由的生产的、现实的基础。……这种意义上的平等和自由恰好是古代的自由和平等的反面。古代的自由和平等恰恰不是以发展了的交换价值为基础,相反地是由于交换价值的发展而毁灭。上面这种意义上的平等和自由所要求的生产关系,在古代世界还没有实现,在中世纪也没有实现。"[1]

---

① 《马克思恩格斯全集》(第 30 卷),北京:人民出版社 1995 年版,第 199—200 页。

但在另一方面,马克思又分析了资本主义制度下自由与平等的历史局限性。其一,资本主义的自由和平等,只是存在于简单交换过程中,只是作为单纯交换者之间的自由和平等。但是,一个人不能仅仅只是作为一个单纯的交换者而存在,他要作为交换者,首先必须是商品所有者,而其对商品的最初占有过程,不是发生在流通过程之中,而是"发生在流通之外"的。在这一领域里,人与人之间的关系就不再像在简单交换领域里那样,不再表现为自由和平等的关系。其二,即使是交换者之间的自由和平等,在以交换价值为基础的交换过程中,也不是能够完全实现的。因为对于交换者来说,其自由与平等的实现取决于交换行为能否实现,而在以交换价值为基础的交换中,交换行为不具有实现的必然性,交换行为能否实现是由商品自身的运动规律决定的,而不是由交换者决定的。其三,资本主义社会中人与人之间的自由和平等,仅仅只是简单流通过程的产物,而简单流通必然会向前发展,必然会走向资本流通。在资本流通中,自由和平等只是资本的自由和平等,是资本支配整个社会的自由和平等;对于劳动者来说,资本与劳动力之间的交换既不是自由的,也不是平等的。因而,简单流通中的自由与平等在资本流通中变成了不自由和不平等,这就表明了简单流通的自由与平等不是真正的自由平等。对此,马克思明确指出:"交换价值制度,或者更确切地说,货币制度,事实上是自由和平等的制度。但是,在更深入的发展中所出现的矛盾,是这所有权、自由和平等本身的内在矛盾即混乱。它们有时转变为自己的对立面。"①

在批判资产阶级政治经济学家的经济伦理思想的同时,马克思也对资本主义社会的经济过程及其制度进行了伦理分析和批判。马克思对资本主义社会在人类发展历史中的积极作用进行了充分的肯定。

---

① 《马克思恩格斯全集》(第 31 卷),北京:人民出版社 1998 年版,第 362 页。

这些积极作用主要表现在以下几个方面：在人与自然的关系方面，资本主义社会使人类支配和控制自然的能力大大增强；在人与人的关系方面，资本主义社会创造了人与人之间全面而深刻的经济联系；在人与自身的关系方面，资本主义社会创造了人的丰富的需要、满足自身需要的能力以及普遍的勤劳。马克思有一段话正好可以说明这种伦理上的积极意义："要使这种个性成为可能，能力的发展就要达到一定的程度和全面性，这正是以建立在交换价值基础上的生产为前提的，这种生产才在产生出个人同自己和同别人的普遍异化的普遍性的同时，也产生出个人关系和个人能力的普遍性和全面性。"①

当然，作为无产阶级思想的代言人，马克思更注重对资本主义经济过程及其制度进行伦理批判。马克思的经济伦理批判理论就是著名的异化理论。从《资本论》的分析来看，异化理论主要包括两大部分：一是从资本与作为劳动者的人类的关系来看，劳动是一种异化劳动；一是从资本与作为交换者的人类的关系来看，交换过程本身也呈现为一种异化现象。

从劳动者的角度来看，在交换过程中，劳动者将自己的劳动力与资本相交换，从而成为资本的特殊存在形式，在生产过程中，劳动力受资本运行规律的支配，是资本自行增殖的工具。也就是说，在资本主义的经济过程中，劳动者不是自己支配自己，而由资本支配的，资本不是由劳动者支配的，而是呈现出一种在人的控制之外的独立性。而马克思的剩余价值理论却发现，尽管在早期，资本的构成途径是各种各样的，但在再生产的过程中，起作用的不再是原来形成的资本，是由劳动者在剩余劳动时间内创造的剩余价值构成的。也就是说，劳动者通过自己的劳动形成了资本，而资本反过来又作为独立于劳动者之外的

---

① 《马克思恩格斯文集》(第8卷)，北京：人民出版社2009年版，第56页。

力量支配和控制着劳动者。马克思对此进行了明确的说明："关键不在于对象化，而在于异化，外化，外在化，在于不归工人所有，而归人格化的生产条件即资本所有，归巨大的对象［化］的权力所有，这种对象［化］的权力把社会劳动本身当做自身的一个要素而置于同自己相对立的地位。"①这种异化劳动就是极度的反伦理。

从交换的角度来看，资本是商品和商品交换发展的产物，是货币发展的高级形式。从表面上看，资本就体现为商品和货币，但是，资本决不是一种物，决不是作为产品的物本身，也不是作为金钱的金银或纸币本身，而是一种关系，是一种体现在商品和货币之中的劳动与劳动的关系、人与人的关系。这种关系，是人们在劳动过程中创造的，又是人们在交换过程中实现的。商品、货币和资本只是交换的一种媒介，而它们和交换一起是人们用来满足自身需要的一种手段。但是资本出现之后，资本不再是一种交换的手段，不再是人类用来满足自身需要的媒介，它自身成了目的，交换成了资本自行增殖的手段。在这里，不是人统治着自己的产物，而是人的产物统治着人。马克思在分析即将转化为资本的货币时指出："货币在这里**首先**表现为目的本身，商品交易和交换只是为实现这一目的而服务的。"②

马克思将未来社会与资本主义社会进行了比较：在经济生产方面，异化现象在资本主义社会的经济生产中具有其物质基础，而未来社会则从经济生产上消除了产生异化现象的物质基础。资本主义社会的经济生产是以交换价值为生产目的，以"单个人的独立生产"为前提，生产的社会性是通过交换才在事后确立下来，因而它就需要交换和等价物作为生产实现其社会性的媒介，这种起媒介作用的等价物发展到一定程度就会获得一种虚假的独立性，并会反过来支配产生它的

---

① 《马克思恩格斯文集》（第 8 卷），北京：人民出版社 2009 年版，第 207 页。
② 《马克思恩格斯全集》（第 30 卷），北京：人民出版社 1995 年版，第 153—154 页。

人类,这就产生了异化现象;而未来社会的生产是以使用价值为生产目的,以"共同生产"为前提,生产的社会性是在劳动一开始时就确立的,因而它根本就不需要以什么媒介来实现其生产的社会性,也就不会出现由媒介物独立而导致的异化现象。

经济生产上的不同必然会导致伦理关系上的不同。马克思从人的主体性的确立程度的角度指出两者的根本区别在于:"以物的依赖性为基础的人的独立性,是第二大形式,在这种形式下,才形成普遍的社会物质变换、全面的关系、多方面的需求以及全面的能力的体系。建立在个人全面发展和他们共同的、社会的生产能力成为从属于他们的社会财富这一基础上的自由个性,是第三个阶段。"①在未来社会中,人类建立了与自然界以及与其他人的良好和谐的关系,既不受外部自然力的控制和支配,也不受物化的人与人的关系的控制和支配。人类进入了个性自由发展的阶段。在这里,劳动不再是异化劳动,不再是亚当·斯密所认为的"令人厌恶的事情",而是"个人的自我实现"。②

### 三、《资本论》经济伦理分析的方法

在对资本主义社会经济过程的伦理分析中,马克思成功地运用了历史唯物主义的一些基本方法,从而形成了其经济伦理分析的基本方法。这些方法包括历史主义的分析方法、整体主义的分析方法和唯物主义的分析方法。

在《资本论》的经济伦理思想中,一个很重要的部分就是从方法上批判资产阶级政治经济学家的经济伦理思想。在马克思看来,资产阶级政治经济学家的经济伦理辩护就像他们的政治经济学理论一样,在方法上都是非历史主义的。在他们那里,资本主义政治经济制度不是

---

① 《马克思恩格斯文集》(第8卷),北京:人民出版社2009年版,第52页。
② 《马克思恩格斯全集》(第30卷),北京:人民出版社1995年版,第615—616页。

一个历史存在物,而是一个永恒的存在物,它绝对合理,永远也不会消亡。马克思在《资本论》第二版跋中对此评论道:"只要政治经济学是资产阶级的政治经济学,就是说,只要它把资本主义制度不是看做历史上过渡的发展阶段,而是看做社会生产的绝对的最后的形式,那就只有在阶级斗争处于潜伏状态或只是在个别的现象上表现出来的时候,它还能够是科学。"①资产阶级政治经济学家的经济伦理思想正是以此为前提,由他们确定为永恒的现实经济中抽取出它所体现出来的伦理关系——自由和平等,并断言这种自由是"人类自由的终极形式",②再以这种伦理关系反过来证明资本主义经济制度的合伦理性。而马克思指出,人与人之间自由平等的关系是在一定的条件下存在的,它只存在于资本主义社会关系尚未充分发展的阶段,即简单交换阶段,不存在于资本主义社会关系充分发展的阶段。而资本主义必然要从尚未充分发展的阶段向充分发展的阶段发展,在尚未充分发展阶段所产生的伦理关系必然向充分发展阶段所产生的伦理关系发展。资产阶级政治经济学家用前一阶段所产生的伦理关系为后一阶段辩护的做法实际上就是否认资本主义社会关系及其伦理关系的历史发展。这就是一种非历史主义的做法。

《资本论》对资本的研究并不仅限于资本的现实存在,而是涉及了资本产生发展和消亡的历史。对资本这一特殊社会的经济事物所体现出来的伦理关系的研究,《资本论》也不是仅限于它的现实存在,而是全面涉及它的历史过程。在为《资本论》而写作的手稿中,马克思提出了三大社会形态理论,其三大社会形态正是以社会伦理关系为标准而区分的。而且,马克思还详细分析了前资本主义社会的伦理关系是如何发展为资本主义社会的伦理关系,而资本主义社会的伦理关系又

---

① 《马克思恩格斯文集》(第 5 卷),北京:人民出版社 2009 年版,第 16 页。
② 《马克思恩格斯全集》(第 31 卷),北京:人民出版社 1998 年版,第 44 页。

是如何发展为共产主义社会的伦理关系。这样一种历史主义的分析方法,不仅能够从事实层面上揭示资本这种经济的、社会的物所创造和推动的伦理关系的本质,而且能够全面公正地评价资本所推动的伦理关系的历史地位和意义。

马克思在运用历史主义分析方法的同时,还运用了整体主义分析的方法。任何一种事物,任何一个过程,它的本质都不会在它的单独存在中表现出来,只有将这个事物、这个过程纳入它所处的整体中,我们才能真正认清它的本质。如果我们只是孤立地去分析一个事物,或一个过程,我们得到的只能是表象。分析一个社会的伦理关系时也是如此。如果我们孤立地看一个事物或一个过程中体现出来的伦理关系,我们得到的就可能是假象,而不是本质的伦理关系。《资本论》中,马克思对利润来源的分析中就运用了典型的整体主义的分析方法。在资本运行的过程中,主要包括两大交换过程:一是资本与劳动力、原材料和工具的交换,一是劳动成品的交换。孤立来看,这两个交换过程都是等价交换,所体现出来的都是自由与平等的关系。那么,最终的利润从何而来?这是一个困扰所有资产阶级政治经济学家的问题。在这里,最主要的问题就是非整体主义的方法。当马克思把两个过程与生产过程结合为一个整体时,利润就出来了,剩余价值就出来了。原先自由平等的关系变成了不自由、不平等的关系。

马克思的经济伦理思想中还包含着大量的唯物主义方法。唯物主义在经济伦理分析中表现在两个方面:一方面,任何一种现存的社会伦理关系,都不是观念的产物,而是经济的产物,也就是社会经济关系的体现。不是人们的思想观念决定现实的伦理关系,而是一定的经济关系决定一定的伦理关系。马克思在分析简单交换中的自由平等时就指出:"作为纯粹观念,平等和自由仅仅是交换价值的交换的一种理想化的表现;作为在法律的政治的、社会的关系上发展了的东西,平等和自由不过是另一次方上的这种基础而已。"①这一点要求我们在分析一定社会的伦理关系的时候,不能仅就伦理关系来看伦理关系,而必须从推动这种伦理关系的经济关系来看这种伦理关系。

另一方面,任何伦理关系的变化与进步,从根本上讲并不取决于思想认识的进步,而是取决于经济关系的进步。即使我们认识到某种伦理关系是如何地不合乎伦理,但只要支撑这种伦理关系的经济关系不能被我们消灭,这种伦理关系就会继续存在下去。新的伦理关系只能建立在新的经济关系之上。恩格斯在《社会主义从空想到科学的发展》中的一段话最能说明这一问题。恩格斯说:"但是,这种占有只有在实现它的实际条件已经具备的时候才能成为可能,才能成为历史的必然性。正如其他一切社会进步一样,这种占有之所以能够实现,并不是由于人们认识到阶级的存在同正义、平等等等相矛盾,也不是仅仅由于人们希望废除阶级,而是由于具备了一定的新的经济条件。"②

## 四、《资本论》经济伦理思想的现实意义

《资本论》是一百多年前的著作,它的主要分析对象是以充分发展的交换价值——资本——为基础的经济运行过程及其所产生的经济关系,它的主要倾向是批判性的。而在今天,我们中国正在走向市场经济,我们正在致力于建设一个完善的市场体系。这就是说,《资本论》所批判的,正是我们今天所要建设的一部分。在这样一种情况下,《资本论》的经济伦理思想对我们来说还具有现实意义吗?有。因为上述情况不是表明《资本论》没有现实意义,而是表明我们今天再也不能不加任何分析地简单搬用马克思的东西。我们要以《资本论》的经济伦理思想来指导今天的伦理道德建设,就必须以一定的分析为

---

① 《马克思恩格斯全集》(第 30 卷),北京:人民出版社 1995 年版,第 199 页。
② 《马克思恩格斯选集》(第 3 卷),北京:人民出版社 2012 年版,第 813 页。

基础。

首先,要把经济伦理的批判性与建设性区分开来。在《资本论》中,批判的是以交换价值为基础的生产所产生出来的经济关系与伦理关系,建设的是以共同生产为基础的生产所产生出来的经济关系与伦理关系。而在今天,我国正在发展为《资本论》所批判的东西,这是不是与马克思的思想相违背的呢?不是的。根据历史唯物主义的观点,一个社会的伦理关系,并不是由人们的主观意志所决定的,而是取决于它的经济关系;而一个社会的经济关系,也不是由人们的主观意志所决定的,而是取决于它自身的生产力发展水平。因此,我们并不能因为市场所发展出来的关系在一定程度上不合乎伦理就拒绝发展市场经济。马克思在《资本论》中谈到:"一个社会即使探索到了本身运动的自然规律,——本书的最终目的就是揭示现代社会的经济运动规律——,它还是既不能跳过也不能用法令取消自然的发展阶段。但是它能缩短和减轻分娩的痛苦。"①因此,在今天,我们不能不切实际地全面地批判市场所产生的经济关系和伦理关系,而是必须批判妨碍市场发展的经济关系和伦理关系,以促进市场的良性发展。

其次,要注意经济伦理标准的绝对性与相对性。在《资本论》的伦理分析中,马克思所实际使用的标准是"人的自由"。人的自由包括三个方面的内容:一是人与自然的自由而和谐的关系;二是人与社会的自由而和谐的关系;三是人的个性(包括人的需求、人的能力以及人的关系等等)全面而自由的发展。三者之中,人的个性全面而自由的发展是根本,人与自然的关系以及人与社会的关系则是它的实现前提。在具体分析的过程中,马克思又是从两个不同的层面来使用这些标准的:一是从人类社会发展的最终目标来使用这些标准的,从这一点来

①《马克思恩格斯文集》(第5卷),北京:人民出版社2009年版,第10页。

看,自然经济社会与市场经济社会都处于"自然王国",而未来的社会则处于"自由王国";一是从历史发展的角度来使用这些标准的,从这一点来看,自然经济社会的人处于自然必然性之中,人依赖于自然关系,人支配和改造自然的能力很低,人与人之间交往的对象和范围都非常狭窄;而市场经济社会的人处于经济必然性之中,人不再依赖于自然关系,而是依赖于社会关系。人支配和改造自然的能力大提高,人与人之间的全面的依赖关系已经形成,但是人却不能控制自己所产生出来的社会关系。就第一个层面而言,自然经济与市场经济都是人类经济发展的一个历史阶段;就后一层面而言,市场经济所产生的伦理关系与自然经济相比是大为进步的。对我们来说,既要坚持以人类社会发展的最终目标作为远大的理想,但更重要的是坚持人类社会发展的相对进步,这样才能更合理地理解我们的现实。

第三,要把《资本论》经济伦理思想的结论与方法区分开来。在《资本论》中,既有伦理分析的方法,也有根据这些方法进行分析的具体结论。这些结论,如对资本和劳动的伦理分析,对于我们今天来说仍然具有一定的意义。但是我们不应忘记,《资本论》中的许多结论是通过分析以高度发达的资本为基础的社会而得出的,而在我国,市场经济才刚刚开始起步。因此,这些结论尽管具有一定的真理性,但在我国还不具备使它们成为真理的条件。而且,我国的现实情况非常复杂,有多种经济成份同时并存,各种经济形式的发展程度也各不相同,这些都是《资本论》所未曾面临与分析的,因而需要我们去重新认识。在这种情况下,《资本论》中所运用的方法就显得更为重要了。我们只有运用《资本论》经济伦理分析的方法,来分析我国的经济伦理现状,才能真正把握和理解它的实质。

# 自发经济决定论：经济与道德<sup>*</sup>

在经济与道德的关系问题上，国内学者曾有过多次激烈的争论，也曾提出过多种不同的观点，但是在最基本的哲学层面上，学者们的观点则基本一致，大家都认可经济决定道德这一历史唯物主义的基本原理。不过，这种认可的一致性，主要停留在决定的内容方面，即经济在哪些方面决定道德，而在决定的途径方面，即经济通过哪些途径决定道德，学者们则较少关注，更谈不上形成一致的、明确的观点，而有一些人则有意无意地将决定论推向了自发论和替代论。在笔者看来，正是在这后一问题上的含糊认识（特别是错误认识），严重束缚了我国伦理学研究的主题，妨碍了我国伦理学研究和道德建设的快速发展。而在马克思主义思想发展的历史进程中，经济决定论也曾屡屡被人曲解为自发经济决定论，并因其严重危害了理论研究工作和社会革命工作而屡屡受到马克思主义经典作家的批判。回顾马克思主义经典作家对自发经济决定论的批判，分析学界在经济与道德关系方面的含糊认识，必将有利于我国社会主义伦理学研究和道德建设的健康发展。

---

* 本文主要内容曾以《论马克思主义者对自发经济决定论的三次批判——兼论经济与道德的关系》为题刊发于《当代世界与社会主义》2012 年第 5 期。

### 一、恩格斯对德国青年派的批判

历史观的首要问题是：在众多的历史现象、历史因素和历史活动中，谁是推动和支配历史发展的最终动力，它们彼此之间又是什么样的关系？在这一问题上，历史唯物主义的基本特征是确立了经济活动在人类生活中的首要地位。在《〈政治经济学批判〉序言》中，马克思最为清晰、最为明确地表述了这一思想，他指出："人们在自己生活的社会生产中发生一定的、必然的、不以他们的意志为转移的关系，即同他们的物质生产力的一定发展阶段相适合的生产关系。这些生产关系的总和构成社会的经济结构，即有法律的和政治的上层建筑竖立其上并有一定的社会意识形式与之相适应的现实基础。物质生活的生产方式制约着整个社会生活、政治生活和精神生活的过程。不是人们的意识决定人们的存在，相反，是人们的社会存在决定人们的意识。社会的物质生产力发展到一定阶段，便同它们一直在其中运动的现存生产关系或财产关系（这只是生产关系的法律用语）发生矛盾。于是这些关系便由生产力的发展形式变成生产力的桎梏。那时社会革命的时代就到来了。随着经济基础的变更，全部庞大的上层建筑也或慢或快地发生变革。"[①]这段话说得十分清楚：生产方式（特别是经济基础）决定着包含道德在内的全部精神生活，也支配着整个社会历史的发展。

但是，在马克思主义的初期传播过程中，经济决定论就被马克思主义的敌视者和自己人给曲解了：第一，经济决定论变成了唯经济决定论，经济变成了决定社会历史和其他社会因素的唯一力量。资产阶级学者巴尔特第一个把马克思和恩格斯的唯物史观称作"经济唯物主

---

[①]《马克思恩格斯文集》（第 2 卷），北京：人民出版社 2009 年版，第 591—592 页。

义"，认为唯物史观是一种"技术经济历史观"。康·施米特则认为决定论的核心思想是"一切非经济过程本身是从经济过程引出来"。① 第二，经济决定论被曲解成了自发决定论，经济自发地、自动地、自然而然地决定着历史和其他社会因素。以马克思主义者自居的德国"青年派"认为经济生活是自动发生作用的，历史是"完全自动地形成的"，"经济关系就像玩弄棋子一样地玩弄"历史活动中的人。② 布洛赫在给恩格斯的信中问道："经济关系到处地、直接地、唯一地和完全不依靠人地，像自然规律一样，不变地和不可避免地发生作用"吗？③

　　一旦由唯经济决定论进而曲解为自发经济决定论，经济决定论便会不可避免地走向还原论、替代论和取消论。既然一切社会因素完全由经济因素决定，并且这个决定过程是按照自然规律自发地、必然地完成的，那也就是说，有什么样的经济关系，就自然并且必然会产生与之相对应的各种社会因素，就自然并且必然会产生与之相对应的道德观念，那么，对包括道德在内的各种社会因素的分析就可以并且必须这样进行，被决定者必须还原为决定者，对社会意识因素的一切分析必须还原为对经济因素的分析。只要把决定者——经济因素分析清楚了，被决定者——各种社会因素就自然现身了。把各种社会因素严格还原为经济因素，事实上就是用对经济因素的分析取代对各种社会因素的分析，其结果只能是：关于各种社会因素的认识和实践被完全取消。

　　德国"青年派"保尔·恩斯特就是这么认为的，他在《马克思主义的危险》一文中提出了对马克思主义的印象："你的活动有什么用呢，一切宣传和组织工作有什么用呢？——推动人们向前的是经济发展，

---

① 《马列主义研究资料》1984 年第 1 辑，第 174 页。
② 《马克思恩格斯全集》(第 22 卷)，北京：人民出版社 1965 年版，第 97—98 页。
③ 《马列主义研究资料》1984 年第 1 辑，第 172 页。

而不是你的活动。"①在《妇女问题和社会问题》一文里,他又把妇女问题完全归结为经济问题,提出:"毫无疑问,妇女问题像所有'问题'一样,将随着生产关系的发展自然而然地解决。"②意大利马克思主义者拉布里奥拉曾总结过这些人的思想:"对历史研究来说,只要仅仅突出经济原因(常常是还不明显的,而且有时是根本没有弄清楚的)就够了,然后把其余的一切当作不需要的、然而却是人们情愿承担的负担扔掉,当作某种次要的东西,或者干脆当作微不足道的东西,或者完全当作不存在的东西扔掉。"③

"青年派"对唯物史观的简单化、庸俗化、教条化的曲解,对马克思主义社会历史观的传播发展所造成的危害,较之马克思主义敌人的歪曲更为恶劣和深远,因为他们混淆了人们的视听,容易使人们特别是对马克思主义所知甚少的青年人相信,马克思主义的社会历史理论似乎就是庸俗的、自发的、机械的"经济决定论"。

针对种种误解和曲解,恩格斯在 19 世纪 90 年代写下了一系列关于历史唯物主义的通信,他批判自发经济决定论的核心思想——"经济因素是唯一决定性的因素"——是一句"毫无内容的、抽象的、荒诞无稽的空话",④并从三个方面阐述了经济与历史及各种社会因素之间的关系。

第一,经济因素仅仅只在归根结底的意义上对历史和各种社会因素起决定作用,而不是直接地、完全地、自发地决定历史和各种社会因

---

① 转引自殷叙彝:《一次大学生和文学家的骚乱——论德国社会民主党内的"青年派"》,载《国际共运史研究资料》1981 年第 1 期。

② 转引自奚广庆:《恩格斯对"青年派"的批判》,载《天津师院学报》1980 年第 1 期。

③ [意]拉布里奥拉:《关于历史唯物主义》,杨启潾等译,北京:人民出版社 1984 年版,第 61 页。

④ 《马克思恩格斯文集》(第 10 卷),北京:人民出版社 2009 年版,第 591 页。

素。尽管恩格斯不断强调各种社会因素之间的相互作用以及各种社会因素的相对独立性，但他始终坚持经济因素对于历史发展的决定意义，他反复指出："在这些现实关系中，经济关系不管受到其他关系——政治的和意识形态的——多大影响，归根到底还是具有决定意义的，它构成一条贯穿于始终的、唯一有助于理解的红线。"①但这个决定作用，仅仅只在归根结底的意义上存在，也就是说，经济因素是最终极的、最深层的、最本原的决定因素，但它并不直接地、完全地、自发地决定各种社会因素，而是要通过一系列中间环节才能实现其决定作用。

第二，各种社会因素之间具有一定的相互作用。恩格斯在坚持经济因素的决定作用的同时，始终承认各种社会因素之间的相互作用以及各种社会因素对于经济和历史发展的影响作用。他指出："经济状况是基础，但是对历史斗争的进程发生影响并且在许多情况下主要是决定着这一斗争的形式的，还有上层建筑的各种因素。"②他还指出："政治、法、哲学、宗教、文学、艺术等等的发展是以经济发展为基础的。但是，它们又都互相作用并对经济基础发生作用。并非只有经济状况才是原因，才是积极的，其余一切都不过是消极的结果。"③恩格斯甚至还认为，在特定的历史时期，某些社会因素还有可能居于支配地位，强烈地制约其他社会因素的性质和发展，如中世纪的神学。

第三，各种社会因素既受到经济因素及其他社会因素的影响，同时也具有一定的相对独立性，遵循其本身发展规律的要求。需要加以注意的是，由于恩格斯在这里说明的重心是关于经济与意识形态以及各种意识形态之间的关系，所以他对各种意识形态的相对独立性描述较少，但他从不否认各种意识形态的相对独立性。恩格斯在《致弗·

---

① 《马克思恩格斯文集》(第10卷)，北京：人民出版社2009年版，第668页。
② 《马克思恩格斯文集》(第10卷)，北京：人民出版社2009年版，第591页。
③ 《马克思恩格斯文集》(第10卷)，北京：人民出版社2009年版，第668页。

梅林》中说："历史思想家(历史在这里应当是政治、法律、哲学、神学,总之,一切属于社会而不是单纯属于自然界的领域的集合概括)——历史思想家在每一科学领域中都有一定的材料,这些材料是从以前的各代人的思维中独立形成的,并且在这些世代相继的人们的头脑中经过了自己的独立的发展道路。"①

恩格斯对自发经济决定论的批判无疑是正面的、积极的、有力的,他承认经济起首要的作用,但不认为只有经济才起作用;他承认经济起决定作用,但并不用这种决定作用来取消其他各种社会因素;他承认经济因素对各种社会因素的支配地位,又恢复了各种社会因素的应有地位。但因为历史条件的限制,恩格斯仍然留下了一些需要后人不断发展的问题:恩格斯将"纯粹的思想胜利"视为"改变了的经济事实在思想上的反映",②认为加尔文教是"当时资产阶级利益的真正的宗教外衣",③但他并没有深入细致地说明:经济事实到底是如何在思想上"反映"的,资产阶级利益到底是如何披上宗教外衣的,包含道德在内的各种意识观念是由什么样的方式和方法产生的? 很明显,经济就是经济,思想就是思想,这是两种不同的事物,那么经济的事实是如何突破经济这种形式并"反映"到思想中的呢? 这个问题不解决,经济与道德等社会因素的关系问题就很难说得到了彻底的、根本的解决。

## 二、列宁对俄国经济派的批判

在恩格斯之后,第二国际的主流思想家们(伯恩施坦和考茨基)并没有认真对待恩格斯的思想,他们反而接过了青年派的思想,把经济决定论继续曲解为自发经济决定论。德国的伯恩施坦将生物进化论

---

① 《马克思恩格斯文集》(第 10 卷),北京:人民出版社 2009 年版,第 658 页。
② 《马克思恩格斯文集》(第 10 卷),北京:人民出版社 2009 年版,第 658 页。
③ 《马克思恩格斯文集》(第 4 卷),北京:人民出版社 2009 年版,第 311 页。

中的自发概念引入到了马克思主义历史观之中,而俄国经济派则在此基础上彻底走向自发经济决定论。

伯恩施坦不同意经济决定论,他公然宣称:"把社会主义建立在纯粹唯物主义的基础上和使社会主义的胜利依赖于社会主义的内在经济必然性是不可能的。"[1]他也反对崩溃论和灾变论,而主张将进化论引入到社会历史观中,确立自发性在人类社会历史发展中的核心地位。他认为社会民主党"决不热衷于一场反对整个非无产者的暴力革命",[2]而是要"促成和保证现代社会制度在不发生痉挛性爆发的情况下转移为一个更高级的制度"。[3] 在此基础上,伯恩施坦提出了"和平长入社会主义"的口号。

将进化论、自发性与经济决定论相结合,俄国经济派彻底而明确地发展出了革命运动中的自发经济决定论思想。他们以改良主义为基础,迷恋自发性和经济斗争,认为社会主义是工人自发经济运动的必然产物,从而走上了"经济主义"的道路。一方面,他们重视经济斗争而忽视政治斗争,认为马克思主义者只应该参加工人的经济斗争,而应将政治斗争留给自由派。因此,马克思主义的座右铭应该是"为改善经济状况而斗争","每个卢布工资增加一戈比,要比任何社会主义和任何政治都更加实惠和可贵"。[4] 他们的理由是:"试问哪一个社会民主党人不知道,根据马克思和恩格斯的学说,各个阶级的经济利益在历史上起决定作用,所以,无产阶级为自己的经济利益而进行的

---

[1] ［德］伯恩施坦:《社会主义的历史和理论》,上海:东方出版中心 1989 年版,第 345 页。

[2] ［德］伯恩施坦:《社会主义的前提和社会民主党的任务》,北京:生活・读书・新知三联书店 1965 年版,第 208 页。

[3] ［德］伯恩施坦:《社会主义的前提和社会民主党的任务》,北京:生活・读书・新知三联书店 1965 年版,第 196 页。

[4] 《列宁专题文集・论无产阶级政党》,北京:人民出版社 2009 年版,第 81—82 页。

斗争对它的阶级发展和解放斗争也应当有首要的意义呢?"[①]另一方面,他们认为工人运动能够自发地产生社会主义思想体系,并且能够自发地走向社会主义,不需要无产阶级政党来领导,也不需要无产阶级政党和社会主义理论家来给他们提供思想理论。

对于俄国经济派的自发经济决定论,列宁从两个方面进行了批判:第一,经济派崇拜自发性而轻视自觉的革命理论,其结果只能是加强资产阶级思想体系对工人的影响。因为工人群众只能自发地形成工联主义的意识,而不可能自发地形成社会主义的思想体系,放任工人自发思想自由地发展,只能埋葬无产阶级的革命运动。所以,列宁提出"没有革命理论,就不会有坚强的社会党",[②]"没有革命的理论,就不会有革命的运动"。[③] 正是在这个基础上,列宁提出了著名的"灌输"论,并把那些忽视理论指导而盲从于自发工人运动的机会主义思想称为"尾巴主义"。

第二,经济派崇拜经济斗争而轻视政治斗争,其结果只能是工人阶级永远不能摆脱政治上和经济上的奴隶地位,永远不能完成自己所肩负的伟大历史任务。列宁针对经济主义重经济轻政治的上述理由反驳道:"根据经济利益起决定作用这一点,决不应当作出经济斗争(等于工会斗争)具有首要意义的结论,因为总的说来,各阶级最重大的、'决定性的'利益只有通过根本的政治改造来满足,具体说来,无产阶级的基本经济利益只能通过无产阶级专政代替资产阶级专政的政治革命来满足。"[④]他还说:"但是,因为经济斗争而忘掉政治斗争,那就是背弃了全世界社会民主党的基本原则,那就是忘掉了全部工人运动

---

① 《列宁专题文集·论无产阶级政党》,北京:人民出版社 2009 年版,第 92 页。
② 《列宁专题文集·论马克思主义》,北京:人民出版社 2009 年版,第 95 页。
③ 《列宁专题文集·论无产阶级政党》,北京:人民出版社 2009 年版,第 70 页。
④ 《列宁专题文集·论无产阶级政党》,北京:人民出版社 2009 年版,第 92 页。

史所教导我们的一切。"①

要求把政治斗争提到首位,这就说明经济斗争不能凌驾于政治斗争之上,更不能替代政治斗争;认为经济运动不能自发地产生社会主义思想,这就说明一定的经济关系不能自动地、必然地产生一定的思想。通过这两点,列宁就从社会主义革命的角度一针见血地批判自发经济决定论。不过,由于斗争任务的局限,列宁对自发经济决定论的批判同样留有可以进一步发展的余地。一方面,列宁当时关注的重心是社会主义革命运动,因而他更偏重于从革命运动的角度而非整个历史唯物主义的角度分析经济与政治、经济与思想的关系;另一方面,由于列宁当时关注的重心是社会主义政治斗争,这就使他将更多的精力用于说明政治斗争的意义与方法,而没有较多地关注思想理论的产生发展方法。这就是说,列宁说清了经济如何上升为政治、新政治如何取代旧政治这一革命问题,但对于经济如何上升为思想、新思想如何取代旧思想这一问题并没有详细地阐述。这一点,又是批判自发经济决定论所不能回避的。

## 三、卢卡奇、柯尔施对第二国际的批判

在马克思主义内部,一些披上"正统马克思主义"外衣的思想家们也在自觉不自觉地将经济决定论解读为自发经济决定论。被当代西方学者谑称为"马克思主义的教皇"的考茨基十分强调经济发展的自然必然性,他认为经济的进步一定会带来社会关系的全面发展和社会生活的民主化,"经济的发展也将自然而必然地导致"社会主义的实现。② 在经济必然性铁的规律下,人是无足轻重、无能为力的,他说:

---

① 《列宁专题文集·论马克思主义》,北京:人民出版社 2009 年版,第 96 页。

② [德]考茨基:《爱尔福特纲领解说》,北京:生活·读书·新知三联书店 1963 年版,第 117 页。

"如果我们将这些人放到若干世纪的历史总关联里来看,他们之中就没有一个人具有什么重要性了,他们每个人都只不过是对历史过程的总结局不会引起丝毫改变的一段插曲而已。"[1]由于经济的最终基础被解释为生产力,所以经济必然性又以"唯生产力论"的形式体现出来,根据这种理论,考茨基认为社会主义的实现过程就是一个只靠生产力自发发展的进化过程。

庸俗化、教条化、机械化的自发经济决定论一经提出,立即就受到了左派马克思主义者的批评,但自发经济决定论在第二国际仍然居于主流地位,甚至直接影响了俄国马克思主义者对经济决定论的理解。普列汉诺夫在《马克思主义的基本问题》一文中首次提出了"生产力决定论"的经典公式:"如果我们想简短地说明一下马克思和恩格斯对于现在很有名的'基础'和同样有名的'上层建筑'的关系的见解,那么我们就可以得到下面一些东西:(一)生产力的状况,(二)被生产力所制约的经济关系,(三)在一定的经济'基础'上生长起来的社会政治制度,(四)一部分由经济基础所决定的,一部分由生长在经济上全部社会政治制度所决定的社会中的人的心理,(五)反映这种心理特性的各种思想体系。这个公式是十分广泛的,对于历史发展的一切'形式'足够给一个相当的位置,同时是跟折衷主义完全无缘的,这种折衷主义除了说明各种社会力量相互影响之外,就不能更进一步,甚至它没有怀疑这些力量之间的相互影响的事实还没有解决它们的起源问题。这是一元论的公式。这个一元论的公式彻头彻尾贯穿着唯物主义。"[2]这种彻头彻尾的线性的一元论,具体细致地揭示出了经济决定论由生

---

① [德]考茨基:《唯物主义历史观》(第6分册),上海:上海人民出版社1964年版,第66页。

② 《普列汉诺夫哲学著作选集》(第3卷),北京:生活·读书·新知三联书店1962年版,第195—196页。

产力到各种思想体系之间的各个环节，很容易被人引入机械的、单向的自发决定论。

迷恋自发经济决定论，将主要精力用于通过经济基础来解释各种社会现象，强调历史发展的自发性，从而忽视了政治斗争和思想理论斗争，其实践结果便是第一世界大战中欧洲社会主义革命的全面失败。欧洲社会主义革命的失败，给各国马克思主义者提出了这样一个问题：社会主义革命为什么会在社会主义革命的经济条件已经成熟时失败？按照自发经济决定论，既然经济因素直接地自发地必然地决定其他一切社会因素，那么，当经济条件已经成熟的时候，其他一切社会条件也应该自然而然地随之成熟，而当所有社会条件都已经成熟的时候，社会主义革命就应该必然胜利。沿着这一思路走下去所能得到的一个理论发现是：经济直接必然地决定社会历史发展的自发决定论是错误的，经济因素直接必然地决定其他社会因素的自发决定论也是错误的。

较早意识到这一问题的马克思主义者是匈牙利人卢卡奇，他提出了著名的"阶级意识"理论，深刻批判了第二国际的自发经济决定论。卢卡奇强调阶级意识在社会发展中的重要作用，认为"当最后的经济危机击中资本主义时，革命的命运（以及与此相关联的人类的命运）要取决于无产阶级在意识形态上的成熟程度，即取决于它的阶级意识"。[1] 以此观之，导致欧洲社会主义革命失败的深刻原因在于"无产阶级的意识形态危机"，即在最严重的经济危机时刻"无产阶级的大部分仍然在思想上受资产阶级的影响"，[2]而不具备以无产阶级阶级利益为基础的、与历史发展客观趋势相一致的无产阶级阶级意识。

这种观点的一个重要理论基础就是：经济状况不可能直接自发

---

[1] ［匈］卢卡奇：《历史和阶级意识》，北京：商务印书馆1992年版，第129页。
[2] ［匈］卢卡奇：《历史和阶级意识》，北京：商务印书馆1992年版，第395页。

地决定人们的思想。卢卡奇反复指出,"革命斗争的经验决没有明确证明,无产阶级的革命热情和斗争意志以任何直接的方式与其不同部分的经济水平相符",[①]无产阶级意识形态上的变化"并不是以任何自动和'必然'的方式与客观危机本身的进程平行发展的"。[②] 在这个基础上,卢卡奇非常明确地表达了对第二国际自发经济决定论的批判,他说:"如果历史的发展被解释成这样,即资本主义的经济过程将通过一系列危机自动地和无情地向社会主义前进,那么这里所说的意识形态危机只是一种错误诊断的产物。……因为在这种观点看来,根本不能设想无产阶级的意识形态落后于经济危机,不能设想有无产阶级的意识形态危机。"[③]

卢卡奇否认社会成员会自动地、直接地、正确地反映本阶级的阶级利益,形成正确的阶级意识,强调"客观的经济发展只能赋与无产阶级以改造社会的可能性和必要性",[④]而客观的经济状况转化为现实的思想意识还需要两个中介因素:一是本阶级先进的思想家,只有他们才能运用总体性方法,突破资本主义社会全面的物化意识,发现正确的无产阶级阶级意识;二是党组织,因为组织是理论和实践之间的中介形式,它可以把自己所拥有的真理深播到自发的群众运动中。

跟卢卡奇同时意识到这一问题而比卢卡奇走得更远的思想家是德国人柯尔施。他也认为,欧洲社会主义革命失败的主要原因在于没有在意识形态领域完成一定的革命任务,而这一点正是由第二国际庸俗唯物主义的理论错误所导致的。柯尔施认为,在第二国际看来,意识形态只是一种完全由经济自发决定的幻想,是"一个真正具体和实

---

① [匈]卢卡奇:《历史和阶级意识》,北京:商务印书馆1992年版,第396页。
② [匈]卢卡奇:《历史和阶级意识》,北京:商务印书馆1992年版,第402页。
③ [匈]卢卡奇:《历史和阶级意识》,北京:商务印书馆1992年版,第396—397页。
④ [匈]卢卡奇:《历史和阶级意识》,北京:商务印书馆1992年版,第304页。

在的发展过程的反映，完全依赖于这个过程（即使是相对独立的，最终仍然是依赖的）"，①因此，"在推翻了社会的经济结构和废除了它的法律和政治的上层建筑之后，将会自动地消融于它们必然的虚无之中"。② 这样一来，意识形态领域的思想斗争就被无产阶级的社会运动（特别是经济斗争）所代替或所取消。

针对这种错误，柯尔施提出：意识形态不是一种附属于经济的幻想，而是一种相对独立的、起着一定客观作用的社会现实，是社会总体的一个有机构成部分。意识形态的各种形式"只有在迄今通过这些形式被理解的物质生产关系自身在客观—实践上被推翻的同时，才能够在思想和意识上被消灭"，③但意识形态领域的斗争决不能由经济斗争或政治斗争所取代，"正如革命阶级的经济上的行动没有使政治行动变得不必要一样，政治或者经济行动也没有使精神上的行动变得不必要"。④ 只有当整个现存社会和它的经济基础在实践上完全被推翻、这种意识在理论上全部被取消和被废除的时候，意识形态的斗争才会结束。

在这个基础上，柯尔施再度批评了第二国际庸俗的马克思主义，他指出："那种满足于以十足的费尔巴哈式的方法把全部意识形态表象归结为它们的物质的和世俗的核心的理论方法，是抽象的和非辩证法的。那种只限于反对宗教现象的世俗核心，并不参与消灭和取代这些意识形态本身的革命实践，同样是抽象的非辩证法的。当庸俗马克思主义采取这种抽象的和消极的态度对待意识形态的现实时，它像那些过去和现存使用马克思的关于经济决定法律关系、国家形式和政治

---

① ［德］柯尔施：《马克思主义和哲学》，重庆：重庆出版社1989年版，第41页。
② ［德］柯尔施：《马克思主义和哲学》，重庆：重庆出版社1989年版，第53页。
③ ［德］柯尔施：《马克思主义和哲学》，重庆：重庆出版社1989年版，第51页。
④ ［德］柯尔施：《马克思主义和哲学》，重庆：重庆出版社1989年版，第54页。

行动的命题去证明无产阶级能够而且应当把它自身仅仅限制在直接的经济范围之内的无产阶级理论家们一样,犯了完全同样的错误。"①这段话是对自发经济决定论的最好批判。

当自发经济决定论这一错误理论所导致的实践问题被完全暴露出来之后,卢卡奇和柯尔施等人深刻地认识并批判了这一错误。他们指出第二国际在理论上歪曲了经济生活与思想意识之间的关系,在实践上用经济斗争取消了思想斗争,提出思想领域的斗争必须以物质领域的斗争为前提,但又不能被物质领域的斗争所替代取消,这些观点无疑是合理而有意义的。但由于他们当时的主要任务是清算盘踞在部分马克思主义者头脑中的第二国际思想,所以他们在提出新方案时就显得有些模糊,如他们强调意识形态领域的斗争应当是独立而必要的,但并没有详细描绘这种斗争具体要如何进行;他们强调要用正确的意识清洗人们头脑中既存的错误意识,但并没有说明这一清洗是如何可能以及应该如何进行的。

### 四、在经济与道德的关系中摆脱自发经济决定论

尽管自发经济决定论一再受到马克思主义者的批判,但这种思想仍然以各种形式存活着,甚至还存活于一些马克思主义者的头脑中。上个世纪 30 年代以后,以斯大林模式为基础的苏联马克思主义在整个社会主义世界中长期处于统治地位,这种思想体系中就包含一种机械的、自发的经济决定论,它用经济的一元论取代了人类社会的丰富具体性,忽略了人类文化传统、价值观念等因素的应有地位。受斯大林模式的影响,我国马克思主义理论界在建国后一段时期内也带有机械的自发经济决定论的倾向,学者们过分强调经济因素对社会历史发

① 〔德〕柯尔施:《马克思主义和哲学》,重庆:重庆出版社 1989 年版,第 39—40 页。

展的决定作用,认为各种非经济因素只是经济的反映和表现,因而都能在经济中找到原型和说明,这样一来,社会发展过程中的非经济因素就被完全还原为经济因素,整个社会历史就被消解为一个万能的经济。

可喜的是,从上个世纪 80 年代后期以来,国内马克思主义理论界的同仁们已经认识到了这一问题,并以讨论经济决定论为突破口开始积极纠正自发经济决定论的错误。但令人遗憾的是,学术界对自发经济决定论的清算具有一种滞后效应,众多受哲学思想影响的其他思想领域仍然没有摆脱自发经济决定论的影响。在伦理学研究领域里,我们经常可以见到这种自发经济决定论的影子:

第一,有些学者将道德问题还原为经济问题,从而取消了道德建设工作。当一些新的道德问题随着市场经济的发展而涌现时,一些学者就忙于抛出"代价论"和"经济与道德二律背反论",试图用经济生活的变化解释道德生活的变化,将精神领域里的道德问题还原归结为物质领域里的经济问题。在一些人的意识里,道德是由经济决定的,道德问题的根源不在思想而在经济,一切道德问题的解决只能依赖于经济问题的解决。由此所能得出的结论就是:要解决社会发展中的道德问题,不需要进行任何思想道德领域里的工作,只要搞好经济工作就一切 OK 了。这是一种典型的自发经济决定论,同时也是一种典型的道德取消论,它只会回避现实生活中的道德问题,只会导致道德问题愈演愈烈。对此,邓小平同志的反思是:"十年来我们的最大失误是在教育方面,对青年的思想政治教育抓得不够,教育发展不够。"[1]

第二,有些学者只热衷于从特定的经济秩序中提炼出一定的道德规范,却不问这些道德规范该如何进入人们的头脑和行为。面对一些

---

[1]《邓小平文选》(第 3 卷),北京:人民出版社 1993 年版,第 287 页。

社会问题,有的学者试图从伦理学的角度开出一定的道德药方,如要解决金融危机问题、经济发展问题、生态危机问题等等,相关人员应该具有什么样的道德品质。应当说,这种分析是非常有意义的,毕竟道德的要求必须以经济社会的发展要求为基础。但是,如果仅仅停留于这一层面,认为只要提出合乎经济社会发展的道德要求就足够了,那就值得商榷了。因为这种思想暗含的观点是:只要是合乎经济社会发展需要的,就会自然而然地进入人们的头脑,会自然而然地替换那些不合理的观念,而不需要经过任何思想方面的斗争。毫无疑问,这种思想在骨子里仍然属于自发经济决定论。事实上,提出经济社会发展所需要的道德要求,只是道德建设工作的起点;将符合经济社会发展需要的道德要求转化为人民群众的道德品质,这才是道德建设工作的核心。

反思马克思主义思想史上对自发经济决定论的批判,回首现实的伦理学研究和道德建设工作,我们或许能发现当前伦理学研究的一个重要缺陷:我们过于强调道德的经济基础而忽视了道德自身的规律。我们承认,道德要求归根到底来自于经济社会,只有符合经济社会发展规律的道德要求才会最终成为社会的主流道德,但是,合理的道德要求如何才能转变为现实的道德素质,这不应该是由经济必然性直接推衍出来的,而只能遵循道德自身的发展规律;合理的道德要求以何种速度转变为现实的道德素质,这不可能取决于道德之外的其他因素,只能取决于整个社会所付出的道德努力。我们需要再回顾一下马克思的名言:"哲学家们只是用不同的方式解释世界,问题在于改变世界。"①

---

① 《马克思恩格斯文集》(第1卷),北京:人民出版社2009年版,第502页。

# 从生产关系批判到生产力批判<sup>*</sup>

    自法兰克福学派出现以后,经济批判理论就开始偏离了马克思恩格斯开创的经济关系(尤其是生产关系)批判道路,逐步转向了生产力批判。这种偏离,一方面为后来的西方马克思主义提供了新的理论生长点,另一方面又将后继者拖入了绝望的泥潭。将资本主义社会批判的重心定位为生产关系批判,是马克思的理论创见;将资本主义社会批判的重心转移到生产力批判,是霍克海默的思想核心。分析马克思与霍克海默经济批判理论的差异,指明这个偏移的过程、实质与后果,对于正确理解对待西方马克思主义的经济批判理论以及发展马克思主义的经济批判理论都具有非常重要的意义。

## 一、批判领域的转移:从生产关系到生产力

    对资本主义经济生活的批判,始终是马克思主义社会批判理论的重心,因为马克思主义的方法就是"从社会生活的各种领域中划分出经济领域,从一切社会关系中划分出生产关系,即决定其余一切关系

    \* 本文主要内容曾以《从生产关系批判到生产力批判》为题刊发于《当代世界与社会主义》2014 年第 5 期。

的基本的原始的关系"。① 资本主义经济生活中有一个核心要素,它是产生其他一切经济现象的基础,也是产生资本主义经济恶的源头。在马克思的经济批判理论中,这个决定性的核心要素是生产关系;而在霍克海默的经济批判理论中,决定性的核心要素从生产关系偏移到了生产力。

马克思对资本主义社会的批判,经历了一个从宗教批判到政治批判再到经济批判的发展过程。他跟当时的德国哲学一起,一开始把各种社会问题的根源归结为彼岸的精神,从而开展了宗教批判,后来又归结为现世的精神,从而开展了政治批判,最终归结为现实的物质基础,从而走上了经济批判的道路。马克思在 1845 年确定了自己的道路:"从直接生活的物质生产出发阐述现实的生产过程,把同这种生产方式相联系的、它所产生的交往形式即各个不同阶段上的市民社会理解为整个历史的基础,从市民社会作为国家的活动描述市民社会,同时从市民社会出发阐明意识的所有各种不同的理论产物和形式,如宗教、哲学、道德等等,而且追溯它们产生的过程。"②在把经济生活确定为社会批判的核心领域之后,马克思又放弃了普鲁东的分配异化思路和赫斯的交换(货币)异化思路,最终走上了劳动异化道路。在马克思看来,经济生活中最终起决定作用的因素不是分配,不是交换,而是生产。分配和交换同其他经济要素一样,都是由生产决定的,都是生产的产物。马克思在《〈政治经济学批判〉导言》中明确提出:"因此,一定的生产决定一定的消费、分配、交换和这些不同因素相互间的一定关系。"③

---

① 《列宁专题文集·论辩证唯物主义和历史唯物主义》,北京:人民出版社 2009 年版,第 158—159 页。

② 《马克思恩格斯文集》(第 1 卷),北京:人民出版社 2009 年版,第 544 页。

③ 《马克思恩格斯文集》(第 8 卷),北京:人民出版社 2009 年版,第 23 页。

生产过程由两个要素构成：一个是生产力，一个是生产关系。马克思在将生产作为批判资本主义社会的决定性因素时，他是如何对待生产力和生产关系的呢？在马克思看来，资本主义社会的根本问题源于资本主义的生产关系，与资本主义的生产力没有直接的关系，因为是生产关系而不是生产力直接决定了各种社会现象。马克思这样概括自己的唯物史观："人们在自己生活的社会生产中产生一定的、必然的、不以他们的意志为转移的关系，即同他们的物质生产力的一定发展阶段相适合的生产关系。这些生产关系的总和构成社会的经济结构，即有法律的和政治的上层建筑竖立其上并有一定的社会意识形式与之相适应的现实基础。人们在自己生活的社会生产中产生一定的、必然的、不以他们的意志为转移的关系，即同他们的物质生产力的一定发展阶段相适合的生产关系。这些生产关系的总和构成社会的经济结构，即有法律的和政治的上层建筑竖立其上并有一定的社会意识形式与之相适应的现实基础。"①在这段话里，马克思说得很清楚，是生产关系构成了社会的经济结构，决定着政治上层建筑和意识形态。

那么，马克思又是如何看待资本主义生产力的呢？一方面，马克思认为生产力是生产关系的基础，生产力决定生产关系，生产关系必须与生产力相适应；另一方面，马克思又认为一切社会问题都是由与生产力发展不相适应的生产关系引起的。这一点，我们可以从马克思对资本主义分工和机器的分析中看得清清楚楚。马克思强调必须"把社会生产过程的发展所造成的较大的生产率同这个过程的资本主义剥削所造成的较大的生产率区别开来"，②必须"把机器和机器的资本主义应用区别开来"，必须把"物质生产资料本身"同"物质生产资料的

---

① 《马克思恩格斯文集》（第 2 卷），北京：人民出版社 2009 年版，第 591 页。
② 《马克思恩格斯文集》（第 5 卷），北京：人民出版社 2009 年版，第 486 页。

社会使用形式"区别开来。① 他指出："同机器的资本主义应用不可分离的矛盾和对抗是不存在的,因为这些矛盾和对抗不是从机器本身产生的,而是从机器的资本主义应用产生的！因为机器就其本身来说缩短劳动时间,而它的资本主义应用延长工作日;因为机器本身减轻劳动,而它的资本主义应用提高劳动强度;因为机器本身是人对自然力的胜利,而它的资本主义应用使人受自然力奴役;因为机器本身增加生产者的财富,而它的资本主义应用使生产者变成需要救济的贫民,如此等等。"②

在 20 世纪 40 年代以前,霍克海默基本上沿袭了马克思的思路,认为资本主义生产关系是资本主义社会问题的产生根源,他在《传统理论与批判理论》一文中指出,资本主义经济社会的失业、经济危机、军国主义等问题,根源不在于"技术能力有限",而在于"已经不再适合于我们时代的生产关系"。③ 但在 40 年代以后,霍克海默的思想发生了变化,他认为资本主义社会问题的根源不是生产关系,而是生产力。尽管资本主义社会在人与人的关系方面的确存在问题,但这个问题不是原生的,而是派生的,是由人与自然的关系问题派生出来的。

霍克海默思想的转变,与时代主题的变迁具有密切关系。在马克思生活的时代,资本主义社会最主要的问题是工人贫困问题,马克思分析了这个社会问题,并且找出了这个社会问题产生的根源——资本家对工人的剥削。而到了霍克海默生活的时代,资本主义社会最主要的问题不再是工人贫困问题,而是无处不在的极权以及普遍的顺从。霍克海默发现,极权和顺从的问题不能仅仅从人与人的关系中寻找根源,因为人与人之间的极权和顺从仅仅只是一个表象,一个派生物,而

---

① 《马克思恩格斯文集》(第 5 卷),北京:人民出版社 2009 年版,第 493 页。
② 《马克思恩格斯文集》(第 5 卷),北京:人民出版社 2009 年版,第 508 页。
③ 《霍克海默集》,渠东、付德根等译,上海:上海远东出版社 1997 年版,第 187 页。

不是一切极权和顺从的产生根源。

在排除了人与人的生产关系之后,霍克海默把批判的目光定位在人与自然的关系上。他发现,极权和顺从的产生根源可以从资本主义的启蒙精神中找到答案。启蒙精神将科学技术作为资本主义社会的基础,在解放生产力的同时确定了一种全新的人与自然的关系,即一种控制与被控制的关系。他说:"人们从自然中想学到的就是如何利用自然,以此来全面统治自然和他人。这就是其唯一的目的。"①霍克海默认为,正是这种全新的生产力,这种全新的人与自然的关系,构成了资本主义社会极权与顺从的根源。

## 二、批判主题的置换:从剥削、物化到控制、极权

针对不同的领域,批判的主题是完全不同的。生产关系的实质是人与人的关系,而生产力的实质是人与自然的关系。面对资本主义生产关系,马克思重点批判了资本主义生产过程中的剥削、奴役以及以此为基础的物化问题。面对资本主义生产力,霍克海默重点批判了资本主义生产过程中的控制、顺从以及以此为基础的极权问题。

马克思对资本主义生产关系的批判,首先集中于最引人注意的资本主义剥削关系。正如所有的社会主义者一样,马克思首先关心工人的贫困问题,他认为,无论资本主义社会处在哪一种状态中,工人的贫困都是无法避免的,他说:"在社会的衰落状态中,工人的贫困日益加剧;在增长的状态中,贫困具有错综复杂的形式;在达到完满的状态中,贫困持续不变。"②工人付出了大量劳动,为什么还会如此贫困呢?马克思在1844年就隐约意识到,剥削是造成工人贫困的根本原因。不过,此时的马克思并没有看穿资本家剥削工人的真正奥秘,他基本

---

① 《霍克海默集》,渠东、付德根等译,上海:上海远东出版社1997年版,第44页。
② 《马克思恩格斯文集》(第1卷),北京:人民出版社2009年版,第122页。

上是从哲学伦理学的视角来批判异化劳动的。只有到了《资本论》时期，马克思才真正看透了资本家剥削工人的奥秘。

马克思通过政治经济学分析发现，从表现上看，资本主义市场交换是一种平等交换，资本家与劳动者的交换同其他市场交换一样，也是一种平等交换，"因为他们彼此只是作为商品所有者发生关系，用等价物交换等价物"。① 可是，一旦深入分析"劳动"这种商品的独特性，一旦搞清了"劳动价值"与"劳动力价值"的区别，平等作为表象就会烟消云散，剥削作为实质就会呈现出来。马克思披露："在现存的资产阶级社会的总体上，商品表现为价格以及商品的流通等等，只是表面的过程，而在这一过程的背后，在深处，进行的完全是不同的另一些过程，在这些过程中个人之间这种表面上的平等和自由就消失了。"② 通过剩余价值理论，马克思真正揭穿了隐藏在平等交换背后的剥削与奴役。

马克思对资本主义生产关系的批判，还集中于资本主义社会独有的物化现象。从表面上看，资本主义社会中的个人是自由的，"因为商品例如劳动力的买者和卖者，只取决于自己的自由意志"；③ 而在实质上，资本主义社会中个人的自由与独立是"以物的依赖性为基础的"。④ 在资本主义社会，个人的社会性是通过其劳动的社会性体现出来的，而劳动的社会性则是通过劳动产品进行市场交换得到证明和实现的。也就是说，个人能否真正实现其社会性，取决于其劳动产品能否成功进行市场交换。市场上的每一个人都以其劳动产品这种"物"的面貌出现，人与人的社会关系也就转化成了"物"与"物"的交换关系。在市

---

① 《马克思恩格斯文集》(第 5 卷)，北京：人民出版社 2009 年版，第 204 页。
② 《马克思恩格斯全集》(第 30 卷)，北京：人民出版社 1995 年版，第 202 页。
③ 《马克思恩格斯文集》(第 5 卷)，北京：人民出版社 2009 年版，第 204 页。
④ 《马克思恩格斯文集》(第 8 卷)，北京：人民出版社 2009 年版，第 52 页。

场交换中,这些"物"以及"物"与"物"的关系似乎摆脱了其作为劳动产品的属人性,获得了完全属于自己的独立性,遵循着客观的市场规律而自由运转。于是,一切都颠倒过来了:各种各样的社会"物",本来都是人类劳动的产物,都应该受人类的支配,服务于人类;但现在,它们不仅不受人类这个造物主的支配,反过来还奴役造物主,成为造物主的崇拜对象。

这就是物化,马克思的描述是:"活动的社会性质,正如产品的社会形式和个人对生产的参与,在这里表现为对于个人是异己的东西,物的东西;不是表现为个人的相互关系,而是表现为他们从属于这样一些关系,这些关系是不以个人为转移而存在的,并且是由毫不相干的个人互相的利害冲突而产生的。活动和产品的普遍交换已成为每一单个人的生存条件,这种普遍交换,他们的相互联系,表现为对他们本身来说是异己的、独立的东西,表现为一种物。"①有些人只看到这种表面呈现出来的物化现象,而看不到隐藏在物化背后的属人实质,马克思称此种思想为拜物教。

而到了霍克海默那里,剥削问题隐匿了,物化问题以一种变形的方式被无限扩大。在马克思那里,物化是人类的物化,是人类与人造物关系的颠倒;而在霍克海默那里,主体从人类换成了个人,物化也从人类与人造物关系的颠倒换成了个人与整个人造物关系的颠倒。

在 20 世纪 30 年代以后,西方资本主义世界出现了一个新主题,这就是法西斯主义。法西斯主义这个主题,在此后的年代里越来越强大,逐步成为影响西方资本主义世界发展的最重要主题之一。在霍克海默的理论世界中,由法西斯主义代表的极权,取代了以工人贫困为基础的剥削,成为了理论反思的最重要主题。霍克海默的呼吁是:"在

---

① 《马克思恩格斯文集》(第 8 卷),北京:人民出版社 2009 年版,第 51 页。

这种条件下,用自由世界的概念本身去判断自由世界,对这个世界采取一种批判的态度而又坚决地捍卫它的理想,保卫它不受法西斯主义、斯大林主义、希特勒主义及其他东西的侵害,就成为每一个有思想的人的权利和义务。"①

极权由两个方面构成:一方面是来自权威的控制,另一方面是来自个体的顺从。这两个方面同等重要,缺一不可。对于控制,霍克海默在早期基本上同意黑格尔的观点,向往人类理性对于人造物的控制,但到了后期,霍克海默完全放弃了理性崇拜观念,他转过来走向了康德,坚定地用个人自由对抗社会控制。霍克海默认为,当代社会最大的问题就是无处不在的控制,就是控制对个人自由的完全剥夺。他说:"这个时代,甚至连相对的个人自主性这些遗留下来的东西也要全部扼杀。在自由主义时代,公民可以在一定限度之内发掘他自己的潜能;它自己的命运在一定限度内是由其自己的活动所决定的。所有具有这种可能性的东西,便是自由和正义的要求所蕴含的东西。可是,随着社会的变化,这两者之中的一个的增长,通常就意味着另一个的削弱。生活的集中化调节、那种算计好每一细节的管理、以及那种所谓的严格的合理化,都被历史证明为是一种妥协。在国家社会主义时期,已经清楚的是:极权政府并不是一种偶然情形,而是社会运行的那种方式的表现。"②

在霍克海默看来,与来自权威的控制相比,个体的顺从显得更为重要。因为个体是顺从还是反抗,直接关系到极权的生存;如果没有个体的顺从,控制就不会演变成无所不在的极权。对于霍克海默来说,理想的个体应该是自由的个体、独立的个体、批判的个体、有价值标准的个体,自由资本主义时期的主流个体就是如此。但进入垄断资

① [德]霍克海默:《批判理论》,李小兵等译,重庆:重庆出版社1989年版,序。
② [德]霍克海默:《批判理论》,李小兵等译,重庆:重庆出版社1989年版,序。

本主义社会之后，个体逐步失去了自主性而走向了普遍顺从。霍克海默对这种人指认道："在更加复杂的意义上来使用'人'这个词的地方，它并不含有人类正义的意思。过去，人们坚信，唯有充满正义的世界才能继续存在下去，现在，'人'这个词并不代表以此信仰为基础的理性理论。'人'这个词也不再表现不管社会现状多么沉重地挤压、它都能够抵制其侵袭的主体的力量。"①

霍克海默认为，导致控制与顺从的深刻原因可以从奠定资本主义基础的启蒙精神中寻找。启蒙精神以现代科技为代表，它向人们描绘了一幅人类驯服控制大自然的美好景象。但在这幅美好景象的背后，潜藏着两股足以摧毁自由社会的力量：一是控制观念的空前强大。在人与自然的关系中，人只要掌握了自然界发展的客观规律，就可以完全支配、控制、奴役自然界，使之为人类服务。另一方面，人要控制自然，首先必须控制人自身，必须把人类自身当作对象来控制，这个任务正是通过个体的集体化进程完成的。霍克海默指出："凭借大生产以及其文化的无穷动力，个体的常规行为方式表现为惟一自然、体面和合理的行为方式。个人只是把自己设定为一个物，一种统计因素，或是一种成败。他的标准就是自我持存，即是否成功地适应他职业的客观性以及与之相应的行为模式。其他一切事情，不管是观念，还是罪行，都受到集体力量，受到从班级一直到工会这些集体力量的监控。但是，连具有威慑性的集体也只有骗人的嘴脸，而它根子里却隐藏着把集体操控为权力工具的权力。"②而当人对自然的控制活动达到一定程度时，以人对自然的控制关系和人对人的控制关系为基础的控制观念就会深入人心。

---

① 《霍克海默集》，渠东、付德根等译，上海：上海远东出版社1997年版，第231页。
② ［德］霍克海默、阿道尔诺：《启蒙的辩证法——哲学片断》，渠敬东、曹卫东译，上海：上海人民出版社2006年版，第22页。

　　另一种力量是批判精神的不断削弱。在人对自然界的控制关系中，自然界是作为可以被控制的对象出现的，人是作为控制的主体出现的。无论是被控制的对象，还是控制的主体，在控制关系中被体现和强化的是与控制有关联的特性，而与控制无关、或者对控制起反作用的特性都会逐步淡化，直至消失。霍克海默的说法是："对启蒙运动而言，任何不符合算计与实用规则的东西都是值得怀疑的。"①其结果呢？一方面是自然界失去了自身的全面性，变成了单纯的控制对象；另一方面是人失去了自身的全面性，变成了单纯的控制者。霍克海默指出："这样，没有实质区分的自然就陷入了单纯分类的混乱状态，而无所不能的自我也陷入了单纯的占有状态，即变成了抽象的同一性。"②作为一个控制者，人放弃了任何对意义的探求，只关心如何控制一切对象。没有了精神王国和价值世界，个体就彻底丧失了批判精神，留下的只有顺从态度。

　　毫无疑问，启蒙精神的集中体现就是科技，科技代表着人对自然的最高控制。而当科技深入各个经济生活领域之后，它又以"物"（即机械）和"人"（即权威专家）两种形式促进着顺从态度的滋长。于是，在经济生活的每一个领域，我们都能看到控制和顺从的蔓延。霍克海默指出："家庭和工厂都把兴趣对准瞬间的直接对象，这种兴趣即便在休闲时间里也极力要把自己强加给某个对象的多样性和变化性中，强加给对物质现实的安排和把握；因此超越当前情况的经验能力正在萎缩。"③在医疗领域，病人在医生面前的自由现在变成了"对专家指令的

---

　　① ［德］霍克海默、阿道尔诺：《启蒙的辩证法——哲学片断》，渠敬东、曹卫东译，上海：上海人民出版社 2006 年版，第 4 页。
　　② ［德］霍克海默、阿道尔诺：《启蒙的辩证法——哲学片断》，渠敬东、曹卫东译，上海：上海人民出版社 2006 年版，第 7 页。
　　③ 《霍克海默集》，渠东、付德根等译，上海：上海远东出版社 1997 年版，第 244 页。

机械反应",而且是一种对权威的"病兆性的反应"。① 在消费领域,购买行为"不再促使资产阶级自我意识的形成",个体在专家的权威面前形成了"一种乐于承认和服从使用说明的态度"。②

### 三、批判出路的偏离:从无产阶级革命到个人哀叹

马克思关注资本主义生产关系,重点批判由资本主义生产关系引发的剥削问题和物化问题。霍克海默关注资本主义生产力,重点批判由资本主义科技引发的极权问题和控制问题。这两种批判指向的目标不同,通向目标的道路不同,实现目标的前景也完全不同。

就指向的目标来说,马克思的未来社会是非常清晰的。马克思痛恨资本主义经济社会中必然存在的剥削、压迫现象,所以他理想中的未来社会就必然要求以自由、平等和人的全面发展为基础;马克思批判资本主义社会里人受人造物支配的全面物化现象,所以他理想中的未来社会就必然要求人克服自身的分裂,通过形成一个真正的联合体来支配人自己和人造物。对于这个理想中的未来社会,马克思在《共产党宣言》中的描绘是"每个人的自由发展是一切人的自由发展的条件"的自由人联合体;③他在资本论时期则强调"建立在个人全面发展和他们共同的、社会的生产能力成为从属于他们的社会财富这一基础上的自由个性"。④

对于未来社会,霍克海默极少进行具体的描绘,他在《传统理论和批判理论》一文中曾经提到:"在那种社会形态里,没有剥削或压迫;在那里,存在着一个包罗万象的主体即具有自我意识的人类;在那里,人

---

① 《霍克海默集》,渠东、付德根等译,上海:上海远东出版社1997年版,第335页。
② 《霍克海默集》,渠东、付德根等译,上海:上海远东出版社1997年版,第323页。
③ 《马克思恩格斯文集》(第2卷),北京:人民出版社2009年版,第53页。
④ 《马克思恩格斯文集》(第8卷),北京:人民出版社2009年版,第52页。

们有可能谈论同一的理论创造物和超然于个体的思想。"①这个思想倒是与马克思非常接近,但霍克海默后来放弃了这一思想。在 40 年代以后,霍克海默高举个人自由的大旗,一心维护个人的自由精神世界。他理想中的未来社会,也仅仅局限于一个能够保障个人精神世界的自由社会。

就通向未来社会的道路来说,马克思也有非常明确的指认。一方面,无产阶级的被剥削、被奴役地位以及由此造成的贫困,必将激发无产阶级的革命意志,迫使无产阶级走上社会主义革命的道路;另一方面,人类受人造物支配和奴役这种物化现象是由生产资料私有制造成的,无产阶级只要抓住所有制改造这个核心问题就能逐步解决所有的社会问题。因此,在马克思那里,通向未来社会的道路就是将革命的无产阶级组织起来,通过社会主义革命推翻资产阶级,改造生产资料所有制,并以此为基础建立一个全新的社会。

而在霍克海默那里,要抵制极权和控制,维护个人的自由精神世界,不能通过暴力革命的方式进行,因为暴力手段"反而帮了他们致力于反抗的那些势力的忙",②只能通过理论批判才能完成。但在遍地极权和顺从的资本主义世界里,谁能承担这种批判任务呢?霍克海默不相信无产阶级,他认为无产阶级无法形成正确的批判意识,因为无产阶级无法突破"强加在无产阶级身上的社会结构分化和只有在非常特殊的时候才能被超越的个人与阶级利益之间的对立"。③ 相反,只有以大学教授、中级公务员、医生、律师为代表的知识分子才能形成真正的批判意识,因为他们"拥有一种获得更为宽阔的视野的能力"。④ 霍克

---

① 《霍克海默集》,渠东、付德根等译,上海:上海远东出版社 1997 年版,第 209 页。
② [德]霍克海默:《批判理论》,李小兵等译,重庆:重庆出版社 1989 年版,序。
③ 《霍克海默集》,渠东、付德根等译,上海:上海远东出版社 1997 年版,第 187 页。
④ 《霍克海默集》,渠东、付德根等译,上海:上海远东出版社 1997 年版,第 194 页。

海默多次表明了自己的观点："今天，更重要的事情是捍卫自由，传播自由，实现自由，而不是间接地促使世界走向宰制。"①有了明确的目标，有了清晰的道路，马克思对推翻资本主义社会、实现共产主义社会充满了信心。当然，这个信心是建立在对人类社会特别是资本主义社会发展规律的充分把握基础上的。马克思向我们展望了资本主义社会走向共产主义社会的图景，他说："这种剥夺是通过资本主义生产本身的内在规律的作用，即通过资本的集中进行的。一个资本家打倒许多资本家。随着这种集中或少数资本家对多数资本家的剥夺，规模不断扩大的劳动过程的协作形式日益发展，科学日益被自觉地应用于技术方面，土地日益被有计划地利用，劳动资料日益转化为只能共同使用的劳动资料，一切生产资料因作为结合的、社会的劳动的生产资料使用而日益节省，各国人民日益被卷入世界市场网，从而资本主义制度日益具有国际的性质。随着那些掠夺和垄断这一转化过程的全部利益的资本巨头不断减少，贫困、压迫、奴役、退化和剥削的程度不断加深，而日益壮大的、由资本主义生产过程本身的机制所训练、联合和组织起来的工人阶级的反抗也不断增长。资本的垄断成了与这种垄断一起并在这种垄断之下繁盛起来的生产方式的桎梏。生产资料的集中和劳动的社会化，达到了同它们的资本主义外壳不能相容的地步。这个外壳就要炸毁了。资本主义私有制的丧钟就要响了。剥夺者就要被剥夺了。"②而在霍克海默那里，没有明晰的理想社会，没有合理的革命道路，未来的希望自然就是渺茫的。霍克海默发现，在垄断资本主义社会，个人成了经济机器的一个零部件，个体独立性逐步消失了，能够提出并拥有经济批判理论的人更少了。他颇为悲伤地指

---

① ［德］霍克海默、阿道尔诺《启蒙的辩证法——哲学片断》，渠敬东、曹卫东译，上海：上海人民出版社 2006 年版，新版序言(1969)。

② 《马克思恩格斯文集》(第 5 卷)，北京：人民出版社 2009 年版，第 873—874 页。

出："但在晚期资本主义时代和工人在专制国家机器的压迫面前显得软弱无能的条件下,真理只好在一小部分值得敬佩的人那里寻找庇护。但这些人却被恐怖主义大量扼杀,他们很少有时间仔细推敲理论。"①连批判的主体都没有了,那人们能够通过何种途径走向新经济社会呢? 霍克海默的回答是："哲学不可能规定人们将如何逃脱社会现状之迷人的循环;它只能试图给这种迷人的魅力命名。没有什么能够告诉人们该如何举措以阻止人类的枯萎。认为我们能阻止技术、家庭生活和一切人类关系的危险发展的看法是极其愚蠢的;由于发展过程早期所具有的缺陷,它们已成为现实,它们自发地具有解放人和束缚人的力量。不过,也许精确地把握错误能使正确而有效的事物强行克服和超越各种限制。"②

## 四、几点评析

撇开生产关系批判,从生产力出发,从人与自然的关系出发,寻找垄断资本主义社会主要经济社会问题(特别是极权)的根源,以建立在个体精神世界基础上的批判意识与极权相对抗,这就是霍克海默经济批判理论的实质,也是霍克海默试图根据时代发展的要求对马克思经济批判理论所做的"理论创新"。对于这种新理论,我们可以从三个方面进行分析:

第一,霍克海默的生产力批判理论确实有一定的创新之处。与马克思抓住的是通过剥削走向资本主义社会以剥削为基础的生产关系不同,霍克海默抓住的是通过极权走向资本主义社会以控制为基础的生产力。如果说马克思抓住了资本主义社会最为本质的社会问题,那

---

① 《霍克海默集》,渠东、付德根等译,上海:上海远东出版社1997年版,第207页。
② 《霍克海默集》,渠东、付德根等译,上海:上海远东出版社1997年版,第251—252页。

么我们也不得不说,霍克海默抓住了资本主义社会另一个非常重要、非常现实的社会问题,这就是资本主义社会中人与自然的异化关系。在超额利润的诱导下,资本家往往不顾后果,对自然界进行掠夺式的、过度的开采和利用,而不顾及自然界本身的客观规律。这种异化了的关系虽然能够在一段时间内给社会、特别是给某些个人带来大量财富,却严重破坏了大自然的生态平衡,从而引发了大量的生态问题、环境问题。霍克海默对人与自然关系的关注,反映了在资本主义社会发展过程中日益突出的生态环境问题,并且从理论上开辟了一条通往西方马克思主义生态危机理论的道路,这条道路后来由马尔库塞、莱斯和阿格尔等人不断完善,在当代西方社会中产生了非常重要的影响。相比较而言,在马克思的时代,尽管现代工业给生态环境造成的破坏已经开始出现,但与工人的贫困相比,生态环境的恶化问题显然难以成为时代关注的主要问题。关注到人与自然的关系,关注到人与自然关系的异化现象,关注到这种现象对于自然界以及人类社会的影响,这就是霍克海默对马克思主义经济批判理论的拓展。

第二,霍克海默的生产力批判理论偏离了马克思的经济批判理论。马克思的经济批判认为资本主义社会最基本的经济社会问题不是产生于其他的关系,而是产生于人与人的异化关系,产生于异化的经济制度。而霍克海默却将各种经济社会问题的产生根源归结为人与自然的异化关系,这无疑偏离了马克思。这种偏离的后果是什么呢?是产生了两条完全不同的经济批判道路。从生产关系批判出发,马克思构建了经济批判的两个维度:维度之一,生产关系的本质是利益关系,生产关系体现为不同利益集团之间的冲突与斗争关系,生产关系中的受压迫阶级将成为经济批判的主体;维度之二,批判主体要改变不合理的生产关系,就必须把握经济社会发展的客观规律,利用经济社会发展规律的作用推动经济社会的发展。而在生产力批判中,这两个维度都消失了,取而代之的是另外两个维度:维度之一,在人与自然、人与人的控制关系中,被控制者不是阶级,而是个体,于是,经济批判的主体就从受压迫的阶级变成了受控制的个体;维度之二,受控制的个体要摆脱控制,争取自由,首要的事情是保持自己的精神独立和价值完整,并用自己的价值王国去衡量批判现实的经济社会,于是,客观的利益关系批判就演变成了主观的伦理价值批判。

第三,霍克海默的生产力批判理论还存在着一定的问题。霍克海默的核心思想是:人对自然的控制关系是产生一切控制和极权的根本原因,这个思想本身是有问题的:其一,人对自然的控制关系是由生产关系决定的,而不是由生产力决定的。人类以何种方式控制自然,人类控制自然到什么程度,这的确需要以一定的生产力为基础,以生产力达到的水平为界限。但是,人类如何使用生产力,并不是由生产力自身决定的,而是由生产关系和社会制度决定的。这就是说,生产力水平只提供人对自然控制程度的可能性,生产关系状况才真正决定人对自然控制程度的现实性。其二,人类社会无法从根本上消除人对自然的控制关系。人类要生存,就必须改造自然,使之满足人类的生存发展需求。这是一个铁的事实。而人对自然的改造,在一定意义上就是人对自然的控制。当然,在不同的改造活动中,人对自然的控制程度、控制方式会有所不同。但不管怎么说,人类要生存一天,就必须控制自然一天,人对自然的控制将一直伴随着人类社会生存发展的整个过程。将必然伴随人类社会始终的现象归结资本主义社会极权的原因,既缺乏解释的合理性,更无益于问题的解决。

从生产关系批判到生产力批判,强调生产力发展所带来的社会问题,这的确是一个全新的理论视角,的确可以催生一批新的经济批判理论成果,因而可以在一定程度上补充马克思主义的经济批判理论。

但是,由于这种理论错误地将生产力批判置于经济批判的核心,并企图用生产力批判取代生产关系批判,这就使得它不可能真正认识到各种经济社会问题的真正根源,因而也就不可能找到经济社会进步的正确道路。

# 超越资本主义经济与超越经济[*]

分析和批判资本主义社会的经济制度和经济关系,是马克思主义社会批判理论的一个重要组成部分,也是结合现实发展马克思主义的一个主要切入点。在 60 年代以后,西方马克思主义在批判资本主义社会的过程中提出了一个公开而普遍的思想:这就是从超越资本主义经济走向超越经济,他们在批判资本主义经济制度的同时提出了取消经济优先性的口号。本文试图以西方马克思主义著名代表人物马尔库塞的思想为代表,比较分析马克思与马尔库塞在经济观方面的种种差异,从而重新阐明经济在社会历史发展中的优先性地位。

## 一、经济活动与人的本质

马克思与马尔库塞在经济观上的第一个分歧,体现在经济活动与人的本质实现的关系方面。也就是说,人的本质能否在人们所从事的经济活动中得以实现。对于这个问题,马克思与马尔库塞的回答是完全不同的。马克思认为,经济活动与人的本质实现并不对立,人的本质即使不能在经济活动中得到完全的实现,至少可以得到部分实现;

    * 本文主要内容曾以《超越资本主义经济与超越经济》为题刊发于《南京社会科学》2002 年第 10 期。

我们可以创造符合人的本质要求的经济活动条件。马尔库塞的观点完全相反,他认为经济活动与人的本质实现是完全对立的,人的本质不可能在经济活动过程中得到实现,也不存在符合人的本质需要的经济活动,人的本质只能在经济活动之外才能得以实现。

先来看看马克思的思想吧。在其思想发展过程中,马克思对人的本质提出过几种不同的理解,这些不同的理解大致上可以分成三种:第一种理解是在 1844 年提出的,马克思在批判异化劳动时指出,人的本质活动就是"自由的有意识的活动"。① 第二种理解是 1845 年提出的,马克思在批判费尔巴哈将人的本质归结为宗教本质时提出,人的本质是"一切社会关系的总和"。② 第三种理解是 1857—1858 年提出的,马克思在设想未来共产主义社会时提出,人的发展目标是"个人全面发展"和"自由个性"。③

这三种理解之间无疑是有区别的,其中第一种理解和第三种理解是从理想的角度来说明人的本质,第二种理解则是从现实的角度来分析人的本质;第一种理解带有很重的黑格尔色彩,第二种理解具有更多的唯物主义意味,第三种理解则包含较强的人文主义气息。不过,在我看来,三种理解之间的共同点才是最为关键的。在马克思的思想中,有一个东西他始终都没有放弃,这就是要求经济活动能够服从于人的控制。自由自觉的活动当然必须以人对活动的自由控制为前提,而个人的全面发展也有一个前提,这就是"他们的社会关系作为他们自己的共同的关系,也是服从于他们自己的共同的控制的"。④ 可以说,在马克思的人性观中,要实现人的本质,是离不开这样一个前提条

---

① 《马克思恩格斯文集》(第 1 卷),北京:人民出版社 2009 年版,第 162 页。
② 《马克思恩格斯文集》(第 1 卷),北京:人民出版社 2009 年版,第 501 页。
③ 《马克思恩格斯文集》(第 8 卷),北京:人民出版社 2009 年版,第 52 页。
④ 《马克思恩格斯文集》(第 8 卷),北京:人民出版社 2009 年版,第 56 页。

件的。

那么,这样一个前提条件能否在经济活动中得以实现呢?毫无疑问是可以的。因为社会主义社会的根本目标之一就是要消除资本主义市场经济中的盲目性,由社会对自己的经济活动进行有计划的管理。当然,不可能由个人完全控制自己的经济活动,更不可能由个人控制整个社会的经济活动,只能是由人类共同控制全社会的经济活动。

再来看马尔库塞的思想。马尔库塞对于人的理解完全不同于马克思,他继承了弗洛伊德精神分析学派的本能说。根据本能说,人是一个生物性个体,具有一些最基本的本能冲动,这些最基本的本能冲动可以分为两大类:一类是生本能,另一类就是死本能。生本能也称"爱欲",指向人的享乐能力的发展和满足,而死本能则导致人的攻击和破坏。这些本能冲动一方面为人类提供了想要加以满足的需要,另一方面又为人类提供了想要去满足的无穷能量。

因此,从生物性个体的角度来看,每一个人都要求自己的生存完全建立在满足自己本能冲动的基础之上。也就是说,人活着,人的一切行为活动,都只有一个目的,那就是满足自己的本能冲动以获得快乐。这种行为原则叫"快乐原则"。它表明个体只会为了自己的快乐而行事,而不会为自己快乐之外的原因去活动。对个体来说,他最不能容忍的现象是将自己作为实现其他目的的手段,而不是以自己本身为目的。

那么人的这种本能需要在经济活动中能否得到实现呢?答案是否定的。马尔库塞认为,经济活动与本能冲动是完全对立的,在经济活动中,人的本能冲动不是得到了满足,而是受到了压抑。那么经济活动又是如何进入人的生活领域的呢?马尔库塞指出,每一个肉体上的个体都是缺乏的。作为一个对象性的存在物,他"缺乏足够的手段和资源,以全面地、无痛苦地、不费吹灰之力地满足本能需要"。① 因此,他不得不进行一定的劳动,只有通过一定的对象性活动才能满足生存的需要。这也就是说,劳动是满足人类需要的一个必不可少的前提条件。但是,就对象性活动本身来说,它并不能直接满足本能冲动的需要,因为劳动并不是人的本能冲动之一,马尔库塞指出:"缺乏,是妨碍生命本能满足的障碍,因为后者追求的是快乐,而不是安全。"②所以,在生产劳动过程中,人的本能不是得到了满足,而是受到了压抑,人的本质不是实现了,而是被非人化了。人的本质要得到实现,不是在生产劳动的过程中,而是在生产劳动的领域之外进行的,或是在消费中,或是艺术创造中。

上述分析表明,在马克思的经济观中,经济活动与人的本质实现并不相互对立,人的本质可以在经济活动中得以实现;而在马尔库塞的观点中,经济活动与人的本质实现是根本对立的,人不可能在经济活动中实现自己的本质,而只能在经济活动之外实现人的本质。

在这种区别中,马尔库塞的局限性何在呢? 在我看来,马尔库塞的局限主要有两个:一个是对经济活动的狭隘理解。在他那里,经济活动唯一的意义就是给人们提供必要的消费品,除此之外没有任何意义。其实,人们从经济活动中所能获得的不仅仅是生活必需品,还有个人能力的全面发展和个人与他人全面关系的建立,正如马克思所说,正是在经济生产中才产生出"个人关系和个人能力的普遍性和全面性"。③ 另一个是将人的本质归结为生物性,而不是社会性,从而造成了个人本能冲动与社会经济活动之间的对立。

---

① 〔美〕马尔库塞:《爱欲与文明——对弗洛伊德思想的哲学探讨》,黄勇、薛民译,上海:上海译文出版社 1987 年版,第 95 页。

② 〔美〕马尔库塞:《爱欲与文明——对弗洛伊德思想的哲学探讨》,黄勇、薛民译,上海:上海译文出版社 1987 年版,第 90 页。

③《马克思恩格斯文集》(第 8 卷),北京:人民出版社 2009 年版,第 56 页。

## 二、经济优先性与理性优先性

马克思与马尔库塞在经济观上的第二个分歧,在于是否承认经济在社会历史发展中的优先性地位。在这个问题上,两个人的回答也是完全对立的。马克思正是通过承认现实经济关系的优先性而建立了历史唯物主义;而马尔库塞完全否认了经济在社会总体中的优先性,并将优先性地位归于人类的理性。

我们可以首先来分析一下马克思的思想。对马克思来说,经济领域在整个社会生活中具有特殊的地位。列宁曾明确地指认过这一点,他说,马克思的独特方法就是"从社会生活的各种领域中划分出经济领域,从一切社会关系中划分出生产关系,即决定其余一切关系的基本的原始的关系。"①经济活动和经济关系的特殊地位,就体现在它是人类创造历史的决定性前提和条件。

不过,经济优先性还是一种历史性现象,因为在不同的历史时期,经济活动所具有的地位和意义是不同的。在以血族团体为基础的原始社会里,经济活动在整个社会中并不居于主导地位,社会制度"在较大程度上受血族关系的支配";②在人压迫人的阶级社会里,经济领域一直是社会领域中的一个特殊领域,它决定着整个社会的根本性质和根本关系;在未来的共产主义社会里,随着工作日的缩短,经济活动就不再具有决定性意义了,真正占据主导地位的是人类能力的发展。资本主义社会无疑是一种阶级社会,其经济活动就具有决定其他活动的优先性地位。

马克思的经济观在第二国际以及斯大林那里被变形了,变成了超

①《列宁专题文集·论辩证唯物主义和历史唯物主义》,北京:人民出版社 2009 年版,第 158—159 页。

②《马克思恩格斯文集》(第 4 卷),北京:人民出版社 2009 年版,第 16 页。

历史的经济决定论。按照马克思的意思,经济只有在特殊的社会形态里才"归根结底是决定性的",①但在斯大林的教科书里,经济优先性具有了超历史的意义,它存在于包括原始社会以及共产主义社会在内的任何社会中。这不符合马克思的历史性、社会性思想。

马尔库塞与第二国际的思想相反,他既否认经济在未来共产主义社会里的优先性地位,也否认经济在资本主义社会里的优先性地位,取代经济优先性地位的是理性。马尔库塞认为,在社会发展过程中,经济活动及其客观规律并不具有根本性的决定作用,历史的发展是由人的认识决定的。

马尔库塞指出,在资本主义以前的社会,人类还不能自觉地控制和支配自己的创造物,也就是整个世界和人类社会。但到了资本主义社会,历史已经发展到了这样一个时期,已经出现了这样的条件:理性可以通过人的自觉意识而作用于整个社会了。世界不仅是人类活动的产物,更是人类有意识活动的产物;人已经完全能够依据自己的意识来支配和创造世界。他转述了黑格尔的一段话说:"在太阳升上天空和行星围绕它旋转前,一切早已为人脑中存在的神经中枢所察觉,即一切在思想中,在建立现实世界的精神中早已存在了。尽管阿拉克萨哥拉是第一个指出奴斯主宰世界的人,但至今人类才提出了思维应主宰精神实在这一认识原理。因此,这是一个壮丽的精神上的开端,一切思维的存在物都沉浸在这新纪元的欣喜之中。"②这就是说,在思维与实在之间,在人与现实社会之间,应该是思维主宰实在,应该是人主宰现实社会,而不是相反。

由此,马尔库塞提出了著名的"历史替代性选择"理论。根据这个

---

① 《马克思恩格斯文集》(第10卷),北京:人民出版社2009年版,第592页。

② [美]马尔库塞:《理性和革命——黑格尔和社会理论的兴起》,程志民等译,重庆:重庆出版社1993年版,第5页。

理论,人们只需要识别现实社会的不合理性,并且提出合乎理性的新社会,就可以将现实不合理的社会改造成合理的社会。用马尔库塞的话说就是:"人们认为是真的,正确的和善的就应该在他们的个人和社会实际生活中成为现实的。"[①]不过,为了给这种历史替代性选择以一定的客观基础,马尔库塞要求正在设想新社会的人们必须是"根据社会已被利用的、尚未被利用的或被滥用的改善人类条件的能力来分析社会",从而寻找当代社会的"种种历史替代性选择"。[②]

可以说,经济优先性与理性优先性的对立,其实质就是唯物史观与唯心史观的对立。承认经济优先性,也就是承认社会发展的客观规律性;否认经济优先性,也就是否认社会发展的客观规律性。以理性取代经济,实质上就是承认思想、意识和意志在历史发展过程中的决定地位。

从另一个层面来看,马尔库塞对"历史性"这个概念的把握也还不够准确。尽管他看到了经济优先性的历史性,懂得只有在一定的社会阶段,经济才具有优先性地位,但是,他并没有看到,经济优先性的丧失还是需要一定条件的,只有到了真正的共产主义社会才可能出现这种情况。在资本主义社会里以及在社会主义初级阶段,经济仍然具有优先地位。

## 三、超越资本主义经济与超越经济

对于资本主义经济制度,马克思和马尔库塞都持一种批判和否定的态度,都要求改变资本主义现有经济领域的根本状况。但是,在如

---

① [美]马尔库塞:《理性和革命——黑格尔和社会理论的兴起》,程志民等译,重庆:重庆出版社1993年版,第6页。

② [美]马尔库塞:《单向度的人——发达工业社会意识形态研究》,刘继译,上海:上海译文出版社2006年版,导论。

何超越资本主义经济这一点上,二人又提出了截然不同的回答。马克思要求以一种新型的经济秩序和经济制度取代现有的资本主义经济秩序和经济制度,而马尔库塞则要求从根本上尽可能地消除一切经济活动的强制性影响。

从马克思的观点看,现有资本主义经济活动中主要存在两个方面的问题:一个是在人与人的关系方面,构成资本主义市场经济基础的交换关系在表面上体现为一种自由平等的关系,而实质上却是人剥削人、人压迫人的不公正关系,剩余价值理论深刻揭示了这种最广泛的剥削关系。另一个是在经济内部的客观规律方面,资本主义市场经济中存在着不可解决的内在矛盾,即:生产的社会化与生产资料私有制之间的矛盾,这个矛盾必然会最终导致经济危机。剥削关系为资本主义经济制度和经济秩序找到掘墓人——无产阶级,而经济危机则会以铁的规律埋藏资本主义经济制度。

正因为资本主义经济秩序和经济制度在伦理方面和经济规律方面都存在一定的问题,马克思要求以一种全新的经济秩序和经济制度取代资本主义经济秩序和经济制度。在这种全新的经济秩序和经济制度中,人与人之间的自由平等关系将得到真正的实现,而不是仅仅停留在表面;私有制必将被公有制所取代,社会化生产与私有制之间的矛盾将随之得到解决。

资本主义经济秩序和经济制度被一种全新的经济秩序和经济制度所取代,这是一种超越。但是,请大家一定要注意:这里所超越的是资本主义经济,而不是经济本身。资本主义经济秩序和经济制度仅仅意味着经济的某种历史形式,而并不意味着经济本身。马克思批判和否定资本主义经济,也仅仅是批判和否定经济的这种历史形式,并不批判和否定经济本身。这也就是说,在新社会里,经济仍然可能存在,仍然可能具有它向来所具有的优先性地位和意义。所以,恩格斯在设想必然王国向自由王国的飞跃时就认为,自由王国仍然是建立在生产劳动的基础上,只不过,在自由王国里"生产劳动就不再是奴役人的手段,而成了解放人的手段",生产劳动从"一种负担"变成了"一种快乐"。①

但是,马尔库塞不仅要超越资本主义经济秩序和经济制度,而且要超越经济本身,超越一切经济形式。因为在他看来,本能冲动与经济活动在本质上是对立的,它根本不可能在经济活动中得到满足。这里所说的经济活动并不是哪一种形式的经济活动,而是一切经济活动。也就是说,无论是哪一个社会条件下的劳动,对人类来说都是一个必然王国。马尔库塞指出:"物质生产不管组织得多么公正,多么合理,它决不是自由和满足的王国。"②

马尔库塞认为,一切经济活动对于本能冲动来说都会产生一定的"基本压抑",而资本主义经济活动除了产生这些"基本压抑"之外,还会产生"额外压抑"。③ 由资本主义的特殊的经济形式所产生的"额外压抑"是可以消除的,因为这些压抑不是由经济本身造成的,而是由资本主义统治造成的。而由经济本身造成的基本压抑是不可消除的,它是个人生存的必要前提。

面对不可消除的而又必不可少的基本压抑,应该怎么办呢? 马尔库塞认为,唯一的办法是尽量缩短人们从事经济活动的时间。他说:"非压抑性秩序只是在最成熟的文明阶段,即在用最少时间、最小身心能量满足所有基本需要的时候,才是可能的。它们反对受操作原则支配的自由观,而把这种自由留给一种新的生存方式,这是将以普遍地得到满足的生存需要为基础而出现的一种生存方式。自由王国被看

---

① 《马克思恩格斯文集》(第 9 卷),北京:人民出版社 2009 年版,第 310 页。
② [美]马尔库塞:《爱欲与文明——对弗洛伊德思想的哲学探讨》,黄勇、薛民译,上海:上海译文出版社 1987 年版,第 113 页。
③ [美]马尔库塞:《爱欲与文明——对弗洛伊德思想的哲学探讨》,黄勇、薛民译,上海:上海译文出版社 1987 年版,第 23 页。

作处于必然王国之外,因为自由不在'生存斗争'之中,而在它之外。拥有和获得生活必需品乃是一个自由社会的前提,而不是其内容。必然王国、劳动王国,乃是不自由的王国,因为在这个王国中决定人类生存和功能的,不是人自己的目标和功能。而且那种目标和功能也不允许人类机能和欲望自由消遣。"①

从上面这些分析中可以看出,马克思对资本主义经济的批判是要求通过消灭私有制而使经济活动变成实现人的本质的一种活动方式;而马尔库塞对资本主义经济的批判是要求尽可能废除一切经济形式,真正的经济自由意味着"摆脱经济的自由——摆脱经济力量和经济关系的控制",意味着"免于日常的生存斗争、免于谋生的自由"。②

超越经济必然性,获得真正的自由,这是人类奋斗的最高目标;但是,要求在资本主义条件下实现这一目标,则是根本不可能的。马尔库塞根本没有看到经济必然性在资本主义社会里存在的根本原因,因而不可能真正意识到超越经济必然性的漫长性。正是这种不切实际的要求,使马尔库塞的学说只是一种乌托邦式的幻想。

试图重新恢复人在历史发展中的主体性地位,是自卢卡奇以来西方马克思主义的一个长期努力方向,也是西方马克思主义者对发展马克思主义理论的一个主要贡献。但是,通过贬低乃至取消经济的优先性地位来确立人在历史中的主体性地位,则偏离了马克思历史唯物主义的基本原则。既要批判和超越经济的资本主义形式,又要坚持在现实条件下的经济优先性,这才是真正马克思主义的态度。

---

① [美]马尔库塞:《爱欲与文明——对弗洛伊德思想的哲学探讨》,黄勇、薛民译,上海:上海译文出版社 1987 年版,第 142—143 页。
② [美]马尔库塞:《单向度的人——发达工业社会意识形态研究》,刘继译,上海:上海译文出版社 2006 年版,第 5—6 页。

# 西方马克思主义的经济批判理论

西方马克思主义的经济批判理论,[①]是以现代西方发达工业文明的市场经济为批判对象,以某些现代西方哲学思潮为辅助工具,对马克思主义经济批判理论所作的一种"修正"。它看到了资本主义社会新发展阶段里涌现出来的一些新问题,也提出了解决新问题的一些新方法。从这个意义上说,他们算是"发展"了马克思主义的社会批判理论。但是,站在马克思主义的立场上,他们的"发展"更多地体现为一种"偏离"。

## 一、历史观:客观规律与主体意识

历史观是经济批判理论中的首要问题。我们知道,经济批判理论所涉及的是一个特殊的社会领域,所持有的是一种批判的态度,它要求对现有的经济事物和现象进行一定的批判。这种批判如果要有意义,就不能只停留在思想上,只停留在意识阶段,而必须真正进入到现实的经济社会中,必须能够改变现实的经济社会,推动现实社会向前

---

① "经济批判理论"在一定意义上隶属于"社会批判理论",其分析和批判的对象是包含在社会现象中的经济现象,至于分析和批判的工具,可以是哲学方法,也可以是经济学方法,还可以是社会学等其他方法。这不同于"经济学批判理论",后者分析批判的对象是一定的经济学理论,而不是一定的经济现象。

发展。所以,这种理论首先必须解决一个问题:包括经济在内的人类社会是如何发展的。只有知道了人类社会发展的规律,经济批判理论才有可能进入社会发展的现实进程之中,而不至流于口头上的空谈。

在历史观方面,大部分西方马克思主义者的共同特点是:反对把历史视为一个完全由"物"的规律所决定了的"自然"历史过程,认为历史是一个历史主体与历史客体相互作用的过程。这种历史观是针对第二国际的机械决定论的。第二国际的机械决定论认为历史是无主体的,其中只有社会客观规律在起作用。在社会客观规律的作用下,人类社会按照预定好的路线向前发展,在这个过程中,人是毫无作用的。而西方马克思主义坚决否定这一点,他们认为人是社会历史的主体,人在社会历史的发展中不可能是毫无作用的。

首先站出来反对第二国际机械决定论的人是卢卡奇,他提出了"阶级意识"理论,试图赋予一定的阶级以历史主体的地位。"阶级意识"理论一方面认为意识是社会发展中不可或缺的一个要素,从而赋予了意识的主体以历史主体的地位,另一方面认为意识仅仅是社会发展客观趋势在人头脑中的理论反映,所以它并没有脱离历史唯物主义的框架。因此,我们可以说,卢卡奇的阶级意识理论是对马克思思想的一种补充和完善。

但在卢卡奇之后,西方马克思主义的社会批判理论就开始走上了一条离马克思越来越远的道路。卢卡奇的阶级意识,是以社会发展的客观趋势为前提的,如果说它为一定的阶级争得了作为历史主体的地位,这种历史主体仍然是从属于历史客体的,毕竟,这种阶级意识所追求的目标必须与社会发展的客观趋势保持一致,阶级意识"按其本质说无非是革命过程本身的思想表现"。① 不符合社会发展趋势的、虚假

---

① [匈]卢卡奇:《历史与阶级意识——关于马克思主义辩证法的研究》,杜章智等译,北京:商务印书馆1996年版,第49页。

的阶级意识不可能对社会历史的发展起决定性的作用。但在霍克海默、马尔库塞等人的思想中，客观规律不见了，社会发展的客观趋势不见了，只剩下主体的意识在起作用。

在霍克海默等人看来，人类社会是人创造的，是人按照一定的目的创造的。如果说在以前的社会里，人类还没有成为自己创造物的主人，那么，资本主义社会已经给人类创造了这样一个条件，在这个社会里，人可以控制社会，可以按照自己的理想来塑造社会。没有什么社会客观规律的作用，只有人类的意识在起作用，客观必然性已经成为"人们用理性能够控制的事件的必然性"。① 所以，社会发展的关键问题在于人们的意识，在于人们的理想。人们如果能从思想上认识到现实社会的不合理性，并且能构想出更为合理的社会，那么人们就能在现实中将不合理的社会改变成合理的社会。

到了这一步，我们不得不说，它已经完全背离了马克思的思想。因为马克思的最大贡献就是发现了人类社会发展的客观规律，从而使历史在纷繁复杂的主观思想动机中呈现出一定的科学性来。而西方马克思主义者完全放弃了社会发展的客观规律，片面强调思想在社会发展中的作用。这无疑是与马克思的思想背道而驰的。

西方马克思主义的历史观与马克思关于"必然王国""自由王国"的思想有一定的关系。马克思曾经将到资本主义社会为止的社会史称为"史前史"和"必然王国"，②而认为只有共产主义社会才是真正的人类社会。马克思在提到必然王国时指出："这个领域的自由只能是：社会化的人，联合起来的生产者，将合理地调节他们和自然之间的物质变换，把它置于他们的共同控制之下，而不让它作为盲目的力量来

---

① 《霍克海默集》，渠东、付德根等译，上海：上海远东出版社 1997 版，第 201 页。
② 相关论述可以参阅张一兵：《历史辩证法的主体向度》，郑州：河南人民出版社 1995 版，第 246—252 页。

统治自己，靠消耗最小的力量，在最无愧于和最适合于他们的人类本性的条件下来进行这种物质变换。"①也就是说，在为满足人类生存的物质生产中，存在着一种自由，所有的活动都由人们来"合理地"安排。西方马克思主义者认为经济活动应该受人的支配，而不是人受经济活动规律的支配，从表面上看这与马克思关于必然王国里的"自由"设想颇为接近。

但是，西方马克思主义的社会批判理论在这方面的最大问题是：他们忽略了这种自由的历史性。马克思所讲的"必然王国"里的"自由"是一种可能状态，这种状态是在未来社会里才有可能实现的，而不是在现实的资本主义社会里就可以实现的。应该说，在现实的资本主义社会里是不可能实现这种自由的，所以，呼吁这种自由实际上是对现实资本主义社会的否定。而西方马克思主义的社会批判理论却认为，在现实的资本主义社会里，这种自由就可以得到实现，人们完全可以根据自己的理性来合理地安排社会。从表面上看，这也是对现实资本主义经济社会的一种否定，它也认为现实的资本主义社会秩序是不合理的；但这种否定只是表面上的，而不是一种根本性的否定，因为它所讲的不合理只限于思想观念，而不是现实秩序，它所要改变的只是人头脑中的思想，而不是现实的社会生活。从这一点看，这种表面上的否定实际上起着肯定资本主义社会现实的作用。

## 二、人性论：现实的人与本真的人

解决了历史观问题之后，接下来就是人性论问题。西方马克思主义强调"人"，一方面认为人是社会历史发展的主体，人的意识是社会发展过程中不可或缺的、甚至是决定性的因素；另一方面还认为人应

---

① 《马克思恩格斯文集》(第 7 卷)，北京：人民出版社 2009 年，第 928—929 页。

该是社会历史的目的,一切社会存在都应该是为人服务的,而不是相反。也就是说,"人"是西方马克思主义批判现实经济现象的一个重要标准和有力武器。所以,如何理解人,如何理解人的本质及其实现,是西方马克思主义经济批判理论关心的又一大问题。

马克思对"人"有两种不同的理解:一个是在"必然王国"里的"人",这个"人"在马克思的著作中出现得最多,也最容易被人们所接受。这也就是那个最为人们所熟知的定义:人在其现实性上是"一切现实社会关系的总和"。① 这是一个以满足自身生存需要为主要目的的"人",他为了生存,就必须通过劳动与自然界、人类社会发生一定的关系,这些关系就构成了他在现实社会中的本质。因此,这是一个现实的人,是一个追求自身物质利益的人。需要说明的是,这种社会本质本身是中性的,既不带有否定的色彩,也不带有肯定的色彩,它是不可能消除的,马克思对此作出的说明是:"像野蛮人为了满足自己的需要,为了维持和再生产自己的生命,必须与自然搏斗一样,文明人也必须这样做;而且在一切社会形式中,在一切可能的生产方式中,他都必须这样做。"② 尽管这种社会本质不可消除,但它的内容却是可以改变的,马克思认为人类的使命也就在于将现实的、不合理的社会关系改变为合理的社会关系。

除此之外,还有一个"人",这是"自由王国"里的"人"。这个"人"在马克思的著作中出现得较少,一是在早期的社会批判理论中有过说明,一是在谈未来社会时提到过。这个"人"就不再是现实生活中所呈现出来的样子,而是关于"人"的理想,即真正的"人"应该是什么样子的。这是一个"全面发展的个人",③他从事着自由自觉的活动,是一个

---

① 《马克思恩格斯文集》(第1卷),北京:人民出版社2009年,第501页。
② 《马克思恩格斯文集》(第7卷),北京:人民出版社2009年,第928页。
③ 《马克思恩格斯文集》(第8卷),北京:人民出版社2009年,第56页。

已经实现了其类本质的"人"。

在马克思那里，这两个"人"具有一定的关系：一方面，"自由王国"里的"人"必须建立在必然王国的基础上，没有必然王国的发展扩大，没有必然王国所提供的条件，自由王国就不可能存在；这是因为任何人都要维持和再生产自己的生命。另一方面，"自由王国"建立在"必然王国"的彼岸，"事实上，自由王国只是在由必需和外在目的规定要做的劳动终止的地方才开始；因而按照事物的本性来说，它存在于真正物质生产领域的彼岸。"①

在对资本主义社会的批判过程中，这两个"人"都曾为马克思所使用。他既批判资本主义社会使"人"变成了"物"，也批判资本主义经济生活中人与人之间的剥削和压迫关系。需要说明的，尽管马克思从来也没有忘记过自由王国里的"人"，但是，他的首要任务不是实现自由王国里的"人"，而是要实现必然王国里的自由，使人在必然王国里实现合理的社会本质，毕竟"自由王国只有建立在必然王国的基础上，才能繁荣起来"。② 在资本主义社会里，这也是最主要的任务。

但在马克思思想的传播过程中，"人"的地位大大下降了，在社会发展过程中，"物"完全压倒了人；而且马克思所讲的两个"人"也只剩下了一个"人"，这就是必然王国中的"人"，由现实社会关系所体现出来的"人"，全面发展的自由个人不见了。

卢卡奇重新找回了人在社会历史发展中的地位，但他并没有找回那个全面发展的自由个人。在他那里，人的本质就是体现在物质利益中的阶级性，他追逐自己的阶级利益，站在自己阶级利益的立场上观察社会。对他来说，最主要的任务就是让与历史发展趋势相吻合的阶级去占据领导地位。

---

① 《马克思恩格斯文集》(第7卷)，北京：人民出版社2009年，第928页。
② 《马克思恩格斯文集》(第7卷)，北京：人民出版社2009年，第929页。

此后的西方马克思主义者对卢卡奇的思想并不满意,他们放弃了由现实社会关系所构成的"人",这意味着:第一,生存的意义降低了。人的本质不再由对物质利益的追求所引起的,所以,建立在生存基础上的社会关系并不构成人的本质。第二,"阶级"概念消失了。从社会关系的角度看,人只是某种社会关系的人格化,具备某种社会关系的人就构成了一定的群体,或者阶级;当社会关系被放弃时,与之一同被放弃的就是由物质利益区分的"阶级"概念。

放弃了现实生活中的"人",西方马克思主义者抓住了理想中的"人"。西方马克思主义者虽然都极力从马克思的早期著作中寻找"本真"的人,但他们对这个"人"的理解各不相同,而且都在不同程度上"修正"了马克思的思想。霍克海默的"人"来自康德,那是一个要求在思想上自由自主的"人";马尔库塞的"人"深受弗洛伊德的影响,那是一个具有并要求满足本能欲望冲动的"人";弗洛姆的"人"更接近于亚里斯多德,那个人要求实现自己的潜能,要求在与外界的各种关系中实现自己的全部潜力。

在这里,笔者不想去分析西方马克思主义者眼里"本真的人"与马克思眼里"本真的人"究竟有何不同,而只想说明一点:在马克思那里,"本真的人"与"现实的人"是相联系的,是结合在一起的;而在西方马克思主义者那里,"本真的人"完全脱离了"现实的人"。西方马克思主义者不去研究现实生活中的具体的人,也不去研究现实生活中的人是如何形成的,如何发展变化的,而是花大力气去研究理想中的人,并以理想中的人来批判社会现实,这就使自己的理论具有很强烈的唯心主义色彩。

### 三、经济观:历史性与非历史性

如何看待经济在整个社会中的地位,如何看待经济活动对于人的意义,这是西方马克思主义经济批判理论的重要构成部分。

对马克思来说,经济领域在整个社会中具有特殊的地位,列宁曾明确地指出:"他所用的方法就是从社会生活的各种领域中划分出经济领域来,从一切社会关系中划分出生产关系来,并把它当做决定其余一切关系的基本的原始的关系。"[①]在不同的历史时期,经济领域和经济活动具有不同的地位和意义。第一个时期是以血族团体为基础的旧社会,在这种社会里,经济劳动在整个社会中并不居于主导地位,社会制度"在较大程度上受血族关系的支配"。[②] 第二个时期是阶级社会,在这种社会里,经济领域一直是社会领域中的一个特殊领域,经济活动也一直是人的社会活动中的一种特殊活动,它们决定着整个社会的根本性质和根本关系。第三个时期是未来的共产主义社会,在那个社会里,随着工作日的缩短,经济活动就不再具有决定性的意义了,真正占据主导地位的是人类能力的发展。资本主义社会无疑是一种阶级社会,其经济活动就具有决定其他活动的意义。

马克思的经济观在第二国际以及斯大林那里被变形了,变成了超历史的经济决定论。按照马克思的意思,经济活动及其关系只有在阶级社会里才"归根结底"地具有决定性的意义,但在斯大林的教科书里,经济因素的决定性具有了超历史的意义,它存在于包括共产主义社会在内的任何社会中。因此,要实现共产主义,只需要实现所有制的改变就行了。毫无疑问,仅仅将私有制改变为公有制,而仍然让经济活动在整个社会中占据主导地位,这并不是马克思本人的想法。

卢卡奇承认经济领域在整个社会中的决定性地位,他从商品的结构引出了整个社会的关系结构,但是自霍克海默以后,经济活动在经

---

① 《列宁文集·论辩证唯物主义和历史唯物主义》,北京:人民出版社2009年,第158—159页。

② 《马克思恩格斯文集》(第4卷),北京:人民出版社2009年,第16页。

济批判理论中的地位和意义大大下降了。西方马克思主义者认为,到了资本主义社会,情形已经发生了变化:人头脑中的思想观念已经可以支配现实的经济活动了。马尔库塞兴高采烈地说:"从现在起,人与自然和社会组织的斗争由人自己在知识上的进步指导着。世界应该是一个理性支配的世界。"[①]所以,霍克海默没有把研究和批判的重心放在资本主义社会的经济领域,而是关注于有可能影响人的自主性意识的现象和领域,马尔库塞和弗洛姆则致力于研究如何抵制一切形式的思想控制,使人恢复自己的思想。

资本主义社会经济与人的关系是颠倒的:经济成了目的,财富成了目的,而人成了经济和财富发展的手段。对于这样一种情形,马克思曾从伦理学的角度予以批判,也曾从历史的角度予以肯定。而在西方马克思主义者看来,这种情形只具有否定的意义,他们力图恢复经济作为手段的原有地位。马尔库塞认为人的本能欲望的满足与否是衡量一个社会进步与否的根本标准,在经济活动中,人的本能欲望不是得到了实现,而是受到了抑制,所以,对马尔库塞来说,只有"在用最少时间、最小身心能量满足所有基本需要的时候",[②]人的受压抑状态才有可能结束。弗洛姆也反对经济活动的纯经济意义,而要求经济活动与人的实现结合起来。

经济活动确实有可能从整个社会的决定性基础变为在整个社会中并不起决定作用的一个普通因素,但是,这一点在资本主义社会里是不可能的,只有到未来的共产主义社会才有可能实现;在马尔库塞和弗洛姆看来,在资本主义基本制度不变的情况下,现有的生产力水

---

① [美]马尔库塞:《理性和革命——黑格尔和社会理论的兴起》,程志民等译,重庆:重庆出版社1996年版,第4页。

② [美]马尔库塞:《爱欲与文明——对弗洛伊德思想的哲学探讨》,黄勇、薛民译,上海:上海译文出版社1989年版,第142页。

平就已经可以使经济仅仅成为社会生活中的一个非决定性因素,唯一需要做的就是改变生产力的用途,这无疑是一种非历史的观点。

## 四、具体经济现象:历史唯物主义与唯心主义

尽管西方马克思主义者认为经济应该仅仅成为社会中的一个普通因素,但他们也看到了经济对于整个资本主义社会的重要作用,这就使他们也把批判的矛头指向了经济领域,对一些具体的经济现象进行了批判,当然不是作为他们社会批判理论的核心。不过在这一方面,西方马克思主义的经济批判理论与马克思的经济批判理论之间仍然存在着非常大的差异。

一是批判视角的变化。马克思批判资本主义社会经济现象主要有两个视角:一个是用从实现人的本质的角度来批判资本主义社会劳动的异化性,另一个是从人与人的社会关系角度来批判资本主义经济活动的剥削性。在唯物史观形成以后,第二个批判视角占据了主导地位,并逐渐包容了第一个视角。因为在人与人的剥削关系中,资本就是积累起来的死劳动,劳动则是尚未实现的活劳动,资本家对工人的剥削就体现为工人过去的死劳动对工人现在的活劳动的剥削。这就是一种"异化",它体现了人在自己的创造物面前的非自主性。第二国际丢掉了第一个视角,只留下第二个视角,即批判资本主义经济的剥削性;而且在这个视角中,也只留下"阶级剥削"这一思想,工人与自己劳动创造物的异化关系也被剔除了。

西方马克思主义者不再关心资本主义经济的剥削问题,甚至也不再关心一个阶级与另一个阶级的关系问题,而去关心个人在经济过程中的自主性问题以及人的本质的实现问题。在西方马克思主义的经济批判理论中,很少有人去讨论剥削问题,就好像在发达资本主义社会里不存在剥削一样。曾经被恩格斯认为是马克思的两大理论发现

之一的"剩余价值理论",在西方马克思主义的社会批判理论中几乎不占据什么地位,保罗·巴兰甚至用"经济剩余"这个概念取代了它,这两个概念的区别是:"马克思的'剩余价值'是依据财产所有关系而界定的,而巴兰的'剩余'是更多地依据消费需求而界定的。"①西方马克思主义者死死抓住的"自主性"问题尽管在一定意义上恢复了马克思的"异化"传统,但与马克思所讲的"自主性"仍然相去甚远:马克思所讲的"人"是指人类,至少是指工人阶级,而西方马克思主义者所讲的"人"不是指工人阶级,不是指人类,而是指个人。马克思所讲的"自主性"主要针对工人过去的"死"劳动与现在的"活"劳动之间的异化关系,而西方马克思主义者的"自主性"是针对个人在超个人力量面前的无能为力状况。

二是批判对象的变化。从人与人的剥削关系出发,马克思认为资本主义经济的根本问题体现在生产领域里,体现在生产过程中人与人的关系方面,即生产关系方面。但当西方马克思主义者以"个人的自主性"视角取代了"阶级剥削"视角之后,生产关系就不再成为他们批判的重心,取而代之的是另外一些经济现象。

以"自主性"为批判标准,有三类经济现象由于妨碍了个人的自由而进入了西方马克思主义者的批判视野之中:一是科学技术以及由科学技术转化而成的机器。西方马克思主义者发现,科学技术的核心就是"技术理性",与这种理性相对应的人类思想就是"顺从",而不是反抗,由科学技术物化而来的机器本应是人类器官的延伸,但在资本主义生产中,情形正好颠倒过来了,"人类器官是工具的延伸"。② 不是人控制机器,而是机器控制人。二是大规模的经济组织。在一个组织

---

① [美]保罗·罗兰:《增长的政治经济学》,蔡中兴、杨宇光译,北京:商务印书馆2000年版,第70页。

② 《霍克海默集》,渠东、付德根译,上海:上海远东出版社1997版,第178页。

之中，个人作为组织的成员，他所需要具备的就是团体精神，就是对组织管理的服从思想。弗洛姆感慨地说："人创造出一个前所未有的人造世界。他构筑了一部复杂的社会机器来管理人建造的技术机器。但是，他所创造的一切却高踞于他之上。他没有感到自己是创造者，是中心，而觉得自己是他的双手创造出的机器人的奴仆。"①三是消费过程。西方马克思主义者发现，在消费领域里，人同样是不能自主的，是受社会控制的。马尔库塞最著名的一段话就是："如果工人和他的老板享受同样的电视节目并漫游同样的游乐胜地，如果打字员打扮得同好雇主的女儿一样漂亮，如果黑人也拥有盖地勒牌高级轿车，如果他们阅读同样的报纸，这种相似并不表明阶级的消失，而是表明现存制度下的各种人在多大程度上分享着用以维持这种制度的需要和满足。"②

对马克思来说，科技也好，经济组织也好，消费也好，都是资本主义社会经济运行过程的必然构成要素和重要推动因素，它们的单独存在并没有引起马克思的批判，而只有作为资本主义生产关系的帮凶时才受到了马克思的附带批判。西方马克思主义者对这些经济现象的批判，更偏重于它们作为政治意识形态的意义，这确实在一定程度上发展了马克思的经济批判理论，但是，完全放弃对资本主义生产关系的批判，而只把批判的矛头集中于科技、组织和消费，就不能不说是对马克思历史唯物主义的背离了。

三是批判前景的变化。马克思在批判资本主义的生产关系时充满了必胜的信心，因为他清晰地看到了导致资本主义生产关系发生根

① ［美］弗洛姆：《健全的社会》，孙恺祥译，贵阳：贵州人民出版社 1994 年版，第 98 页。

② ［美］马尔库塞：《单向度的人——发达工业社会意识形态研究》，刘继译，上海：上海译文出版社 2006 年版，第 9 页。

本性变化的必然规律。但是除了卢卡奇之外,几乎所有的西方马克思主义者都对经济批判的前景持一种悲观态度,霍克海默更是将自己所追求的"自由世界"称为在"暴力控制的海洋"中漂浮的"岛屿"。① 原因何在呢？ 一是西方马克思主义者难以在现实生活中找到对资本主义经济持批判态度的革命主体,二是他们发现这些阻碍人类自由的经济现象(科技、组织和消费)本身是难以消除的。正因为如此,大多数的西方马克思主义者都只能把希望寄托在理性思想上。

面对西方发达的工业文明也好,面对中国的现代化建设也好,面对西方的批判思潮也好,我们都必须记住一点:要与时俱进地发展马克思主义,但绝对不能以时代变迁为幌子来背离马克思主义。

---

① ［德］霍克海默:《批判理论》,李小兵译,重庆:重庆出版社 1993 年,序言。

# 第三部分

# 个人价值与社会共享

# 道德与自利：论休谟对合理利己主义的批判

近年来，钱理群教授提出的"精致的利己主义者"问题，引发了社会各界的广泛讨论，掀起了继上世纪八九十年代之后的第二次利己主义讨论高潮。随着市场经济体制的形成、发展与扩张，利己主义思潮不断进入经济领域、政治领域乃至文化领域，以或粗陋或精致的形式，跻身于各种各样的流行理论之中，影响着人们的思想和行为。在理性经济如日中天的当下，深入分析 18 世纪休谟对合理利己主义的批判的思想，对于重新理解自利与道德的关系，抑制愈演愈烈的利己私欲，维持和促进良好的社会秩序，具有非常重要的意义。

## 一、对两种利己主义的区分

随着市场经济的发展，个人权利观念的强化，近代西欧资本主义社会出现了两大利己主义思潮：一个是以道德虚无主义为基本特征的极端利己主义，一个是以道德工具主义为基本特征的合理利己主义。这两大思潮都以人性自私为理论前提，对传统道德概念进行了不同程度的虚化、扭曲或践踏。休谟区分了这两种思想，从态度上完全否定了极端利己主义，而有限肯定了合理利己主义。

### 1. 以道德虚无主义为基本特征的极端利己主义

极端利己主义强调自利是个人行为的唯一目的，其他一切都是个人获得私利的工具,道德仅仅只是其中的一种阴谋诡计。休谟对极端利己主义的总结是:"这个原则就是:所有的仁慈都只不过是伪善,友谊只是一种欺骗,公益精神是滑稽可笑的东西,忠诚是一个为博得依赖和信任而设的诡计;并且,既然我们每一个人归根结底只追求我们自己的私利,所以我们就披上这些漂亮的伪装,以便消除其他人的戒心,使他们更深地陷入我们的诡计和阴谋中。"①

在西方思想史上,极端利己主义思潮由"披着习俗道德价值这张羊皮"的智者开启,②到了近代则传给了"为达目的不择手段"的马基雅维利。极端利己主义的核心思想有两个:一个是人性自私论,即人性是完全自私的,没有任何非自私的成份。人的天然情感只关注自我利益,不关注任何其他事物。一个是道德虚无论,即道德是不具有内在价值的、完全服务于私利目的的虚假之物。一切道德都不可能出自真心,都只是骗人的阴谋诡计和随时可以玩弄的工具。

2. 以道德工具主义为基本特征的合理利己主义

合理利己主义,也称理性利己主义,也强调自利是个人的最终目的,但认为自利可以通过各种方式与超私利相结合。休谟的总结是:"这条原则是:不管一个人可能感觉到或在想象中感觉到他对他人是多么的喜爱,他的感情都不是无私的或不可能是无私的;最慷慨的友谊,不管多么真诚,都是对自爱的一种修饰;甚至不为我们自己所知的是,当我们深深地投身于人类的自由和幸福的事业中时,我们追求的也只是我们自己的满足。"③

在西方思想史上,合理利己主义的早期代表人物是强调德性与快

---

① [英]休谟:《道德原理探究》,王淑芹译,北京:中国社会科学出版社1999年版,第112页。
② [美]麦金泰尔:《伦理学简史》,龚群译,北京:商务印书馆2003年版,第46页。
③ [英]休谟:《道德原理探究》,王淑芹译,北京:中国社会科学出版社1999年版,第113页。

乐不可分离的伊壁鸠鲁,近代代表人物则是强调出于自爱而实施仁慈的霍布斯。合理利己主义的核心思想有三个:第一个是人性自私论,即认为人天生是自私的,自私是人类行为的唯一动机,人只能遵循自利原则行事。第二个是理性工具论,即认为自私情感不能区分真正符合私利的事物,理性才是能够做出正确区分的有效工具。第三个是德福一致论,即认为真正的道德与真正的自利是一致的,这个一致性由理性或特殊想象完成。休谟对此揭示说:"伊壁鸠鲁主义者或霍布斯主义者都会乐于承认,世间存在着毫不虚伪或伪装的友谊,尽管他企图用一种哲学的解析方法,把这种感情的成分转变成另一种感情的成分,假如我可以这样说的话,并把每一种爱都解释成为自爱,而自爱则被某种特殊的想象能力扭曲成或铸造成各种各样的表象。"①

3. 对合理利己主义的有限肯定

在区分了两种利己主义之后,休谟从价值情感立场出发谴责了极端利己主义,而对合理利己主义表示了一定的同情。他明确表示:"我敬重那样的人:想方设法地引导其自爱之心,以便使自己关心他人,并使自己成为有益于社会的人,就如同我憎恨或鄙视那种除了自己的享乐和满足外,其他什么都不关心的人一样。"②休谟之所以同情合理利己主义,是因为合理利己主义最终给道德留下了一定的空间,而不是完全摧毁了道德。他解释说:"至少,他们在个人与社会之间可观察到的、紧密联系在一起的那个利益中为这个原则的统一性找到了一个说法。"③

---

① [英]休谟:《道德原理探究》,王淑芹译,北京:中国社会科学出版社 1999 年版,第 113 页。

② [英]休谟:《道德原理探究》,王淑芹译,北京:中国社会科学出版社 1999 年版,第 114 页。

③ [英]休谟:《道德原理探究》,王淑芹译,北京:中国社会科学出版社 1999 年版,第 44 页。

可以说,休谟对利己主义的态度基本符合当时的社会状况和思想倾向。在资本主义社会初期,市场构成了整个社会经济和政治活动的基础,它要求在关注个人私利的基础上强调个人私利与社会秩序的一致性。在思想理论领域,自私加理性(秩序或公益)的解释模式已经成为新兴思想的主流。经济学家们(如亚当·斯密和曼德维尔等)以"主观为自己客观为他人"、"私恶即公益"揭示了私利与公益的关系,政治学家们(如霍布斯、洛克和卢梭等)则以社会契约提供了私利走向公益的理性基础。尽管如此,休谟并不真正认同合理利己主义,因为自私情感无法维系道德的尊严,以自利为基础的道德远远不能"使他普遍地得到尊重和赞许",①对合理利己主义必须进行彻底的理论批判。

## 二、人性论层面的批判:以混合人性论批判人性自私论

利己主义思想的根基是人性自私论,不回应和批判人性自私论,就无法撼动合理利己主义。休谟以自爱加仁爱的混合人性论,批判了利己主义的人性自私论;又通过强调非自私情感不能化归为自私情感,进而明确批判了合理利己主义。

1. 对非自私情感的证明

人性问题是一个事实问题,是一个涉及情感心理学的事实问题。按照康德的思想,要获得这个问题的答案,只能通过综合方法。每一个人根据经验和观察都会发现:人的本性中的确存在自私情感,而且这种情感具有非常强大的影响力。休谟与利己主义者在这个问题上并没有分歧,真正有分歧的问题是:除了自私情感之外,人性中还有没有非自私或者超自私的情感?

人性自私论的回答是否定的,认为人性中没有任何超越自私的情

①〔英〕休谟:《人性论》(下册),关文运译,北京:商务印书馆 1980 年版,第 664 页。

感；而休谟则接受了沙甫茨伯利的思想，认为人性兼具自私情感和非自私情感。休谟一方面承认"自爱是人性中一个具有强大活力的原则"，[①]一方面又强调仁慈、慷慨和友谊等非自私情感"与自私情感的原因、结果、对象和活动，有明显的区别"。[②] 在休谟看来，人性是一个兼具"自私和有限的慷慨"的混合物，他的基本判断是："我相信，我们虽然极少遇到一个爱某一个人甚于爱自己的人，可是我们也同样很少遇到一个人，他的仁厚的爱情总加起来不超过他的全部自私的感情的。"[③]

多元混合人性论的验证基础是经验和观察，它倚重人们的"普遍感觉"和"毫无偏见的看法"。在我们看来，这个结论基本符合迄今为止的人性现状，可以作为一个合理的理论出发点。

2. 对隐蔽动机证明的批判

尽管都认为人性中只有自私情感，但合理利己主义与极端利己主义仍然有一个重要分歧：极端利己主义不承认非自私情感的存在，而合理利己主义承认非自私情感在派生意义上的存在。也就是说，自私情感是本原的，非自私情感是派生的，非自私情感是并且可以从自私情感中派生出来的。合理利己主义没有详细解释这个派生过程，而是采取了相对简陋的"隐蔽动机"证明模式：先把动机区分为显明动机和隐蔽动机，指明非自私动机在非自私行为中是明显动机，自私动机则是隐蔽动机；再通过反思和想象，指明非自私的明显动机就是出于自私的隐蔽动机。这种证明方法后来被反利他主义进化论伦理学所继承和发展，他们从演化论的角度证明了利他主义策略的进化适应性，从而"把心理利他主义理解为引发有适应性的利他行为的直接动

---

① ［英］休谟：《道德原理探究》，王淑芹译，北京：中国社会科学出版社 1999 年版，第 43 页。

② ［英］休谟：《道德原理探究》，王淑芹译，北京：中国社会科学出版社 1999 年版，第 115 页。

③ ［英］休谟：《人性论》（下册），关文运译，北京：商务印书馆 1980 年版，第 527 页。

力机制"。①

对于合理利己主义的隐蔽动机证明,休谟进行了两个维度的批判。

一是基于情感运动原理,指出自私情感通过反思产生非自私情感的荒谬性。休谟的情感运动原理认为,人的原始情感是天生的,由天性的心灵结构所决定。一个情感可以在一定原则的作用下激发另一个情感,但不可能通过反思产生一种新的、甚至相反的情感。隐蔽动机说明要求自私情感通过这种反思和想象产生非自私情感,这不符合情感的运动规则,是不可能的。休谟明确指出:"如果一位哲学家在阐释他的理论体系时,不得不求助于一些非常复杂和精致的反思,并认为这样的反思对任何感情或情绪的产生而言是至关重要的,那么我们就有理由强烈反对如此荒谬的假设,感情是不容易受推理和想象的精致影响的,而人们也总发现,由于人心的气量是狭小的,所以后一种能力的有力发挥,必然会毁灭感情能力的全部能动性。"②

二是基于科学方法论的要求,指出隐蔽动机证明的不合理性。科学方法论认为,在解释同一现象的不同思想体系中,终极原理越简洁越好。隐蔽动机证明把所有的动机都化归为终极的自私动机,"完全是出于那种对简洁性的爱好"。③ 但在休谟看来,隐蔽动机证明存在两个问题:其一,这种"化归"无法提供经验依据,明显动机背后有没有隐蔽动机,有什么隐蔽动机,无法获得经验证明,"没有任何情况表明动机的这种性质的隐匿是由于动机的深奥和复杂而产生的"。④ 其二,

---

① 蔡蓁:《进化论与心理利他主义》,载《道德与文明》2016 年第 5 期。

② [英]休谟:《道德原理探究》,王淑芹译,北京:中国社会科学出版社 1999 年版,第 116 页。

③ [英]休谟:《道德原理探究》,王淑芹译,北京:中国社会科学出版社 1999 年版,第 115 页。

④ [英]休谟:《道德原理探究》,王淑芹译,北京:中国社会科学出版社 1999 年版,第 116 页。

双重存在论比化归论更为简洁合理。化归论需要提供非自私动机化归为自私动机的复杂证明，这个在经验上是不可能完成的，双重存在论则有效避免了这个难题。休谟自豪地指出："承认不同于自爱的无私仁慈的这种假设，实际上要比那种声称将把一切友谊和仁慈化约为自爱原则的假设更简明、更适合这种自然的类比。"①

应该说，休谟对隐蔽动机证明的批判是合理的，是隐蔽动机证明无法反驳的，因为合理利己主义者无法提供自私动机派生非自私动机的有效经验证明，正如当代伦理学家卢坡尔所说："提出隐蔽动机的论证就像这样：说一个察觉不到的人正站在房间的角落，让我们给出不是如此的证明。"②

### 三、道德感层面的批判：以明智旁观者的同情论批判自爱论

休谟反对剑桥道德学派的理性主义道德论，认为能够执行道德判断功能的，不是理性而是情感，"理性是并且也应该是情感的奴隶"。③但在哪一种情感是道德判断的最终根据问题上，休谟以明智旁观者的同情论否定了一切自利情感和偏私倾向，将合理利己主义彻底挡在了道德认识领域之外。

#### 1. 批判基于自利的道德感模式

在道德情感主义看来，要判断一个对象的德与恶，只要看观察这个对象时所产生的感觉是快乐还是痛苦，具体的判断标准就是："心灵的任何性质，在单纯的观察之下就能给人以快乐的，都被称为是善良

---

① ［英］休谟：《道德原理探究》，王淑芹译，北京：中国社会科学出版社 1999 年版，第 117 页。

② ［美］史蒂文·卢坡尔：《伦理学导论》，陈燕译，北京：中国人民大学出版社 2008 年版，第 128 页。

③ ［英］休谟：《人性论》（下册），关文运译，北京：商务印书馆 1980 年版，第 453 页。

的;而凡产生痛苦的每一种性质,也都被人称为恶劣的。"①简单地说,道德判断的唯一依据是一种非常特殊的、包含了赞许或责备的苦乐感觉。休谟没有详细说明道德苦乐感与其他苦乐感的不同之处,而是特别强调道德苦乐感不同于自利苦乐感,并从两个方面指明道德感的基础不可能是自爱情感。

一是根据日常的经验观察,指出基于自利的道德感对很多德行不具有解释力。在休谟看来,道德感必须能解释为经验所公认的一切德行,但基于自利的道德感只能解释其中部分德行,无法解释那些不能带来自我利益的德行(如古人的或敌人的德行)。通常情况下,合理利己主义者会用"想象"理论为自己辩护,即想象自己就生活在那样的国家,就与那样的人交往,就可以从这些德行中获益。休谟认为"想象"根本无力提供这种作用,他冷峻地指出:"任何想象力都不能使我们变成另一个人,并使我们幻想:我们由于成了那个人,也会从属于他的那些宝贵的品质中获益。"②

二是根据道德的自身要求,指出基于自利的道德感不符合道德概念的基本要求。在休谟看来,道德概念至少具有两个最基本的要求:一是普遍性,即相同的对象应该得到每一个人至少是大部分人的普遍一致的道德判断;二是广泛性,即任何人的德行都应该得到人们的赞扬或指责。基于自利的道德感无法满足这两个基本要求:在普遍性方面,每一个人的利益都是特殊的,所以"那种满足我的贪欲或野心的行为,都只满足我一个人的这些情感,而不会影响其他人的贪欲或野心";③在广泛性方面,能够影响个人特殊利益的范围极其有限,所以

---

① [英]休谟:《人性论》(下册),关文运译,北京:商务印书馆1980年版,第633页。
② [英]休谟:《道德原理探究》,王淑芹译,北京:中国社会科学出版社1999年版,第57页。
③ [英]休谟:《道德原理探究》,王淑芹译,北京:中国社会科学出版社1999年版,第93页。

"每一个与我相隔非常遥远以致既不挫伤也不满足我的贪欲和野心的人，都会被那些情感视为漠不相干"。①

休谟批判的本质在于：基于自利的道德感无法提供能够所有人同意的道德观念。这里的预设前提是：道德观念必须得到所有人的同意。毫无疑问，这是不是道德自身的必然要求，这在现代伦理学看来还是"一个有待达成的东西"。② 但不管怎样，休谟的批判确实揭示了基于自利的道德感所固有的局限性——无法达成道德共识。

2. 创建基于同情的道德感模式

鉴于自我利益的特殊性无法带来道德共识，休谟否认了基于自利的道德感模式，转而寻找能够提供道德共识的坚实基础。在休谟看来，这个基础只能是利益相关者的福祉。休谟指出："在判断性格的时候，各个观察者所视为同一的惟一利益或快乐，就是被考察的那个人自己的利益或快乐，或是与他交往的人们的利益和快乐。"③对于任何观察者来说，德性与利益相关者的福祉之间的关系都是确定的、同一的，这就是道德共识的坚实基础。

基于自利的道德感模式不用担心道德感的动力问题，因为这里的道德感来自天性中最强烈的自爱情感。但以利益相关者的福祉作为道德感的对象基础之后，道德感的动力问题就开始成为一个问题：评判对象只能直接影响当事人的福祉，而不能直接影响评判者的福祉，那么，在评价者与当事人毫无福祉关系的情况下，当事人的利益苦乐感如何能引发评价者的道德苦乐感呢？休谟指出，这个中介转化机制就是同情作用机制。休谟总结说："那个人是一个陌生人；我对他没有

---

① ［英］休谟：《道德原理探究》，王淑芹译，北京：中国社会科学出版社1999年版，第93页。

② ［美］约翰·罗尔斯：《道德哲学史讲义》，张国清译，上海：上海三联书店2003年版，第119页。

③ ［英］休谟：《人性论》（下册），关文运译，北京：商务印书馆1980年版，第634页。

任何关切,也没有任何义务;他的幸福比任何一个人、甚至任何一个感情动物的幸福,与我并无更大的关系;换句话说,他的幸福只是通过同情来影响我的。"①

在休谟看来,同情过程就是将他人相关情感的观念转化为自己的印象或相同的情感。罗尔斯曾经指认,休谟的"同情"实质上就是"一种感染甚或传染",②它将当事人的苦乐感觉传递给了旁观者,从而使旁观者产生与当事人类似的苦乐感觉。事实上,休谟的"同情"不仅仅是一种情感共鸣,而且包含着深厚的仁爱情感。正是这种仁爱情感,帮助人们走出自我圈子,关切他人和社会的福祉。休谟指认说:"但是我们对社会所以发生那样广泛的关切,只是由于同情;因而正是那个同情原则才使我们脱出了自我的圈子,使我们对他人的性格感到一种快乐和不快,正如那些性格倾向于我们的利益或损害一样。"③

3. 以明智的旁观者纠正同情的偏私性

尽管与自爱情感相比,同情和仁爱情感具有可靠的普遍性和广泛性,但同情和仁爱情感也有自己特殊的偏私性,它们往往以自我为中心,与我关系越密切,所能产生的同情和仁爱就越强烈;与我关系越疏远,所能产生的同情和仁爱情感越淡漠。休谟指出:"我们对于接近我们的人比远离我们的人较为容易同情;对于相识比对于陌生人较为容易同情;对于本国人比对于外国人较为容易同情。"④在休谟看来,同情的偏私性与自爱情感一样,也会偏离道德概念所要求的普遍性和广泛性,必须予以克服。

克服偏私性的基本方式就是"去我",即将"判断者"从"参与者"变

① [英]休谟:《人性论》(下册),关文运译,北京:商务印书馆1980年版,第631页。
② [美]约翰·罗尔斯:《道德哲学史讲义》,张国清译,上海:上海三联书店2003年版,第116页。
③ [英]休谟:《人性论》(下册),关文运译,北京:商务印书馆1980年版,第621页。
④ [英]休谟:《人性论》(下册),关文运译,北京:商务印书馆1980年版,第623页。

成"旁观者"，只考虑一种性质对所有当事人的影响，而不考虑这种性质对我的影响，这样就能清除"自我"在道德判断中的影响，使我们的情绪和其他人的情绪能够达成共识。休谟详细说明了这种克服方法："因此，我们责备或赞美一个人，乃是根据他的性格和性质对于和他交往的人们发生的一种影响。我们不考虑受到那些性质的影响的人是我们的相识、还是陌生人，是本国人、还是外国人。不但如此，我们在那些一般性的判断中还忽略去我们自己的利益；而且当一个人自己的利益特别地牵涉在内时，我们也不因为他反对我们的任何权利要求而责备他。"①

很显然，同情情感无法自己纠正自己的偏私性，而只能借助两种外在力量的帮忙：一是借助自身理性的反省。情感自身并没有分析能力，理性才是"情感依据某种辽远的观点或考虑所作的一种一般的冷静的决定"，②情感能够通过理性的反省发现并纠正自身的偏差。二是借助社会交流的校正。当我们在道德交流中发现自己的判断与其他人不同或者有矛盾时，我们就会借助理性修正自己的道德判断。休谟指出："因此，在社交和谈话中，感情交流可以使我们形成一些普遍的、固定不变的标准，我们可以根据这个标准对品质和行为方式表示赞扬或反对。"③

因此，休谟的旁观者不是纯粹的旁观者，而是"明智的旁观者"；旁观者的同情也不是原始的同情，而是经过理性纠正过的同情。借助明智的旁观者的理性纠正作用，休谟彻底摆脱了自利对于道德感的影响。

---

① ［英］休谟：《人性论》（下册），关文运译，北京：商务印书馆 1980 年版，第 625 页。
② ［英］休谟：《人性论》（下册），关文运译，北京：商务印书馆 1980 年版，第 626 页。
③ ［英］休谟：《道德原理探究》，王淑芹译，北京：中国社会科学出版社 1999 年版，第 53 页。

### 四、德性论层面的批判

在道德认识论层面，休谟清除了自利情感的影响，批判了利己主义思想。而在道德德性论层面，休谟一方面以一般福祉取代了自我福祉，在道德目的中取消了利己利他的争论；另一方面以对荣誉的欲望作为道德的动力，有力维护了道德的尊严。

1. 以一般福祉消除利己利他之争

作为一个彻底的经验主义者，休谟运用经验归纳的方法，总结了所有美德的共同性质。休谟认为，美德的目标既不单纯是自我的福祉，也不仅仅是他人和社会的福祉，而是一般的人类福祉，这就将自我利益转化为平等的个人利益，从道德目标上取消了利己主义和利他主义的争论。

从表面上看，休谟根据对谁产生了影响以及产生了什么影响这两大标准，把所有的德性分成四类：对自己有用的、对他人有用的、使自己愉悦的和使他人愉悦的。休谟指出："人格的价值完全在于拥有对自己或他人有用或者使自己或他人愉悦的心灵品质。"[①]这其中，对人有用的和使人愉悦的，可以合起来称为"福祉"；对自己的和对他人、对社会的，可以合起来称为"对品性影响者的"（即今天我们所说的"利益相关者的"）。因此，休谟的道德目标实际上就是是否有利于利益相关者的福祉。

在道德目标中，最重要的不是区分"我的"、"他的"还是"社会的"，而是这个品格或行为所能影响到的人。这个"人"包括所有能够被影响到的人，而不管这个人或这些人是谁。这个品格或行为如果影响到社会和他人的，并且有利于他们的福祉，那么它就是美德；这个品格或

---

① ［英］休谟：《道德原理探究》，王淑芹译，北京：中国社会科学出版社1999年版，第88页。

行为如果只影响到个人自己，并且有利于他自己的福祉，那么它同样也是美德。正是出于这样的考虑，休谟一方面非常推崇社会美德，认为社会美德是"最有价值的"；①另一方面也不贬低和否认个人美德，认为个人美德"即便最通俗的道德体系也会予以承认"。② 之所以如此，是因为在休谟的道德理论体系中，福祉标准高于利己利他标准。在这个标准之下，利己的品质和行为是否为美德，取决它所趋向的福祉目标：在仅仅只涉及个人自己的情境下，追求私利或者对自己有用或者能给自己带来快乐，与此相应的一切品质都会成为美德；在涉及到他人或社会利益的情境下，追求直接的私利会损害他人或社会的利益，与此相应的一切品质也就失去了道德合理性。

因此，休谟的一般福祉原则，将自我利益与他人利益同等对待，一方面肯定了与他人利益和社会利益相一致的、合理的自我利益，另一方面否定了与他人利益和社会利益相冲突的、过度的自我利益，这种将所有人一视同仁的思想直接影响了后来的功利主义者。

2. 从自利动机到道德动机

与"美德即知识"的理性主义传统不同，情感主义者认为，关于美德的知识并不构成追求美德的动力。在美德的追求动力问题上，休谟把合理的自利留在了正义发展的起源阶段，而在正义发展的道德阶段，他用荣誉感取代了自利，从而在道德动机问题上完成了对合理利己主义的批判。

休谟把正义等人为美德的发展分为两个发展阶段：第一个阶段是人类社会的起源阶段。此时社会规模较小，各种人为措施与私人利

①〔英〕休谟：《道德原理探究》，王淑芹译，北京：中国社会科学出版社1999年版，第127页。

②〔英〕休谟：《道德原理探究》，王淑芹译，北京：中国社会科学出版社1999年版，第135页。

益之间的联系很容易被理性发现。在这个阶段,与原始自爱和仁爱都发生冲突的人为美德正是源于经过理性引导和修正的自利情感。休谟曾反复指出,"自私是建立正义的原始动机",①而这种私欲不是"人类的自然的、未经改造的情感",②而是受到理性引导的、改变了方向的私欲。毫无疑问,经过理性修正的自利引导自己走向人为美德,这正是合理利己主义的思路。这个社会发展阶段,也正是合理利己主义充分发生效力的阶段。

第二个阶段是人类社会的发展阶段。此时社会规模越来越大,各种人为措施与私利之间的联系越来越难以觉察。在这个阶段,人们之所以服从美德要求,不再出于自利加理性,而是出于以道德感为基础的荣誉感。休谟认为在这个阶段推动人们追寻美德的主要因素有三个:一是由政治家们予以引导的、公众的称赞和责备,二是父母的教育和教导,三是个人的荣誉感。这三者之间,个人的荣誉感是核心,是推动人们追寻美德的最强动机。休谟指出:"我们的性格中给道德感以更为巨大的作用力的另外一个源泉,就是对名誉的热爱;这种热爱以如此无法控制的威力主宰着所有高尚的心灵,且往往是他们所有的计划和行动的主要目标。"③在这个阶段,合理利己主义不再起作用,真正起作用的是道德荣誉感,这种荣誉感的作用是财富无法比拟的。休谟说:"当一个人考虑到,不但他对人的品格,而且他内心的安宁和快乐,都完全依靠于社会道德的严格遵守;当他考虑到,一个人如果对人类和社会的义务有所缺陷,则心灵在反观内照时便要感到内疚;当一个人考虑到这几点时,谁还能认为,财富的利益足以补偿其对道德的

---

① [英]休谟:《人性论》(下册),关文运译,北京:商务印书馆 1980 年版,第 540 页。
② [英]休谟:《人性论》(下册),关文运译,北京:商务印书馆 1980 年版,第 537 页。
③ [英]休谟:《道德原理探究》,王淑芹译,北京:中国社会科学出版社 1999 年版,第 95 页。

些小破坏呢?"①

休谟对道德荣誉感的重视,根本原因在于他对社会性的重视。休谟认为,人是社会的人,有强烈的合群欲,非常需要群体的认可,而荣誉感正是群体认同的最高体现。休谟略带夸张地描述过这种合群欲,他指出:"自然界一切能力和元素纵然都联合起来服务并服从于一个人;太阳的升降纵然都听他的命令;河浪海潮纵然由他随意支配;大地纵然自发地把对他有用或使他愉快的一切东西供给于他;可是你至少要给他一个人,可以和他分享幸福,使他享受这个人的尊重和友谊,否则他仍然是一个十分可怜的人。"②

## 五、道德与私利的关系

从总体上看,休谟对合理利己主义的批判具有两面性:一方面,他在作为判断道德与否的道德感问题上,完全将自利排除出道德判断的根据之外;另一方面,他又在德性的趋向目标和原始动机中,将经过理性引导的自利引入人为美德之中。这种两面性,正好符合 17、18 世纪资本主义早期社会的独特需求:自由市场社会一方面需要调动个人的参与积极性,这就要依靠自利私欲的动力作用;另一方面又需要维持一定的社会秩序,这就要借助规范规则的制约作用。撇开其时代意义不谈,休谟对合理利己主义的批判对于重新理解道德与自利的关系具有两个非常重要的启发。

1. 任何道德体系都不能完全奠基在自利基础之上

休谟对合理利己主义的批判,代表主流哲学家在道德问题上的一种严肃态度。在人类思想史上,以自利、尤其是以理性的自利为基础构

---

① 〔英〕休谟:《人性论》(下册),关文运译,北京:商务印书馆 1980 年版,第 664 页。
② 〔英〕休谟:《人性论》(下册),关文运译,北京:商务印书馆 1980 年版,第 400—401 页。

建起来的道德体系不在少数,但是它从来没有得到过广泛的普及,也从来没有占据过主导地位,"最重要的哲学家们已经完全拒绝它了"。[1]

道德体系不能完全建立在自利基础上,主要有两个原因:一是完全以自利私欲为动机无法提供道德应有的敬重感。所有人都承认,私欲是人类一切欲望中最强烈、最自然的欲望,根据自利原则行事是人类最自然的、不存在任何困难的行为方式。但在我们的道德常识中,道德具有一定的崇高性,这种崇高性恰好来自对私心杂念的克制。在这个意义上,利己主义"把人降低为动物存在的一种非道德的追求"。[2]二是以自利为基础无法保证道德的一致性和公平性。利己主义道德体系的非普遍性根源在于自利的特殊性,每一个人的自利都是独特的,"不可能得到普遍的或者只是广泛的认同"。[3] 利己主义道德体系的非公平性在于它强调"自我"的优先性,从而区别对待了"自我"和"他人",但它无法提供需要区别对待的合理根据,它无法面对"什么使我如此特殊"这样的追问。[4]

道德体系不能完全建立在自利基础上,就要求道德必须找到并且强化一种有别于私欲的道德动力。出于自利而遵守道德,实际上会弱化乃至取消道德。只有一种独立的、不同于自利的情感,才能充当真正的道德动力。在这个问题上,休谟留给我们的启示是:道德动力不在于人们的道德感,而在于荣誉感。道德感只能判断是否合乎道德,而荣誉感则能决定是否遵守道德。这个道德感和荣誉感后来被功利

---

① [美]詹姆斯·雷切尔斯:《道德的理由》,杨宗元译,北京:中国人民大学出版社2009年版,第84页。

② 周建华:《利己主义能够"合理"吗?——对合理利己主义道德原则的质疑》,载《社会》2001年第3期。

③ [德]诺博托·霍尔斯特:《何为道德:一本哲学导论》,董璐译,北京:北京大学出版社2014年版,第70页。

④ [美]詹姆斯·雷切尔斯:《道德的理由》,杨宗元译,北京:中国人民大学出版社2009年版,第90页。

主义者穆勒综合为"良心"，构成了道德的"内在的约束力"。① 要形成强烈的荣誉感和良心，为道德提供足够的情感动力，就需要社会和舆论的正确引导和大力支持，否则荣誉感和良心就会陷入冷漠之中。

2. 任何道德体系都不能完全违背自利

尽管道德体系不能完全奠基于自利之上，但是，任何道德体系也不能完全脱离、甚至违背自利。正如马克思所说："'思想'一旦离开'利益'，就一定会使自己出丑。"②这个自利，不仅仅是指自我的直接利益，还包括经过理性引导、修正的自利。真正能够得到人们认可的道德实践体系，必须与私利保持一定程度的一致。人类思想史上完全以禁欲主义和自我牺牲为基础的道德体系，无论是西方的教会伦理，还是中国的名教伦理，走向极端后都只会催生伪善。

道德体系不能完全违背自利，这是由道德的社会功能和人性的现实状况决定的。道德的社会功能是什么？就是为个人或者社会实现好生活提供品性或行为方面的支持。毫无疑问，这个作为终极目的的"好生活"必然包含"我的"好生活，必然包含"我的"利益。人性的现实况状是什么？既不是极端的自私，也不是纯粹的仁爱，而是"自私和有限的慷慨"。③ 关心自己的利益，正是人类的本性；完全违背自利，也就完全违背了人性，这样的道德不可能被普遍、持久地遵守。

道德体系不能完全违背自利，是指道德体系必须能够保障每一个人（包括"我"在内）的利益。一个合理的道德体系，或者突出集体的利益，或者突出每一个个人的利益，但无论哪种利益，最终都必然会包括"我的"利益。保障我的利益，并不是要突出我的利益，并不是要把我

---

① ［英］约翰·穆勒：《功利主义》，徐大建译，上海：上海人民出版社 2008 年版，第28 页。

② 《马克思恩格斯文集》（第 1 卷），北京：人民出版社 2009 年版，第 286 页。

③ ［英］休谟：《人性论》（下册），关文运译，北京：商务印书馆 1980 年版，第 534 页。

的利益特殊化,而是要将我的利益与他人的利益同等对待,给予同等的关注。需要注意的是,道德体系不能完全违背利益,仅仅是说道德要求不能与自我利益绝对对立,而不是说道德体系不能完全排除私欲动机,道德要求可能导致的效果与道德行为的动机完全是两回事。尽管休谟化解道德与自利矛盾的手法并不高明,但却提出了一个任何道德体系都不得不严肃面对的道德实践问题:"每一个关心自己幸福和福利的个人,在实践每一种道德义务时是否都能充分地发现自己的理由。"①

从经验的真理性和理性的自洽性角度看,休谟对合理利己主义的批判具有深刻的理论合理性;但仍应承认,休谟对利己主义的批判远未达到历史唯物主义的高度,我们需要重温马克思批判施蒂那极端利己主义的那段名言:"共产主义者既不拿利己主义来反对自我牺牲,也不拿自我牺牲来反对利己主义,理论上既不是从那情感的形式,也不是从那夸张的思想形式去领会这个对立,而是在于揭示这个对立的物质根源,随着物质根源的消失,这种对立自然而然也就消灭。"②

---

① [英]休谟:《道德原理探究》,王淑芹译,北京:中国社会科学出版社1999年版,第97页。
② 《马克思恩格斯全集》(第3卷),北京:人民出版社1960年版,第275页。

# 个人主义与自发性社交<sup>*</sup>

个人主义问题是近二十年来讨论得比较多的一个问题，也是当前中国道德建设所面临的一个现实问题。怎样分析和看待个人主义，除了立场以外，方法也是一个非常重要的因素。本文试图引入一种全新的社会学方法，通过分析个人主义起作用所必需的种种社会条件以及我国目前是否具备这些条件，以最终解答我国是否应该提倡个人主义的问题。

## 一、全新视角：一种社会学方法

我国对个人主义的讨论始于80年代初，在80年代中后期达到了第一个高潮，在90年代中期又达到了第二个高潮，这个进程与社会主义改革的发展进程是基本一致的。本文不想详细考察对个人主义的不同态度，而是把分析的焦点集中于对个人主义的分析方法上。从有关个人主义的大量论文和著作来看，我国分析个人主义的方法大致有三种：意识形态方法、伦理学方法和唯物主义方法。

意识形态方法将个人主义视为一种意识形态，认为个人主义是与资本主义社会相对应的思想意识形态。有一位学者曾经非常清晰地

---

＊ 本文主要内容曾以《个人主义与自发性社交》为题刊发于《人文杂志》2003 年第 5 期。

指出："如同集体主义同整个社会主义制度和社会主义理想是血肉相连的一样,个人主义同整个资本主义制度和资产阶级理想也是一脉相通的。"①而支持个人主义的人则想方设法地割裂个人主义与资本主义制度之间的联系。

伦理学方法一般是从人或社会的本性出发,把个人主义作为一种独立的价值观念,分析它本身的合伦理性。从这个角度看,个人主义问题就是个人利益与集体利益孰重孰轻的问题。反对个人主义的人要求"在保障社会整体利益的前提下,实现个人利益和社会整体利益的结合",②支持个人主义的人则希望能够用个人利益来统帅集体利益。

唯物主义方法属于马克思主义哲学的范围,它从物质决定意识出发,认为作为意识的价值导向应该由一定社会的经济关系(尤其是生产关系)决定,"道德价值导向反映了社会占主导地位的经济关系"。③支持个人主义的人往往从市场经济这一机制中找到了个人主义产生的物质基础,而反对个人主义的人则从公有制这一基本制度中挖掘出集体主义存在的物质基础。

这三种方法都有其自身的合理性,但它们还有一个共同的假设:即都认为个人主义自身包含了一定的合理性或不合理性,只要在一个社会中提倡个人主义,那么个人主义就可以立即在这个社会中发挥它所应有的促进作用或破坏作用。事实上,这种假设是过于简单化的,一种价值观念能够发挥什么样的作用,并不完全取决于它自身的合理

① 夏伟东:《论个人与社会——兼论人生价值导向》,上海:上海人民出版社 1990 年版,第 44 页。

② 罗国杰、马博宣、余进:《伦理学教程》,北京:中国人民大学出版社 1985 年版,第 160 页。

③ 朱贻庭等:《当代中国道德价值导向》,上海:华东师范大学出版 1994 年版,第 29 页。

性与否,而是取决于所在社会的现实条件:在不同的条件下,同样的价值观念完全可以发挥不同甚至相反的社会作用。基于这种考虑,笔者认为应该还有一种新的分析个人主义的方法,这种方法并不是要取代前面所说的三种方法,而是在承认它们的前提下对它们进行适当的补充。

这种新的方法我称之为"社会学方法",它把意识形态的东西、伦理价值的东西以及唯物主义的东西都暂时搁置起来,将个人主义视为社会的一个组成部分,分析它起作用时所必需的一些社会条件。这种方法与前面三种方法的不同之处在于:它不是将个人主义当成一种独立的、可以随意使用的社会工具,而是把关注的目光投向了个人主义所能起作用的前提条件。下面我将对这种方法的思考理路作一个详细说明。

我们这里所说的"个人主义",不是"方法论个人主义",也不是"认识论个人主义",也是一种"个人主义价值观"。作为价值观,它的核心问题是如何处理个人与自我、他人以及社会的关系,以便促成一种良好而稳定的社会秩序,使一个社会不会因其内在的混乱和冲突而走向崩溃。因此,在决定是否提倡某种价值观念的时候,人们必须考虑这样一个问题:这种价值观念是否有助于建立一个良好而稳定的社会秩序。

如果仅仅只是这样提问的话,人们会发现自己可能步入了死胡同。只要回顾一下人类社会发展的历史就不难看出:任何一种价值观念,哪怕它在我们看来是畸型的,都有可能促成一种良好而稳定的社会秩序。前资本主义社会的整体主义价值观达到过这一点,资本主义社会的个人主义价值观也曾达到过这一点,社会主义社会的集体主义价值观同样达到过这一点。而且,每一种价值观念也都曾经摧毁过一定的社会秩序。因此,抽象地问个人主义能否导致一个良好而稳定的社会秩序,那将会是毫无意义的。

从抽象向具体迈进一步,每一种价值观念并不是孤立地在一个社会中发挥作用,而是在许多条件的配合下发挥作用。反过来说,每一种价值观念都需要一定的与自身相配套的基本条件,只有这些基本条件都具备了,它才能真正发挥自身的作用。一种价值观念能否促成一个良好而稳定的社会秩序,在很大程度不是取决于这种价值观念本身是否合理,而是取决于该社会是否已经具备这种价值观念所需要的种种条件。如果一个社会已经具备了它所需要的各种条件,那它就会与这些条件一起产生一种良好而稳定的秩序;一旦社会所提供的条件与它所需要的条件相去甚远,那么这种价值观念就有可能破坏乃至摧毁原有的社会秩序。

根据这种思路,在讨论是否应该提倡个人主义的时候,我们首先需要分析的不是这种价值观念本身的合理性,而是这种价值观念如果要起良性作用所需要的社会条件以及当前社会所提供的现实条件。如果一个社会不能够提供这种价值观念所需要的条件,那么,这种价值观念无论本身听起来多么诱人,它都不可能达到人们期望它完成的目的。

以上就是笔者所提出的分析个人主义的社会学方法。

## 二、美国:个人主义与自发社交性

要分析个人主义,首先要搞清楚什么是个人主义,哪些东西是个人主义所要求的。历史和当前的种种文献都在表明:个人主义具有非常多的歧义性。这种歧义性不仅可以从我国学者为个人主义所作的各种正名中看出,还可以从西方学者对个人主义的各种论述中看出。由于个人主义的含义问题不是本文分析的重点,笔者只想借用英国学者卢克斯关于个人主义的论述,作为本文分析的基础。在卢克斯那里,个人主义必须包含四个必不可少的、彼此相关的组成部分:人的尊严、自主性、隐私和自我实现,在四者之中,"人的尊严或尊重人这一思想是平等思想的核心,而自主性、隐私和自我实现则代表着自由或自主的三个方面"。①

个人主义有其自身的优缺点:一方面,个人主义相信个人、尊重个人,通过确立人与人之间的平等关系而保障个人的自由,这的确是它的长处。另一方面,个人主义在确保个人私人领域的权利同时,也带来了一个非常重要的缺陷,这就是如何维系公共领域的秩序问题。托克维尔很早就注意到了这一点,他指出:"个人主义只是一种只顾自己而又心安理得的情感,它使每个公民同其同胞大众隔离,同亲属和朋友疏远。因此,当每个公民各自建立了自己的小社会后,他们就不管大社会而任其自行发展了。"②

如何使个人突破"自我"圈子而走向公共领域,这是个人主义所面临的一个巨大问题,也是个人主义仅仅依靠自身力量所不能解决的问题,它必须依靠其他的社会条件和生活习惯来解决。在这些社会条件和生活习惯中,都必须含有这样一种力量,这种力量使得个人能够脱离他的自我小圈子,主动进入一个较大的社会公共领域。只有在类似力量的制衡下,个人主义才能带来一个良好而稳定的社会秩序。一旦没有这种力量的制衡而放任个人主义充分发挥作用的话,其结局只有一个:在私人生活中的"利己主义"和在公共政治生活中的"专制主义"同时并存。美国的情况可以为我们提供一个很有力的证明。

---

① [美]史蒂文·卢克斯:《个人主义:分析与批判》,朱红文、孔德龙译,北京:中国广播电视出版社1993版,第133页。

② [法]托克维尔:《论美国的民主》(下卷),董果良译,北京:商务印书馆1988版,第625页。

托克维尔在 1835 年考察美国的时候,就曾预言美国和俄国将跻身于世界的最前列,在导致美国社会发展壮大的原因中,个人主义功不可没,因为美国社会发展所依靠的是"以个人利益为动力,任凭个人去发挥自己的力量和智慧,而不予以限制"。① 那么,个人主义为什么能够在那个时候发挥如此积极的作用呢? 根据托克维尔以及其他学者的考察,这是因为美国社会里存在着许多制约个人主义的力量,其中最重要的力量有四种:家庭、教会、民主的政治生活和自发性的结社。这些力量的共同特点就是:它们都超越了个人,从而能够将个人的情感引出自我的狭小圈子,使之关注公共领域的事情。正是在这些条件的共同作用下,个人主义才给美国人带来了一个良好而稳定的社会秩序。在这四种力量中,托克维尔更重视结社,因为宗教团体也好,政治团体也好,都"不过是美国的五花八门的结社中的一种"。② 因为这些组织都能把个人引向他人和社会,引向一种社会交往,所以这些组织的活动趋势也被后人称为"自发社交性"。③

但到了 20 世纪中期以后,个人主义在美国社会发展中的破坏作用开始逐步地显现出来,托克维尔当年所担心的许多问题变成了美国人的现实生活。一位美国人在反思自己的社会时提出:"我们十分担心这种个人主义会变得像癌症一样令人望而生畏、退避三舍——它可能破坏托克维尔视之为能够弱化社会中破坏性更大的潜力的社会保护层;它还可能威胁自由本身的存在。"④

---

① [法]托克维尔:《论美国的民主》(上卷),董果良译,北京:商务印书馆 1988 年版,第 481 页。

② [法]托克维尔:《论美国的民主》(下卷),董果良译,北京:商务印书馆 1988 年版,第 635 页。

③ [美]弗兰西斯·福山:《信任——社会道德与繁荣的创造》,李宛蓉译,呼和浩特:远方出版社 1998 年版,第 37 页。

④ [美]罗伯特·贝拉等:《美国透视——个人主义的困境》,张来举译,北京:社会科学文献出版社 1992 年版,前言。

为什么会这样呢？为什么当年美国人欢呼的东西如今变成了美国人的心头大患呢？根本的原因在于美国社会条件的变化，托克维尔时代限制个人主义的各种力量已经逐步衰落了。在这方面，美国人自己展开的两项工作提供了很清晰的说明：一个是记者理查德·里夫斯，他在 150 年之后沿着托克维尔当年的路线重新游历了一遍美国，并在《美国之旅》中向我们详细描述美国社会的变化；另一项工作是由学者罗伯特·贝拉等人发起的社会调查，他们调查的重点就是当前美国人头脑中私人生活与公共生活的关系。这两项工作的结论具有惊人的一致性：在托克维尔时代保证个人主义发挥良性作用的力量正在逐步削弱，并趋于消亡。在家庭方面，里夫斯的结论是"个人正在取代家庭成为社会的基本单位"；[①]在教会方面，美国人的宗教热情正在急剧减退；在民主政治生活方面，政治事务已经完全交给了政治官僚和管理专家；在自发结社方面，人们把越来越多原来通过自发结社解决的问题都推给了政府。能够制约个人主义的各种传统势力消失后，个人主义所带来的问题"并不简单地表现为自给自足的自我是否会退出公共世界去追求纯私人的目标，而是表现为，这样的自我能否维持公共的或者私人的生活"。[②]

综上所述，个人主义的确可以带来一种良好而稳定的社会秩序，但它必须有一些前提条件，其中最重要的一点是：人们必须具有良好的"自发性社交"（哈耶克称之为"地方自治和自愿结社"）的习惯。[③] 离开了这一前提，个人主义只能导致公共秩序的衰落。

---

① ［美］理查德·里夫斯：《美国之旅》，韩守信等译，北京：中国对外翻译出版社 1992 年版，第 57 页。

② ［美］罗伯特·贝拉等：《美国透视——个人主义的困境》，张来举译，北京：社会科学文献出版社 1992 年版，第 181 页。

③ ［美］理查德·里夫斯：《美国之旅》，韩守信等译，北京：中国对外翻译出版社 1992 年版，第 31 页。

### 三、中国：不宜提倡个人主义

当市场在人们生活中起着越来越大的作用时，当个人价值越来越受到重视时，我国是否也应该提倡个人主义呢？按照上面的思路，除了要考虑个人主义是否与社会主义市场相适应的问题之外，还应该考虑的问题是：我国是否具备个人主义起良性作用所必须的基本条件，也就是说，我国人民是否具备自发性社交的习惯。

对于这一点，美国学者福山的研究成果提供了很好的说明。在福山看来，要使个人突破自我的小圈子而走向社会，有三条可行的途径：第一条是以家庭和血缘关系作基础，第二条是以血缘关系以外的自发性组织为基础；第三条是以国家作引导。其中，以第一条和第三条作为人们社会交往基础的社会，属于低信任度社会，而以自发性组织为基础的社会，属于高信任度社会。包括中国在内的华人社会都属于低信任度社会。在这种社会里，人们社交的基本途径就是家庭和一些比较广泛的血亲关系，不具备血亲关系的人们就没有信任可言。这种社会交往不具备自发性、自愿性以及多元性，它所形成的组织除了家庭和国家之外，没有自发形成的、多元的中间性社会组织。

这种分析表明，在我国真正会对个人主义起制约作用的力量就是家庭和血缘关系了。那么家庭在制约个人主义方面到底能起多大的作用呢？作用是非常有限的，因为它只局限于具有血缘关系的狭小圈子。一旦突破了血缘关系，个人仍然会陷入自我圈子之中。要将自我的私人生活与公共生活联系起来，仅有一个家庭是远远不够的，还需要有各种不同层次的、各种不同形式的中间性组织。这些中间性组织可以把各种不同数量的、具有不同关系的个人联结起来，处理他们之间的共同事务。它们的规模处于家庭和国家之间，是使个人突破自我圈子的真正力量。而这些正是中国社会所缺乏的。

导致这种状况的原因主要有两个：一个是积极的原因，我国传统社会的家族主义结构决定了血缘关系在人际交往方面的决定性作用，这是大家都非常清楚的。另一个则是消极的原因，我国传统社会中反家庭的力量始终受到了社会主流力量的抑制。我国传统社会里的确产生过一些反家庭的力量，如宗教（包括佛教和道教），尤其是佛教，它不强调家庭里的亲情关系，而强调一种更为广泛的众生之间的平等关系。但是，佛教这种反家庭的因素始终没有被大范围的民众所接纳。

可以考虑的是，能否通过政府的介入，以命令的方式强行鼓励和扶持自发性中间组织，在短期内形成一些自发性社交的习惯呢？回答是：基本不可能。原因有两个：第一，社交性癖好的根源不是来自于一个社会的理性思考，而是来自于人们的伦理习惯，主要是"由宗教、传统、历史习惯等文化机制所建立起来的"。① 这种习惯是很难通过政府的强制在短期内行成。第二，"自发性社交"要求的是自发性，它必须是人们自发形成的，政府的干预与民间的自发性是背道而驰，哈耶克说得非常清楚："尽管摧毁作为一个自由文明不可或缺之基础的那些自生自发的制度安排也许并不困难，但是这些基础一旦被摧毁，那么我们根本就不可能通过一种刻意的方式再重新构造出这样一种自由的文明了。"②

既不具备个人主义所必需的条件，也不能在短期内建立这些条件，在这种情况下提倡个人主义就显得过于盲目了。如果一味提倡个人主义，我们将面临一个十分尴尬的局面：一方面，用来维系社会秩序的集体主义传统将被破坏，另一方面新的个人主义又不能真正维系

---

① ［美］弗兰西斯·福山：《信任——社会道德与繁荣的创造》，李宛蓉译，呼和浩特：远方出版社1998版，第35页。

② ［英］哈耶克：《个人主义与经济秩序》，邓正来译，北京：生活·读书·知识三联书店2003版，第34页。

社会秩序,那时的中国将是一个无序社会。

托克维尔有一句话,正好可以用在这里,他说:"美国的联邦宪法,好像能工巧匠创造的一件只能使发明人成名发财,而落到他人之手就变成一无用处的美丽艺术品。"①个人主义也是如此,如果没有可以制约它的力量,它就会变成一无用处、甚至是只有害处的美丽艺术品。

① [法]托克维尔:《论美国的民主》(上卷),董果良译,北京:商务印书馆1988版,第186页。

# 共建共享与共生共享<sup>*</sup>

自十八届五中全会提出新发展理念以来，国内学术界掀起了新一轮"共享"研究高潮；而习近平总书记提出的构建"人类命运共同体"理论，又将"共享"的范围从国内扩展到了全球。"共享"理论所要迫切解答的问题是：我们究竟要什么样的共享？其目的是将我们的"共享"区别于其他各种不公平的"共享"。而要解答这一问题，必须先回答一个更深层的问题：我们依据什么要共享？其意义在于为"共享"寻求合正当性依据。"依据什么要共享"在很大程度上决定了"要什么样的共享"。"共建共享"概念和"共生共享"概念的提出与区分，正是为了理解和解决这两个基本问题。

## 一、共享的基本问题

什么是共享呢？简单来说，共享就是"共同享有"，它主要包含三个基本要素：共享的主体——"人"、共享的客体——"物"以及共享的方式——"人与人"和"人与物"。从共享的三个基本要素出发，可以发现共享的三个基本问题：与主体要素相应的问题是"谁来共享"；从客体要素相应的问题是"共享什么"；与方式要素相应的问题是"如何

* 本文主要内容曾以《共建共享与共生共享：共享发展的双重逻辑》为题刊发于《南京社会科学》2019 年第 2 期。

共享"。

1. 谁来共享?

在这个问题上,我们已经有了一个基本答案,并且已经形成了共识。习近平总书记用"全民共享"概念解答了这个问题,他指出:"共享发展是人人享有、各得其所,不是少数人共享、一部分人共享。"[1] "全民共享"概念表明:"共享"的主体是"人人",即所有人、每一个人,而不是指"少数人"或"一部分人"。部分学者指认,《十三五发展规划纲要》提出的共享是"中国特色社会主义的本质要求",其主要标志就是共享主体上"所有人"对"少数人"的超越,因为剥削社会的重要特征是"共享"只局限于统治阶级这类"少数人"。[2]

将"全民共享"解读成"人人共享",这种理解忽略了一个细小而重要的区别:"民"与"人"的差异。尽管"民"与"人"都可能指一个人,但与"社稷"、"君"相对的"民"是以特定的共同体为前提,只有作为共同体成员的人才能称为"民",正所谓"民惟邦本";[3]而作为"万物之灵"的"人"并不需要这个特殊前提,其主要意义是"别于禽兽"。[4] 这就是说,"全民共享"并不是说只要是人就具有共享的资格,而是指只有一个共同体内的所有成员才可以共同享有这个共同体的成果。因此,在理解"全民"共享时不能离开"共同体"概念,全民共享是指在一个共同体内的全民共享。用《共产党宣言》中的话来说就是:"代替那存在着阶级和阶级对立的资产阶级旧社会的,将是这样一个联合体,在那里,每个人的自由发展是一切人的自由发展的条件。"[5]

---

① 《习近平谈治国理政》(第 2 卷),北京:外文出版社 2017 年版,第 215 页。
② 参见向玉乔:《共享发展理念的伦理基础》,载《伦理学研究》2016 年 03 期;刘洋:《马克思共享思想的伦理特质》,载《伦理学研究》2018 年第 1 期。
③ 《尚书·五子之歌》。
④ 《礼记·曲礼上》。
⑤ 《马克思恩格斯文集》(第 2 卷),北京:人民出版社 2009 年版,第 53 页。

在"全民共享"这个解答背后还潜藏着一个更深层的问题：如果说共享是指一个共同体内的所有成员共同享有共同体的成果，那么，共同体成员是凭借什么而获得共享资格的，共享的依据是什么？不解答这个问题，"全民共享"就缺乏理论支撑。

2. 共享什么？

在这个问题上，我们也已形成了初步的共识。习近平总书记用"全面共享"概念解答了这一问题，他指出："共享发展就要共享国家经济、政治、文化、社会、生态各方面建设成果，全面保障人民在各方面的合法权益。"①"全面共享"概念表明："全面共享"的对象是社会建设（具体包括五大文明建设）的所有成果，而不仅仅是其中的一部分成果。

理解"全面共享"概念必须结合"人"的概念，因为共享的根本目标是满足人民群众日益增长的、对美好生活的需求。在马克思那里，"吃、喝、生殖，至多还有居住、修饰等等"只是人的动物机能，本真的"人"则是一个"富有的人"，一个"需要有人的生命表现的完整性的人"。② 人的全面需求既包括丰富的物质需求，也包括丰富的精神需求，这些需求都要通过全面的社会建设成果才能得以满足。事实上，从党的"十二大"提出的"物质文明建设"与"精神文明建设"，到"十六大"补充的"政治文明建设"，到"十七大"补充的"生态文明建设"，再到"十八大"提出的"五位一体"总体布局，这个扩充发展既表明了社会建设领域的不断扩展，也反映了人民群众需求的日益增长。

但是，无论休谟的"从事实判断推不出价值判断"还是摩尔的"自然主义谬误"概念，都表明在自然事实与道德价值之间存在一道鸿沟。现在，"全面需求"是一个自然事实，而"全面共享"是一个伦理诉求，"全面需求"这个自然事实自身无法给"全面共享"这个伦理诉求提供

---

① 《习近平谈治国理政》（第 2 卷），北京：外文出版社 2017 年版，第 215 页。
② 《马克思恩格斯文集》（第 1 卷），北京：人民出版社 2009 年版，第 194 页。

充足的理由,这也需要额外的合伦理性依据的支撑。

3. 如何共享?

如果说在"谁来共享"和"共享什么"这两个问题上我们已经有了基本答案,那么在"如何共享"这个问题上,我们远远没有达成一个有说服力的基本共识。这是因为共享的方式有多种多样,而哪一种共享方式更为公平合理,更适应社会发展的需要,目前还在讨论之中。事实上,只要有"合作",就必然会有"共享"。合作就意味着共同创造,正如一群狮子合作猎杀了一头野牛,一厂工人合作生产了一支钢笔,一市场参与者合作完成了资源调配。共创的成果必然有共享的内在要求。

从这个意义上讲,作为"一个天生的政治动物",一个人只要不是在孤岛上生存的鲁宾逊,就必须和那些与他有合作关系的人共享相关成果。人类史就是一部共享史。传统社会的"共享"体现为"以个人相互之间的统治和从属关系(自然发生的或政治性的)为基础的分配",①它是不自由的,因为人们无法摆脱人身依附关系;它也是不平等的,因为奴隶主阶级和地主阶级对奴隶和农民的剥削是赤裸裸的。现代社会的"共享"是以"物的依赖关系"为基础的,它是自由的,至少在市场上是自由的人进行着自由的选择;但它仍然是不平等的,贫富悬殊、两极分化正是市场社会的产物。马克思所设想的"共享"则是"在共同占有和共同控制生产资料的基础上联合起来的个人所进行的自由交换",②它是自由的,每一个人的个性都得到了自由而全面的发展;它也是平等的,"按需分配"能够平等地满足每一个人的需求。

当然,"自由劳动"与"按需分配"只是社会发展的理想目标,并不具有可以立即实行的现实性。这就提出了一个问题:最有利于走近

---

① 《马克思恩格斯文集》(第8卷),北京:人民出版社2009年版,第53页。
② 《马克思恩格斯文集》(第8卷),北京:人民出版社2009年版,第53页。

这种理想目标的"共享"是什么样的,有什么依据? 这是需要进一步探索的问题。

## 二、共建共享

"共建共享"概念是习近平总书记对共享理念的第三个解释。他"在省部级主要领导干部学习贯彻党的十八届五中全会精神专题研讨班上的讲话"中指出:"共享是共建共享。这是就共享的实现途径而言的。共建才能共享,共建的过程也是共享的过程。"①"共建共享"概念有两层基本含义:第一层含义是"因为共建所以共享","共建"为"共享"提供了合正当性理由;第二层含义是"只有共建才能共享","共建"为"共享"提供了合正当性限制。

### 1. 因为共建所以共享

"共建"就是指"共同建设","共享"的对象就是"建设成果","因为共建所以共享"就是指,一个人因为参与了成果建设过程,所以就有分享共建成果的资格。这就是共享合正当性的第一个道德理由:一个人为建设成果付出了自己的努力和贡献,建设成果中物化有原本属于这个人的因素,这个人凭此就获得了共享成果的资格。

这种共建-共享的论证思路实际上是人类共享史的传统思路。亚里士多德"几何比例"分配原则的基础就是"按配得分配",②它要求个人的所得与个人所具有的德性成比例,因为个人对共同体贡献的是德性。市场这只"看不见的手"在分配各种资源和机会时,给每一种资源都明码标价,要求个人的所得与个人提供的资源成比例,在李嘉图等古典政治经济学家眼里,"资源"就体现为"土地"、"资本"和"劳动",而

---

① 《习近平谈治国理政》(第 2 卷),北京:外文出版社 2017 年版,第 215 页。
② [古希腊]亚里士多德:《尼各马可伦理学》,廖申白译,北京:商务印书馆 2017 年版,第 148 页。

"所得"则对应为"地租"、"利润"和"工资","按照个人和他拥有的工具所生产的东西进行分配"。① 我国实行的"按劳分配"制度,同样要求每一个人所获得的报酬与他所投入的劳动成比例,正如马克思所说,每一个生产者"从社会领回的,正好是他给予社会的"。② 可以说,从古到今,共建-共享始终是各种社会分配的基本原则。

为共建-共享思路提供深层辩护的现代思想是自由主义伦理学。洛克和卢梭等思想家解除了上帝和贵族对于个人的奴役,致力于个人自由权利(特别是财产私有权)的神圣不可侵犯;康德解除了欲望偏好对自由意志的绑架,以自由意志本身为目的的构建了自律伦理学;而萨特则打破了对个人自由的一切束缚(包括外在的环境和内在的情欲),以"存在先于本质"建立了人道主义伦理学。自由至上主义者诺齐克总结了自由主义的基本分配原则:"按其所择给出,按其所选给予。"③自由主义伦理学理论认为,每一个人都是先天自由的,他基于自由而做出选择,并承担由自由选择带来的一切责任。"通过自由承担责任",④这就是自由主义伦理学的核心。在以自由为基础的现代社会里,共建就是个人的自由选择,而共享则是自由选择和自由行为所带来的责任,"通过自由承担责任"就是通过共建获得共享的资格。

2. 只有共建才能共享

如果说"因为共建所以共享"为共享提供了合正当性依据,那么"只有共建才能共享"则为共享提供了资格限制。"只有共建才能共享"提供了两个限制:第一个限制,只有共建的成果才能被共享。根

---

① [美]米尔顿·弗里德曼:《资本主义与自由》,张瑞玉译,北京:商务印书馆1986年版,第154页。

②《马克思恩格斯文集》(第3卷),北京:人民出版社2009年版,第434页。

③ [美]罗伯特·诺齐克:《无政府、国家与乌托邦》,何怀宏等译,北京:中国社会科学出版社1991年版,第166页。

④ [法]让-保罗·萨特:《存在主义是一种人道主义》,周煦良、汤永宽译,上海:上海译文出版社2005年版,第23页。

据共建共享的理念,一个成果是否必然要被共享,取决于它是否由共建而产生。共建的成果因为物化了多人的劳动,因而必然要被共建者共享;非共建的成果只是个人独创,只物化了单个人的劳动,因而可以不被共享。当然,这些东西也是可以共享的,比如进入市场的个人手工制品、个人猎获而供全家享用的猎物以及送给朋友的手工礼物等。但它们的关键之处不在于可以共享,而在于可以不共享。当然,在高度分工的现代社会里,绝对大多数成果都是被共建出来的。

第二个限制,只有共建的人才有资格共享。根据共建共享理念,一个人是否具有共享资格,取决于他是否参与了共建。一个人参与共建了,他自然就有共享的资格;一个人如果没有参与共建,成果中没有他的物化成分,那么他就不具有共享的资格。由于社会建设包括诸多方面,所以,个人参与共建的方式有很多。从宽泛一些的意义上讲,每一个人都参与了共建。因为任何一个人要生存,至少必须消费一定的生活资料;而消费也是一种经济活动,"有效需求不足,可以妨碍经济繁荣"。[①] 但从严格的意义上说,只有那些提供了增加价值活动的生产性劳动者,才是真正参与共建活动的人。当然,对一个健康发展的社会来说,参与了社会共建、具有共建共享资格的人通常是大多数,即使在一个老龄化社会中也是如此。

3. 共建-共享足够吗?

共建共享对于社会发展具有非常重要的意义,但它也存在两个问题:一方面,付出就有回报,付出多少就回报多少,并不完全符合我们的道德常识;另一方面,共建才能共享将很大一部分人排除在共享圈子之外。

先看第一个问题。"因为共建所以共享"暗含了一个观念:共享

---

① [英]凯恩斯:《就业利息和货币通论》,徐毓枏译,北京:商务印书馆1983年版,第32页。

的方式由共建的方式决定，尤为重要的是，共享的比例由共建的比例决定。这个观念表面上很有道理，却非常难以操作。每一个人在共建中付出的要素是异质的，因而在测算共享比例时就存在一个"异质要素的公度性"难题，"我们不可能在一个尺度上衡量和比较所有的价值和物品"。① 但微观经济学用边际分析方法解决了这个问题，因为"即使在不存在市场的情况下，每种商品直接或间接地都会有其相应的边际'影子'价格"。② 但是，伦理学家们从"付出多少就回报多少"中发现了另一个问题："付出"就应该有"回报"吗？人们通常认为，我们不能因为自己未作努力的东西而索要回报，只能对自己做出的主观努力索要回报。但是，在我们的付出中，有很多东西并不是我们主观选择和努力的结果，比如说出身、教育、自然天赋、社会运气等偶然性因素，罗尔斯的批判是："没有一个人应得他在自然天赋的分配中所占的优势，正如没有一个人应得他在社会中的最初有利出发点一样。"③从这个意义上说，共建-共享模式是不完善的，它需要外在的干预或者调节，才能保证自身的合正当性。

再看第二个问题。"只有共建才能共享"将那些参与共建的人纳入共享圈子之内，却将那些没有参与共建的人排除在共享圈子之外。那些没有参与共建的人，有些是有能力但目前还没有机会参与共建的人（如失业者），有些则是根本没有能力参与共建的人（如未成年人和病人）。如果说"只有共建才能共享"可以激励前者更快地参与共建，那么后者则可能一直被共享所抛弃。这一部分人怎么办？他们不可

① [美]迈克尔·桑德尔：《公正：该如何做是好？》，朱慧玲译，北京：中信出版社2011年版，第51页。

② [美]加里·贝克尔：《人类行为的经济分析》，王业宇、陈琪译，上海：上海三联书店1995年版，第9页。

③ [美]罗尔斯：《正义论》，何怀宏等译，北京：中国社会科学出版社1988年版，第104页。

能凭借共建获得共享的资格,难道他们就永远失去了共享的资格吗?没有一个社会这样做,也没有一个人认为应该这样做。这就表明,除了"共建"这条道路之外,还应该有其他可以获得共享资格的正当路径。

### 三、共生共享

"共生共享"概念源于更为古老的人类理想,①如"大同社会"、"天下为公"以及"四海之内皆兄弟"等。《礼记》描绘了这样的"大同社会":"故人不独亲其亲,不独子其子,使老有所终,壮有所用,幼有所长,矜寡孤独,废疾者,皆有所养。"②"共生共享"同样有两层含义:一是"因为共生所以共享",它为共享提供了不同于共建共享的合正当性依据;一是"只有共生才能共享",它为共享提供了基于共生共享的正当性限制。

#### 1. 因为共生所以共享

与"因为共建所以共享"不同,"因为共生所以共享"以"共生"为"共享"提供了合正当性依据。"共生",也就是海德格尔所说的"共在",简单地说就是"共同生活"、"相互依存"。"因为共生所以共享"就是指,一个人因为参与了共同生活,所以他就获得分享生活资料的资格。这是共享合正当性的第二个道德理由:一个人参与了共同生活,就成为了共同体的一个成员;共同体在维持共同体的生存时,就必需维持其成员的生存。因此,一个共同体成员就获得了共享共同体生活的资格。

---

① 湖南师范大学王泽应教授在《共享是中国文化的智慧、良心和符号》(《伦理学研究》2017 年第 3 期)一文使用了"共生共赢"概念,提出了"在共生基础上实现共赢"的观点。

② 《礼记·礼运》。

与共建-共享的论证思路相比,共生-共享的论证思路更为古老。人类畅想的理想社会大多具有均等主义的色彩,因而也就包含着共生-共享的要素。无论是佛家的"众生平等"还是基督教的"爱人如己"理念,无论是古代中国人的"世外桃源"还是现代西方人的"乌托邦",都包含了一个基本的共同信念:一个理想的共同体,必须保障每一个共同体成员的幸福生活。正如空想社会主义者勒鲁所言:"平等这个词概括了人类迄今为止所取得的一切进步,也可以说它概括了人类过去的一切生活。从这个意义上说,它代表着人类已经走过的全部历程的结果、目的和最终的事业。"①从这个意义上说,一个人只要隶属于一个共同体,他就获得了在那个共同体中共享生活的资格。

从哲学层面来看,能够为共建-共享提供支撑的哲学是一种自然主义哲学。在自然主义哲学看来,每一个人都有一些必须满足的自然需求,这些需求必须得到满足,因而也可以说,这些需求应该得到满足。由于共同体内的基本生活需求只能通过共享来满足,因此,共同体成员的基本生活需求就应该通过共享来满足。也就是说,一个共同体成员,无论他是否对共同体做出了贡献,也无论他对共同体做出了多大的贡献,他都有资格从共同体中获得基本生活资料。真正能够为此提供辩护的理论只有共同体主义伦理学。② 无论是古希腊的美德伦理学、中世纪的神学伦理学,还是现代的社群主义伦理学,都认为一个人在取得共同体成员的身份之后,他就享有与其义务相对等的权利。桑德尔的解释是:"由于公共生活和共同分享的历史,我们对同胞公民

---

① [法]皮埃尔·勒鲁:《论平等》,王允道译,北京:商务印书馆1988年版,第256页。

② 从表面上看,功利主义伦理学也能为共生-共享提供支撑,当确保共同体成员的基本生活需要符合功利原则时,它也就具有一种道德正当性。但功利主义辩护存在两个问题:其一,它能够以共享原则赋予成员以共享资格,同样也能以功利原则取消成员的共享资格;其二,它没有共同体概念,对共同体内的成员与共同体外的人同等对待。

们的幸福肩负着一种特殊的责任。"①其中最最基本的,就是在共同体内的生存权。

2. 只有共生才能共享

"共生共享"既不是人人共享,也不是物物共享,它有两个方面:限制之一,只有作为共同体的成员,才具有共生共享的资格;限制之二,共生共享不是用来保障幸福生活的,而只能是用来保障基本生活的。

"共生共享"概念与"共同体"概念紧密联系。较早的共同体是氏族和部落,后来的共同体是家族和民族,现在的共同体则是家庭、单位与国家。在全球一体化的过程中,"人类命运共同体"也已经初步出现。通常来说,一个共同体的性质取决于它存在的根本目的,而这个根本目的也决定了这个共同体成员所能共享的事物。在一个家庭中,家人所能共享的是基本的家庭生活权利;在一个国家中,公民所能共享的是基本的国家生活权利;而在一个羽毛球协会中,会员所能共享的是基本的羽毛球生活权利。对于同一性质的共同体来说,规模越大,成员所能共享的事物就越少。相比较而言,一个人在家庭所能共享的资料最多,在国家中所能共享的资料明显少于家庭,而在全球中所能共享的资料最少。

在一个共同体内,并不是所有的事物都要用于共生共享。共生共享的目的是保障每一位共生者都能过上最基本的生活,而不是过上幸福的生活。马尔萨斯曾经指出:"不应把济贫院看作困难时期过舒适生活的避难所,而只应看作可以稍微缓和一下严重困苦的地方。"②通常情况下,共生共享主要由两种方式组成:一种方式是由共同体提供

---

① 〔美〕迈克尔·桑德尔:《公正:该如何做是好?》,朱慧玲译,北京:中信出版社2011年版,第275页。

② 〔英〕马尔萨斯:《人口原理》,朱泱等译,北京:商务印书馆1992年版,第38页。

全面的公共服务和社会保障,如水电煤气、电话网络、道路交通、环境绿化等,这些公共服务以及相应的公共设施,都应该由共同体提供。在共享这些公共服务时,每一个人都是以共同体成员的身份获得的,而且是平等地共享这些公共服务。另一种方式是由共同体提供基本的专项社会保障,如绝对贫困补助与专项贫困补助等,与前者不同的是,这种共生共享的主体不是每一位共同体成员,而是部分处于弱势地位的共同体成员。因为一个社会中的大多数成员都可以依据共建而共享到足以保障幸福生活的资料,真正需要共同体予以专项保障的,只是游离于共建共享之外的部分弱势群体。

3. 共生-共享足够吗?

共生共享对于共同体的稳定和个人的生存都具有非常重要的意义,但它也存在两个问题:问题之一,它只重视"如何分配蛋糕"的问题,却无视"如何把蛋糕做大"的问题;问题之二,它有可能导致一个懒人社会或者贫穷的社会。

在共生共享中,一个人仅凭其共同体成员的身份就可以获得共享的资格,而无需考虑他是否给共同体做出过相应的贡献。当然,共同体身份、与其他共同体成员共同生活,这本身也是对共同体的一种贡献;但这种贡献,其意义不可与参加共同体建设的贡献相提并论,并不能为共同体提供生存和发展的资源。如果说,共生共享比较好地解决了"如何分配蛋糕"这个重大问题,那么也可以反过来说,它同样忽视了"如何把蛋糕做大"这个同样重要的问题。因为"做蛋糕"是"分蛋糕"的前提,只有先做好了蛋糕然后才可能分配蛋糕,所以,共生共享可能具有一种"非历史性"问题:只考虑了当下的未来指向,却忽视了当下的过去指向,即"排除了回溯过去的考虑"。①

---

① [美]詹姆斯·雷切尔斯、斯图亚特·雷切尔斯:《道德的理由》(第5版),杨宗元译,北京:中国人民大学出版社2009年版,第107页。

如果一个社会只重视共生共享或者过于重视共生共享,那么,共同体的福利就有可能从"善"变成一种"累赘"。西方福利国家从二战后到 20 世纪 70 年代的发展历史已经表明:过多的福利保障使消极正义变成了福利正义,消极权利变成了积极权利,消极自由变成了积极自由,并且有可能导致两个结果:结果之一,多数人变成了懒人。如果人们可以仅凭身份而共享,而过上相对舒适的生活,那么这些人就可能失去工作的动力,成为一个游手好闲的寄生虫。麦克库洛赫就曾指出,"只通过一项法律条款使每一个贫民都能得到救济,这就必然会把勤劳和怠惰、节俭和浪费置于同一基础,从而产生一种强有力的趋势以削弱社会上好人的善良动机并加强坏人的恶劣习性"。[①] 结果之二,当多数人成为懒人,只有少数人从事生产劳动时,整个社会必然生产投入不足,难以提供满足共生共享的生活资料,从而陷入一种贫困状态。弗里德曼曾经总结指出,过度福利的主要危害在于"削弱家庭,降低人们对工作、储蓄和革新的兴趣,减少资本的积累,限制我们的自由。"[②]

## 四、共建共享与共生共享

共建共享与共生共享是两种不同的共享方式,二者不能互相证明,互相混淆,也不能互相排斥,互相否定。在一个以"共同富裕"为最终目标的社会里,我们必须为共建共享和共生共享划定不同的作用领域,使二者共同为一个公平正义的共享社会提供基础。

### 1. 两种依据

"共建共享"与"共生共享"是两种完全不同的共享方式,也提供了

---

① [英]麦克库洛赫:《政治经济学原理》,郭家麟译,北京:商务印书馆 1975 年版,第 200 页。

② [美]米尔顿·弗里德曼、罗斯·弗里德曼:《自由选择:个人声明》,胡骑等译,北京:商务印书馆 1999 年,第 130 页。

两种完全不同的共享依据。这种差异性要求我们不能混用两种不同的共享。

"共建共享"是过去指向的共享,而"共生共享"是未来指向的共享。对于"共建共享"来说,"共建"是过去的,"共享"是当下的,"因为共建所以共享"就是由过去的"共建"决定当下的"共享",这是一种过去指向的正义观。这种正义观包含了一种特定的责任概念,即现在的责任不是无缘无故的,唯一的理由是过去的行为。而对于"共生共享"来说,"共享"是当下的,"共生"则是未来的,"因为共生所以共享"在本质上是"因为共享所以共生",就是由当下的"共享"决定未来的"共生",这是一种未来指向的正义观。这种正义观包含的不是一种责任概念,而是一种特定权利概念,即基本生存是未来生活的必要条件,它因此构成了个人的权利。

"共建共享"是特殊性的共享,而"共生共享"是普遍性的共享。在"共建共享"中,参与共建的人才具有共享资格,不参与共建的人不具有共享资格;参与共建多的人共享的也多,参与共建少的人共享的也少。因此,每一个人依据共建而获得的共享是各不相同的,这种共享也就体现为一种因人而异的特殊性。在"共生共享"中,只要是共同体的成员,就具有在共同体内共享的资格;共同体的所有成员都是平等的,每一个人所能得到的共享也是平等的。因此,每一个人依据共生而获得的共享是基本相同的,这种共享也就体现为一种对共同体成员一视同仁的普遍性。

2. 一个目标:共富

尽管"共建共享"与"共生共享"是两种完全不同的共享,但二者并不互相否定、互相排斥;相反,"共建共享"和"共生共享"本身都不是目的,它们都服务于同一个目标——"共富"。习近平总书记指出:"共享理念实质就是坚持以人民为中心的发展思想,体现的是逐步实现共同富裕的要求。"①

对于"共富"来说,"共建共享"既能为"共"作贡献,也能为"富",但其侧重点是在"富"上。"共建共享"所侧重的"富",首先不是成员个人的"富",而是整个共同体的"富"。因为"富"不可能完全来自自然,而必须来自于"建"。没有成员的共建,就不可能有共同体的富裕,只会有一定程度的贫困。共建共享以"共建"作为"共享"的必要前提,要分享共建成果,就必须积极参与共建,尽自己的最大力量为社会发展作贡献。所以,共建共享所鼓励的品质是"精力充沛、勤劳肯干、才智过人、意志坚守,而且最起码要有理解他人的同情心",②它谴责不劳而获和坐享其成。

"共生共享"既能体现"共",也能体现"富",而其侧重点是在"共"上。"共生共享"所侧重的"共",首先不是指"共同",而是指"均等"。因为"共富"不是指共同体的"富",而是带有一定均等色彩的个体富。离开了这种均等色彩,就不可能有所有成员的"共富",只会导致一定的贫富悬殊。共生共享以"共生"作为"共享"的必要前提,要想分享共建成果,并不必然要积极参与共建,而只需要具备共同体成员的身份。所以,共生共享像共同体主义一样强调"自我必须在诸如家庭、邻里、城邦、部族等共同体中并且通过它在这些共同体中的成员资格去发现它的道德身份",③这实际上是在鼓励共同体感、义务感和团结感,而谴责各种形式的个人主义和利己主义。

### 3. 两大共享的综合

要进入公平合理的共享社会,要实现真正的共同富裕,就需要将

---

① 《习近平谈治国理政》(第 2 卷),北京:外文出版社 2017 年版,第 214 页。

② 〔英〕赫胥黎:《进化论与伦理学》,宋启林等译,北京:北京大学出版社 2010 年版,第 16 页。

③ 〔美〕麦金太尔:《追寻美德:伦理理论研究》,宋继杰译,南京:译林出版社 2003 年版,第 280 页。

"共建共享"与"共生共享"结合起来。不用"共建共享"否定"共生共享",也不用"共生共享"否定"共建共享",而是让这两种共享各司其职,互相补充。

"共建共享"和"共生共享"应该有各自不同的作用领域。共建共享重在"建",其起作用的主要领域是"建设"领域,尤其是积极共建的领域,如经济领域中的创造经济财富,政治领域中的从事政治活动、文化领域中的进行文化引领等。共生共享重在"生",其起作用的主要领域是"生活"领域,尤其是消费生活的领域,如经济领域中的物质消费,社会领域中的社会消费,文化领域中的精神消费等。即便是作为一个社会达尔文主义者,斯宾塞也承认共建-共享与共生-共享都有必要,并且各有不同的适用范围。他指出:"平等涉及的是相互受限的行动范围;如果相互关联的人们要想和谐地合作,就必须维护此种限制。不平等涉及的是每个人在潜在限制范围内实施自己的行动可能实现的结果。当平等观念适用于界限,而不平等观念适用于利益时,就不存在不协调的地方。恰恰相反,这两者可以,并且必定会被同时坚持。"①

在一个合理的社会里,"共建共享"和"共生共享"都应该保有最基本的比例。我们无法给共建共享与共生共享确立一个精确的比例,但我们仍然可以分析共建共享与共生共享的边界。共建共享的重要目标是推动共建,为每一个人参与共建提供积极的动力。因此,共建共享的最低边界是:它所提供的动力至少必须能维持整个社会的基本发展或适度繁荣。如果低于这个边界,发展动力就会不足,社会就有可能停滞不前。共生共享的主要目标是确保每一个人的基本生活,为每一个人提供最基本的生活保障。因此,共生共享的最低边界是:它

---

① [英]斯宾塞:《论正义》,周国兴译,北京:商务印书馆 2017 年版,第 46 页。

所提供的保障必须至少能维持每一个人的基本生活保障。如果低于
这个边界,那么这个共同体中就有些人无法过上"人"的生活。在共建
共享的最低边界与共生共享的最低边界之间,还有很大的自由空间,
每个社会都可以根据自己的发展情况和理想目标来自由处理。共建
共享与共生共享的相互补充、相互助益方式是因社会而异的。

正如向玉乔教授所指出的:"社会分配依据两个原则进行:一是
个人对社会的贡献,二是社会对个人的保护。前者要求每一个参与社
会生活的国民或公民都必须具有乐于为社会进步贡献力量的奉献精
神,后者要求社会必须借助于政府、企业、社会组织等集体形式为每一
个参与社会生活的国民或公民提供社会性保障。"[1]共建共享与共生共
享是一个互相补益的关系。只有共建共享,可能产生一个富裕但贫富
悬殊的社会;只有共生共享,则可能产生一个均等但贫困落后的社会。
只有将共建共享与共生共享有机结合起来,才能创建一个共同富裕的
社会。

---

[1] 向玉乔:《共享发展的伦理解读》,载《中国教育报》2016 年 5 月 19 日第 5 版。

# 科学发展与"以人为本"*

2004 年 3 月 10 日,胡锦涛总书记在中央人口资源环境工作座谈会上关于科学发展观内涵的简要说明中,首次正式使用了"以人为本"这一说法。2007 年 6 月 25 日,胡锦涛总书记在中央党校就科学发展观所作的重要讲话中,再次确立了"以人为本"思想在科学发展观中的核心地位。"以人为本"概念的使用及其核心地位的确立,标志着党在"人"这个问题上已经有了更为明确、更为清醒、更为合理的认识。如何理解"以人为本"思想的价值观内涵,是正确理解科学发展观的关键,也是正确把握马克思主义关于人的思想的关键。

## 一、科学发展观中的"以人为本"思想是对马克思主义关于人的价值论思想的继承和发展

马克思主义者是唯物主义者,但他们从来都不只是唯"物",从来都不是"见物不见人",从马克思到毛泽东、邓小平、江泽民,无不重视和强调"人"的价值论意义。科学发展观中的"以人为本"思想,正是对马克思主义关于"人"的价值论思想的继承和发展。

---

　　* 本文主要内容曾以《科学发展观中"以人为本"思想的价值论解读》为题刊发于《理论探讨》2008 年第 3 期。

1. 马克思和恩格斯：从"物"到"人"

在本体论上，马克思主义者都是历史唯物主义者，认为"物"是历史发展的决定力量；在价值论上，马克思主义者又都是人道主义者，认为"人"才是历史发展的真正目的。马克思、恩格斯从人道主义转向唯物主义，仅仅只是从人道主义本体论转向唯物主义本体论，而不是从人本主义价值论转向唯物主义价值论。马克思和恩格斯始终非常重视人的问题，甚至可以说，他们的思想和理论，正是建立在对人类的强烈关怀基础之上。

马克思和恩格斯的理论目标从来就不是"物"，从来就不是物质财富的疯狂增长，而是"人"，是人类的终极解放。他们想要实现的人是"全面发展的个人"，[①]他们想要建成的社会是"每个人的自由发展是一切人的自由发展的条件"的自由人联合体。[②] 马克思和恩格斯的理论分析方法也不是"拜物"的方法，而是"属人"的方法。他们反对商品拜物教和货币拜物教，并最终把商品从"物"还原为"人"，把"物"与"物"的关系还原为"人"与"人"的关系。

在关心"人"、把"物"还原为"人"的过程中，马克思和恩格斯作为历史唯物主义者的独特之处主要体现在对"人"的理解上。这个"人"，不是抽象的、生物的人，而是具体的、社会的人，是处于现实社会关系中的人，人在其现实性上是"一切社会关系的总和"。[③] 自进入阶级社会以来，"人"的问题都体现为阶级剥削和阶级压迫问题。科学社会主义价值观的形成过程，正是将"人"从"具有类本质的个人"提升为"具有阶级性的人"再进而具体到"无产阶级"的过程；共产主义的基本价值立场就是站在整个无产阶级的利益立场上，"没有任何同整个无产

---

① 《马克思恩格斯文集》(第 9 卷)，北京：人民出版社 2009 年版，第 312 页。

② 《马克思恩格斯选集》(第 1 卷)，北京：人民出版社 2012 年版，第 647 页。

③ 《马克思恩格斯选集》(第 1 卷)，北京：人民出版社 2012 年版，第 135 页。

阶级的利益不同的利益"，①通过寻求无产阶级这个"人"的解放之路来实现整个人类的解放。

## 2. 毛泽东、邓小平、江泽民：从"无产阶级"到"人民群众"

在马克思主义中国化的过程中，中国马克思主义者继承并发展了马克思和恩格斯关于"人"的重要思想。他们以马克思主义者所特有的阶级分析方法分析了中国社会中各种各样的"人"和"事"，始终站在被剥削被压迫但代表了社会前进方向的无产阶级立场上，通过寻求无产阶级的解放之路来实现中华民族的解放。由于中国具体实践情况的特殊性以及社会发展不同阶段的特殊性，他们又在什么是"人"以及如何为了"人"这些问题上作出了进一步的发展。

什么是具有中国特色的"人"呢？在社会主义革命年代，中国马克思主义者眼中的"人"仍然是处于社会最底层的、广大的被剥削被压迫阶级，但在中国特殊国情下，这个"人"既包括马克思所强调的"工人阶级"，也包括半封建社会下的"农民阶级"。也就是说，社会主义革命时期的"人"，最终体现为"工农"或"农工"。进入社会主义建设年代之后，国内的剥削阶级逐步被消除，国内的阶级对立和阶级斗争也随之淡化。在这种情况下，烙刻在"人"身上的、强烈的阶级印记开始褪色，"人民群众"概念逐步取代了"无产阶级"概念，成为中国马克思主义者关注的对象。

尽管"人"的内涵发生了变化，但中国克思主义者的基本立场和态度却没有变化，他们始终站在人民群众的基本立场上理解"人"、关注"人"。毛泽东同志提出的"无产阶级的革命的功利主义"，就是"以占全人口百分之九十以上的最广大群众的目前利益和将来利益的统一

---

① 《马克思恩格斯选集》(第1卷)，北京：人民出版社2012年版，第413页。

为出发点";①邓小平同志判断姓"社"姓"资"的三条标准中最重要的一条是"是否有利于提高人民的生活水平";②江泽民同志"三个代表"重要思想中最根本的代表就是"代表着中国最广大人民的根本利益"。③

从毛泽东到邓小平、江泽民,中国马克思主义者在"人"这个问题上的核心指导思想始终没变,这就是"全心全意为人民服务"。但在如何为人民服务这个问题上,中国马克思主义者针对中国社会不同发展阶段的具体情况,提出了具有中国特色的解答。在社会主义革命年代,由于社会基本矛盾是阶级矛盾,所以中国马克思主义者的根本任务是通过暴力革命方式取得阶级斗争的胜利,实现人民群众当家作主的要求。到了社会主义建设年代,社会基本矛盾变成了人民群众日益增长的物质文化需求同落后的生产力之间的矛盾,所以中国马克思主义者的根本任务也相应地变成了通过改革开放来发展生产力,创造更多的物质财富以满足人民群众日益增长的物质需求。

3. 胡锦涛:"以人为本"

改革开放步入第三十个年头之后,中国社会已经进入了一个新的发展时期,社会发展的重心和主题已经在悄悄发生偏移,"人"的问题开始以新的形式展现出来。胡锦涛同志科学发展观中的"以人为本"思想正是对新时期新问题的新解答,同时也是对马克思主义理论关于人的思想的一次总结和发展。

在改革开放之初,中国社会发展最大的问题在于"贫穷",邓小平同志以"贫穷不是社会主义"的论断提出这一问题,以"改革也是解放生产力"的论断解决这一问题,真正确保了"以经济建设为中心"。经过三十年的快速发展,我国经济实力已经跃居世界第四,"贫穷"问题

---

① 《毛泽东选集》(第3卷),北京:人民出版社1991年版,第864页。
② 《邓小平文选》(第3卷),北京:人民出版社1993年版,第372页。
③ 江泽民:《论三个代表》,北京:中央文献出版社2001年版,第2页。

已经得到基本解决。在这种情况下,如何以经济建设为中心促进社会全面发展,开始进入了中国社会发展的中心舞台。"小康社会"建设目标的提出,"科学发展观"指导思想的形成,从"又快又好地发展"到"又好又快地发展"的转变,都表明了"人"这个问题已经从单纯的"富裕"问题走向了更高层次的"全面发展"问题。

胡锦涛同志科学发展观中的"以人为本"思想,就是通过对中国改革开放成果与问题的总结反思,实现了马克思主义理论关于人的思想的重要发展。单纯强调以经济建设为中心,片面追求国民财富的增长速度,实际上走的就是片面发展之路,这在一段时间内确实可以推动经济建设的飞速发展,但从长远来看可能会产生重"物"轻"人"的新问题,如"经济增长的资源环境代价过高"、"劳动就业、社会保障、收入分配、教育卫生、居民住房、安全生产、司法和社会治安等方面关系群众切身利益的问题仍然较多",等等。[①] 胡锦涛同志以人为本思想的实质,正在于将经济发展这个中心从"自在发展"导向"为人发展",从而真正走上科学发展之路。

从理论上看,马克思和恩格斯在实现了从人道主义向唯物主义的飞跃之后,就基本上不再从正面提及人道主义这个概念;中国马克思主义者也曾有一段时间对"人"的问题采取了回避态度,似乎人道主义与唯物主义、集体主义是对立的。胡锦涛同志科学发展观中的"以人为本"思想,既从唯物主义的高度提出"第一要义是发展",又从人道主义的高度提出"核心是以人为本",从而首次实现了人道主义价值观与唯物主义本体论的结合,重新确立了人道主义价值观在马克思主义理论中的重要地位。

---

① 胡锦涛:《在中国共产党第十七次全国代表大会上的报告》,北京:人民出版社2007年版,第5页。

## 二、科学发展观中的"以人为本"思想不是"抽象的人道主义"

从表面上看,"以人为本"就是"人本主义",也可以理解为"人道主义"。这种理解没有错,但是不准确,因为它没有说清楚科学发展观中的"以人为本"思想到底是哪一种人本主义或人道主义。如果只是笼统地谈论"以人为本",只是笼统地使用"人本主义"或"人道主义",那就有可能走上一条错误的道路:首先是混淆黑白,模糊不同人道主义之间的区别,看不到社会主义人道主义与资本主义人道主义之间的不同;然后是偷梁换柱,直接将"以人为本"思想等同于资本主义的人道主义,并用资本主义人道主义的精神来解释"以人为本"思想。因此,在理解"以人为本"这一思想时必须明确一点:科学发展观中的"以人为本"思想不是资本主义的抽象的人道主义,而是社会主义人道主义。

从价值论角度看,"以人为本"思想就是要将"人"作为一切事物和现象的衡量标准,作为一切行为的终极目的,这是一切人道主义或人本主义的共同要求,但是,不同的人道主义或人本主义在"以人为本"中的"人"到底是谁这个问题上的回答却完全不同,这个不同正好构成了区别不同人道主义的重要标准。

在资本主义的抽象的人道主义看来,"以人为本"中的"人"就是指"个人",是指抽象的、无差别的、生而平等的个人,其基本话语范式是"个人权利神圣不可侵犯"。但在现实社会生活中,这种抽象的个人是不存在的,人生来就是有差别的,生来就具有生物学意义和社会学意义上的不平等。在自由竞争的资本主义市场经济中,实际上不平等的个人行使名义上完全平等的自由权利,其结果只能是一部分人的自由权利得到实现,而另一部分人的自由权利被基本剥夺。因此,这个"人"最终必然会从"抽象的个人"演化为居于社会强势地位的资产阶级,这个人道主义也必然会演化为资产阶级的人道主义。

对于社会主义的人道主义来说，"以人为本"中的"人"是指"大写的人"，是通过一定社会关系将个人与个人联结起来的集体，是占人口百分之九十以上的最广大人民群众。这个集体不是抽象的，更不是虚幻的，它既包含了组成集体的每一个个体，也包含了超出个体之外的、个体与个体之间的公共性。因此，社会主义人道主义要保障集体的权益，要保障为创造社会财富作出贡献的个人的权益，但不保障那些在集体之外、破坏集体利益的个体的权益。正如邓小平同志在谈到"人权"问题时指出："什么是人权？首先一条，是多少人的人权？是少数人的人权，还是多数人的人权，全国人民的人权？"①

说得更明确一点，资本主义的抽象的人道主义是以个人主义基础的"以人为本"，而社会主义人道主义是以集体主义为基础的"以人为本"。胡锦涛同志的"以人为本"思想就是要"做到发展为了人民、发展依靠人民、发展成果由人民共享"，这个"人"不可能是抽象的个人，而只能是作为集体的"人民"，是推动社会发展的"人民"。就此而言，科学发展观中的"以人为本"思想是社会主义人道主义，而不是资本主义人道主义。

### 三、正确把握具体情境中的"以人为本"思想

"以人为本"思想不是一个死的尺度，而是一个活的标杆，它不是一个具体的可操作的细则，而是一个具有普适性的抽象的原则。因此，在理解和把握"以人为本"思想时还必须与具体的生活情境结合起来，理解在不同生活情境下的"以人为本"的真实意义。

1. 在"人"与"物"关系中的"以人为本"

"人"与"物"之间存在着这样一种基本关系：一方面，"人"离不开

————————

① 《邓小平文选》(第3卷)，北京：人民出版社1993年版，第125页。

"物"。没有"物","人"的各种需求就无法得到真正满足,"人"就无法生存;少有"物","人"的需求就只能得到部分满足,"人"就会活得很辛苦。另一方面,"物"也离不开"人"。"物"是"人"创造出来的,也是为了"人"而创造出来的。没有"人"的劳动付出,"物"不会自己生长出来;没有"人"的生活消费,"物"就失去了存在的意义。因此,"人"与"物"的关系最终体现为"人"自身的关系,体现为人的劳动付出与人的物质享受之间的关系。从这个意义上说,要妥善处理"人"与"物"的关系,也就是要在"人"与"物"之间达成一种相对平衡,使"人"的生活质量的改善与"人"的劳动付出能够谐调发展。

在"人"与"物"的关系方面坚持"以人为本",首先要破除重"物"轻"人"的做法。重"物"轻"人",或只有"物"而没有"人",实际上就是只要人付出,却不要人收获,只想让人拼命劳动,却不想让人分享劳动果实。它具体体现为两个方面的问题:一方面是过度的、不健康的劳动付出,劳动者的劳动时间过长,安全需要得不到满足,工作条件得不到保障;另一方面,生产出来的"物"并不能真正变成属人的物,这或者是因为劳动产品不能真正为消费者所有,或者是因为劳动产品的质量不能真正满足消费者的需求。从这个意义上说,坚持"以人为本"思想,就是既要切实保障人作为劳动者的合法权益,也要切实保障人作为消费者的合法权益。

在"人"与"物"的关系方面坚持"以人为本",并不意味着只讲"人"而不讲"物"。只讲"人"而不讲"物",实际上就是只要物质享受却不要劳动付出,只想分享劳动成果却不想创造劳动成果。它具体体现为两种不同的困境:一种困境是贫穷,如果大家都不愿吃苦,都不愿劳动,其结局只能是大家都挨冻受饿;另一种困境是剥削,即一部分人单纯从事劳动,另一部分单纯从事享乐,其结局只能是不劳而获得者大肆剥削劳动者。从这个意义上说,坚持"以人为本"思想,还离不开马克思主义者一贯提倡的艰苦奋斗精神。

因此,在"人"与"物"的关系方面坚持"以人为本"就是要在"人"与"物"之间维持一定的平衡,在财富的增长与生活质量的增长之间保持适当的比例。由于我国自从改革开放以来在"人"与"物"关系方面存在的主要问题是"人"的生活质量的增长速度相对落后于"物"的增长速度,居民收入的增长速度以及居民消费的增长速度相对落后于国民生产总值的增长速度。在这种情况下,坚持"以人为本"就是要适当增加老百姓的收入,从各个方面提高人民群众的生活质量,使之能够跟上经济发展的增长步伐。

2. 在"人"与"人"关系中的"以人为本"

一切社会问题,包括"人"与"物"的关系问题,最终都必然体现为"人"与"人"的关系问题。所谓"人"与"人"的关系,从当事人的角度来看就是"自我"与"他人"的关系以及"自我"与"集体"的关系,从旁观者的角度来看就是"个人"与"个人"的关系以及"个人"与"集体"的关系。构成这些关系的主要内容有两个:一是人们在创造财富过程中的关系,即劳动过程中的分工关系;一是人们在享受物质财富过程中的关系,即劳动成果的分配关系。

正如前面所分析的,"以人为本"思想中的"人"既不是"自我",也不是"个人",而是代表最广大人民群众根本利益的"集体",因此,在"人"与"人"的关系方面坚持"以人为本",最根本的东西就是要坚持"集体主义"。在一段时间内,有些人对集体主义产生了误解,以为集体主义就是只要集体,不要个人,讲集体主义就意味着个人的牺牲。这种误解的本质在于把"集体"与"个人"完全分裂并且对立起来。事实上,集体主义中的"集体"讲到底就是个人的集合体,就是将个人融合为一体的"集体",而不是将个人分裂出去的、虚假的"集体"。真正的集体主义是充分尊重、完全认可个人的,集体主义与个人主义的一个重要区别在于集体主义所强调的"个人"是"每一个人",而个人主义所强调的"个人"是"个别人",甚至可能演变成"自我"。

在个人与个人的关系方面坚持"以人为本"思想,又应该以什么人为本呢?从集体主义的角度来看,最根本的判断标准是集体利益,即最能促进集体利益发展的个人与个人间的关系就是应该坚持的个人与个人间的关系。事实上,最能体现集体利益的并不是哪一个人的生活质量,也不是哪一部分人的生活质量,而是每一个社会成员的生活质量。因此,在个人与个人的关系方面坚持"以人为本",既不能以处于社会强势地位的人为本,也不能以处于社会弱势地位的人为本,而是要以每一个社会成员为本。

每一个社会成员的生活质量最终由两个方面决定:一是社会物质财富的总量,一是社会物质财富的分配方式。前者直接涉及到效率问题,后者则涉及到公平问题。没有效率,社会物质财富总量就不可能快速增长,每一个人的生活质量也就不可能都得到快速提高;没有公平,一部分人的生活质量可能会得到快速提高,但另一部分人的生活质量就可能得不到保障。因此,要提高每一个社会成员的生活质量,就只能通过效率与公平兼顾的方式来实现。

我国社会目前的发展情况是:社会物质财富的持续快速增长与社会成员间生活差距的不断扩大同时并存。在这种情况下,要坚持"以人为本",要提高每一个社会成员的生活质量,必须首先从改善最底层地区最底层人民的生活质量入手。我国近年来不断调高最低生活保障金的标准,开始制定提高企业普通职工工资收入的各项政策,分配指导思想也从"效率优先兼顾公平"到"初次分配注重效率再分配注重公平"再到"初次分配和再分配都要处理好效率和公平的关系,再分配更加注重公平"的发展,无不体现了这一点。

### 3. 在"人"与"自我"关系中的"以人为本"

无论是对于个体还是对于人类来说,都存在着一个"人"与"自我"的关系。这个"自我",实际上是一个整体,其中有若干构成因素需要加以协调。"自我"内部各因素之间的关系,最终必然体现自我多方面需求之间的关系。人的需求是多方面的,每一方面的需求都渴望得到满足,而且是优先满足,但是,能够用于满足需求的东西(无论是人自身的精力还是外界所能提供的物力)是有限的,这就产生了一个如何协调多方面需求的关系问题,这个问题,也就是"人"与"自我"的关系问题。

在"人"与"自我"的关系问题上坚持"以人为本",就意味着要坚持马克思所说的"自由人的全面发展"原则。马克思所说的"自由人的全面发展",从能力角度看是指人的能力的全面发展,从需求角度看是指人的需求的全面满足。当然,所谓"全面满足"不可能是指每一种需求都得到彻底的满足,而只能是指在各种需求的满足之间维持一种平衡,使每一种需求都得到相应比例的满足。

在这方面,我国目前已经出现了经济需求的满足与其他生活需求的满足之间的不平衡现象。毫无疑问,经济需求确实很重要,因为它代表了大部分物质生活需求,但是,经济需求并不能代表全部需求,甚至也不能代表全部的物质生活需求。健康需求、医疗需求、教育需求、文化需求等等的满足在一定程度上取决于经济需求的满足,但并不完全取决于经济需求的满足。因此,在"人"与"自我"的关系方面坚持以人为本,就是要在快速积累物质财富的同时也保持良好的生态平衡,在大力改造外部世界的同时也全心改造人自己的身体世界和精神世界。

# 城邦本位型公民道德发展模式[*]

以雅典和斯巴达为代表,古希腊公民道德建设具有两大特征:其一,城邦至上,城邦的地位远远高于家庭和个人,个人和家庭必须完全服从城邦的需要;其二,城邦主导,城邦是公民道德建设的主体,负责全体公民的道德教育、培养和建设。正是基于以上两大特征,学者们将古希腊的公民道德发展模式称之为"城邦本位型"。[①] 分析古希腊城邦本位型公民道德发展模式的内在机制、运行机理和利弊得失,对于推进我国公民道德建设工作具有非常重要的意义。

## 一、古希腊城邦本位型公民道德发展模式的社会条件

古希腊城邦之所以能够由城邦为主体,推行城邦至上的公民道德,这与其独特的社会条件不可分离。

1. 形成条件之一:以城邦商业交换体系为基础的奴隶制经济是古希腊推行城邦本位型公民道德发展模式的经济基础。

尽管古希腊的公民家庭基本上都有一定的地产,并从事一定的农

---

　　* 本文主要内容曾以《城邦本位型公民道德发展模式及其对我国公民道德建设的启示》为题刊发于《伦理学研究》2014 年第 5 期。

　　① 胡虹霞:《斯巴达的公民道德建设模式初探》,载《北京印刷学院学报》2010 年第 5 期。

业生产,但无论是出售自己多余的产品,还是购买自己需要的生活必需品,都依赖于一个相对成型的城邦商业体系。通过这个城邦商业体系,古希腊的公民与自己的同胞、外邦人以及外国人开展了非常频繁的贸易活动。正是这个商业交换体系,将整个城邦凝聚为一个经济共同体,正如英国经济学家约翰·希克斯所说的那样:"如果我们把'典型'的城邦看成是一个贸易实体,那完全是正确的。城邦作为存在于西方历史上因而在整个世界历史上的一种组织形式乃是一种重要和具有特殊意义的组织形式。"①另一方面,古希腊的各个城邦都推行奴隶制,大部分的公民家庭拥有一定数量的奴隶,大部分的生产劳动主要由奴隶完成,这就使得很多公民能够从繁重的生产劳动中抽身出来,将更多的时间和精力投入到城邦重大事务的管理工作中。

2. 形成条件之二:以小国寡民为基础的直接民主制是古希腊推行城邦本位型公民道德发展模式的政治基础。

古希腊的城邦大多规模有限,是典型的"小国寡民"。古希腊人认为一个城邦的土地和人口必须是有限的,柏拉图曾经概括了一个基本限度原则:"土地必须大得足以供应一定数量(不能更多)的人民过有节制的生活。而这个居民数必须大得既能在受到邻国的非法侵袭时保卫自己,又有能力至少给受到别国欺侮的邻国以某种帮助。"②城小人少,公民与公民之间非常熟悉,每一个人对其他人在城邦生活中的言行都能了如指掌。在此基础上,古希腊各城邦逐步形成了一种非常彻底的直接民主制。所谓直接民主,就是指公民能够直接参与讨论、决定和管理城邦重要事务,所谓彻底,就是指公民直接参与讨论、决定和管理城邦重要事务

① [英]约翰·希克斯:《经济史理论》,厉以平译,北京:商务印书馆1987年版,第37页。

② [古希腊]柏拉图:《法律篇》,张智仁、何勤华译,上海:上海人民出版社2001年版,第148页。

的范围远远超出了现代社会中大多数国家全民公决的范围。古希腊城邦的每一个公民都是城邦的主人,都有通过公民大会参与管理城邦重要事务的权利、义务和机会。彻底的直接民主制,确保了公民在公共政治生活中的自主性,构成了培养良好公民道德的肥沃土壤。

3. 形成条件之三:由强敌环视带来的城邦危机感是古希腊推行城邦本位型公民道德发展模式的心理基础。

古希腊诸城邦的强大外敌主要有两个:一个是散布在城邦之外的强大外族。在古希腊之外,有完成过人类历史上第一个跨越欧亚非的波斯帝国,有被希腊人视为蛮族的马其顿王国。这些外族对古希腊各城邦的财富和人口虎视眈眈,随时都想入侵城邦以掠夺其金银财宝和牲口粮食。另一个是希腊内部的其他城邦。古希腊由几百个大小不一的城邦组成,城邦与城邦之间亦敌亦友:在外族入侵的时候,诸城邦可能相互结盟以抵抗外敌;在外敌消退的时候,城邦之间又可能彼此开战。常规性的强敌环视时刻威胁着整个城邦的安危,这必然会在整个城邦催生深厚的城邦危机感,使每一个公民都具有强烈的城邦意识。为了城邦的生存安全,为了城邦的繁荣发展,每一个公民都必须作出相应的牺牲,将自己融化在城邦之中。

## 二、古希腊城邦本位型公民道德发展模式的道德要求

依据得天独厚的社会生活条件,古希腊城邦推行"城邦本位型"公民道德发展模式,这套公民道德发展模式以城邦至上为基本理念,要求城邦里的每一位公民都必须根据城邦发展的要求,具备与之相应的一系列道德品质。

1. 在公民与城邦的关系方面,古希腊强调城邦至上,并以此为核心推崇爱国精神、自由精神和守法精神。

与强调个人价值至高无上的现代西方理念不同,古希腊人认为城

邦高于个人、家庭以及其他社会团体。在古希腊人看来,城邦是至高无上的,是价值的源泉;个人、家庭及其他社会团体都必须依附于城邦,服从于城邦;离开了城邦生活,个人就一无所是。亚里士多德说得很清楚:"凡隔离而自外于城邦的人——或是为世俗所鄙弃而无法获得人类社会组合的便利或因高傲自满而鄙弃世俗的组合的人——他如果不是一只野兽,那就是一位神祇。"①

古希腊人之所以强调城邦生活,是因为他们具有一种独特的、关于整体与部分的基本理念。古希腊人认为,能够自足的就是整体,不能自足的就是整体的组成部分;整体先于部分并且高于部分,部分离开了整体将一无所是。城邦生活可以自足,所以城邦是一个整体,个人生活不能自足,个人只有在城邦中才能生活,所以个人就是城邦的组成部分;因此,城邦生活绝对高于个人生活。亚里士多德在《政治学》中对此有非常清晰的指认,他说:"我们确认自然生成的城邦先于个人,就因为个人只是城邦的组成部分,每一个隔离的个人都不足以自给其生活,必须共同集合于这个整体才能大家满足其需要。"②

城邦至上意味着古希腊人必然要爱城邦,要为城邦的生存和发展贡献自己的全部力量,由此可以演绎出三个道德要求:一是爱国。作为古希腊的公民,第一要务是爱国,爱自己的祖国,坚信自己的祖国是世界上最伟大、最成功、最合理、最值得骄傲的国家,全力保护和发展自己的祖国。伯利克里给希腊人灌输的观念是:"我宁愿你们每天把眼光注意到雅典的伟大。它真正是伟大的;你们应当热爱它。"③二是自由。对于一个直接民主制国家来说,自由就是由全体公民自己决定

---

① [古希腊]亚里士多德:《政治学》,吴寿彭译,北京:商务印书馆1965年版,第9页。

② [古希腊]亚里士多德:《政治学》,吴寿彭译,北京:商务印书馆1965年版,第9页。

③ 周辅成:《西方伦理学名著选辑》(上册),北京:商务印书馆1964年版,第43页。

本国的生存方式和发展道路。古希腊人非常愿意参与公共事务管理，即使没有任何报酬，他们都愿意担任公职，并以此为荣。他们的热情是如此之高，以至于后来的思想家以为乐于参与公共事务管理是人的天性，西塞罗提出："我只满足于声称，自然已经给人类植入了对于品德的如此强烈的需求，植入了对维护公共安全的如此强烈的愿望，这种需求和愿望超过了一切来自欢乐与闲散的诱惑。"①三是守法。古希腊人非常强调遵守法律，他们的守法精神源于这样一种理念：既然城邦的法律是自己制订或所选择的，那么我就必须严格遵守城邦的法律。苏格拉底用自己的生命向世人证明了古希腊人严格的守法精神：因为城邦判我死刑，所以我必须死。

2. 在公民与公民的关系方面，古希腊强调共同管理，并以此为基础追求民主精神和平等精神。

对于古希腊公民而言，公共事务永远优先于私人事务，而一切重要的公共事务都由全体公民共同管理。如果说城邦至上充分说明了每一个公民与城邦的关系，那么共同管理则完全体现了每一个公民与其他公民的关系。在公共事务面前，每一个公民都是平等的，他们享有同等的权利。

古希腊的民主是非常充分的，每一个公民都充分享有参与立法、参与司法和直接介入城邦事务的权利。在公共政治生活中，他们主要采用了三种维护民主精神的方法：一是投票制，古希腊公民大会对重要公共事务的决策采用投票制，每一个公民一票，每一票的分量是完全相同的，最后完全根据票数的多少作决定；二是抽签制或抓阄制，古希腊议事会的成员组成就采用抽签制或抓阄制，每一个公民都有抽签或抓阄的权利，只要抽中了或抓中了就能成为议事会成员；三是定期

---

① ［古罗马］西塞罗：《国家篇·法律篇》，沈叔平、苏力译，北京：商务印书馆1999年版，第12页。

制,古希腊的执政官实行定期制,刚开始是十年一任,后改为一年一任,任期到了之后就必须重新选举。这些制度切实保证了每一个公民的政治权利不被剥夺,也有效防止了权力泛滥和独裁现象。与这样的民主生活相适应,古希腊的公民必须具备高度的民主精神,既乐于充分表达自己的意见,也能够充分尊重他人的意见。

古希腊人认为公民在公共生活中是平等的,一方面,每一个公民在公共生活中享有同等的政治权利和义务,即政治民主;另一方面,每一个公民在公共生活中享有同等的经济待遇,即经济民主。毫无疑问,在私人生活领域,每一个公民所拥有的财富不可能完全相等,每一个公民所能满足的物质需求也不可能完全相等,但是,古希腊人非常强调在公共生活中每一个公民都必须享有同样的物质生活。斯巴达人在公共生活中采用"公餐"制,15 个人一组,每个餐友捐出等量的食物和钱,所有公民在一起用餐,用同样的餐,这就体现了非常充分的平等精神。

3. 在公民美德方面,古希腊强调理性第一,追求以理性为统率的智慧美德、勇敢美德和节制美德。

在古希腊的公民道德中,理性占据着非常重要的地位。从普罗泰哥拉"人是万物的尺度"到亚里士多德"人的功能就是理性的现实活动",[1]都指认出了古希腊人的重理性观念:理性是人有别于乃至优越于其他动物的标志,公民的所有欲望和冲动,都必须服从理性的约束;公民的一切生活,都必须经过理性的审视,听从理性的指引。正如柏拉图在其四主德中分析的,理性应该"起领导作用",激情应该服从和协助理性,欲望应该受理性领导和监视。[2]古希腊人对理性如此重视,

---

① [古希腊]亚里士多德:《尼各马可伦理学》,苗力田译,北京:中国社会科学出版社 1990 年版,第 12 页。

② [古希腊]柏拉图:《理想国》,郭斌和、张竹明译,北京:商务印书馆 1986 年版,第 169 页。

以致后来的学者如此评论："希腊政治的基石是理性,罗马政治的基石是爱——爱祖国,爱罗马。"①

以理性为统率,古希腊首先强调的美德是智慧,因为智慧代表着知识,代表着对自身利益和城邦利益的正确认识。有了知识,就能识别什么是有益的,什么是有害的。有了正确的知识,就能作出合理的行为。更为重要的是,只有智慧才能将激情和欲望导往正确的方向。没有智慧,任由激情和欲望自然泛滥,公民和城邦都将受到严重的伤害。正是在这个基础上,柏拉图提出了"哲学王"的思想。对于古希腊的公民来说,勇敢是最大的荣誉。为了抵御外敌,为了保卫城邦,古希腊的公民需要勇敢地面对一切敌人和一切困难,为此,他们需要一切与勇敢相关的品性,能吃苦,善武斗,有牺牲精神。只要是有利于城邦的事情,他们无所畏惧,哪怕是牺牲生命也在所不惜。斯巴达人从一出生就得接受各种训练,以培养吃苦耐劳、英勇善战的意志。古希腊人还非常重视节制,就是要求欲望必须受理性的监督和支配。因为欲望自身没有辨别利害的能力,所以如果不加控制地满足所有先天和后天的各种欲望,个人就会陷入疯狂状态。欲望必须服从能够辨别利益的智慧,哪些欲望需要满足,需要满足到什么程度,用什么方式满足,都必须由理性裁定。

## 三、古希腊城邦本位型公民道德发展模式的建设路径

古希腊公民道德建设卓有成效,每一位公民都将自己视为城邦的主人,乐于参与管理公共事务,勇于承担自己的公共责任,养成了让后人叹为观止的公民道德素养,这不仅得益于每一位古希腊公民的努力,更得益于古希腊城邦独特的公民道德建设体系。

---

① 〔美〕肯尼斯·米诺格:《当代学术入门:政治学》,大连:辽宁教育出版社 1998年睡到,第 19 页。

1. 城邦统筹,系统培养公民道德。

古希腊的公民既有强烈的主人翁精神,又有高度的理性精神。这两种精神的结合,使得古希腊人能够以主人的姿态和科学的方式构建自己的城邦。也就是说,古希腊城邦与其他国家不同,它是经过严密理性的整体设计的,城邦的公民经常会像柏拉图那样,"那就让我们从头设想,来建立一个城邦,看看一个城邦的创建人需要些什么"。[①] 古希腊的公民道德建设,包括城邦需要哪些公民,不同的公民应该具备什么样的道德素质,这样的道德素质应该如何培养,都是经过理性论证的,并且是由城邦统筹安排的。

古希腊的公民属于城邦,从出生到死亡,公民都必须听从城邦统一安排。尤其是在斯巴达,城邦对公民的每一成长阶段都有周密的规划。婴儿生下来之后必须接受一定的体质测试,通过测试者留下抚养,未通过测试者则可能弃置荒野。婴儿先由母亲抚养到 7 岁,抚养期间必须接受包括忍受痛苦、接受贫困以及身体能力等方面的训练。从 7 岁开始,男孩就被送到国家公育机关,由政府负责教育训练,过半军营式的生活。到了 18 岁,他们开始进行军事训练。到了 20 岁,他们要向国家宣誓,开始服兵役。如果他们一切表现良好,到 30 岁时就可以成为一名公民,开始参加集会,或进入公共兵营,或做儿童教师。到了 45 岁,他们就被安排做"国民军",主要在地方部队活动和教育青年。[②]

2. 将理性教育、艺术熏陶与身体训练相结合,进行全方位的公民道德教育。

具有高度理性精神的希腊人非常重视对年轻人进行理性教育。

---

① [古希腊]柏拉图:《理想国》,郭斌和、张竹明译,北京:商务印书馆 1986 年版,第 58 页。

② 胡虹霞:《斯巴达的公民道德建设模式初探》,载《北京印刷学院学报》2010 年第 5 期。

理性教育能够让人们明白：我可以怎么做，我应该怎么做，我为什么要这么做。正如亚里士多德所说："人们所由入德成善者出于三端。这三端为（出生所禀的）天赋，（日后养成的）习惯，及（内在的）理性。……人们既知理性的重要，所以三者之间要是不相和谐，宁可违背天赋和习惯，而依从理性，把理性作为行为的准则。"①古希腊的理性教育方式有多种多样：在学园里有导师的直接教育，在训练营里有城邦领导人的演讲教育，在公共食堂里还有成年公民的辩论教育。

具有高度艺术修养的古希腊人非常强调艺术熏陶的作用，他们将公民道德的基本要求渗入各种各样的艺术之中，通过艺术熏陶培养塑造青少年的正确情感。柏拉图认为，伟大的艺术作品可以使人"如坐春风如沾化雨，潜移默化，不知不觉之间受到熏陶，从童年时，就和优美、理智融合为一"。② 所以，古希腊人对各种艺术的内容、形式、旋律以及表达艺术的器材都进行了严格的规定，以真正达到用艺术陶冶心灵的目的。比如说，亚里士多德认为不能将笛子引入儿童教育，因为笛声无补于心灵操修。

古希腊人还非常重视体育训练在意志培养中的重要作用。古希腊小学通常开设四门功课：读写、体操、音乐和绘画，其中体操课偏重战斗训练，目的在于培养将来士兵的勇德，用亚里士多德的话说就是"借以培养勇毅的品德"。③ 在斯巴达，儿童在七岁至十七岁之间都要接受体育和竞技方面的训练。柏拉图对训练目的提出了这样的要求："他们很有必要像终宵不眠的警犬；视觉和听觉都要极端敏锐；他们在

---

① ［古希腊］亚里士多德：《政治学》，吴寿彭译，北京：商务印书馆1965年版，第384—385页。

② ［古希腊］柏拉图：《理想国》，郭斌和、张竹明译，北京：商务印书馆1986年版，第107页。

③ ［古希腊］亚里士多德：《政治学》，吴寿彭译，北京：商务印书馆1965年版，第410页。

战斗的生活中,各种饮水各种食物都能下咽;烈日骄阳狂风暴雨都能处之若素。"①

3. 提供大量的公共闲暇活动,促使公民观摩演习公民道德。

古希腊为自己的公民提供了品种繁多、经常不断的公共闲暇活动,如集会、宴饮、节日庆典、观看戏剧等活动。在这些公共闲暇活动中,公民们既可以观摩学习其他人的公民道德行为,也可以不断演习自己应该完成的公民道德行为,从中不断强化自己作为公民的参与意识、集体观念和民主意识。在市场集会中,公民们可以面向公众演讲,宣传各类重大事情,发表个人意见;在宴会上,公民们可以与其他公民进行自由平等的交往,交流、讨论各种不同的思想观点。尤为重要的是,古希腊有非常多的公共祭神活动及宗教节日庆典活动。据统计,全希腊的宗教节日超过了 300 个,分布在希腊全境 250 个地方,分别祭祀 400 个以上的神祇。② 在公共祭神活动中,参与者一遍又一遍地强化着众神面前人人平等的民主体验;在节日庆典活动中,来自不同城邦的人们一遍又一遍地强化城邦优越的爱国体验。另外,古希腊人还非常热衷于戏剧,公民们通过组织、表演以及观看戏剧,可以不断地体验、核对、纠正自己的公民道德观念。

4. 参加大量的正式公共活动,通过实践反复强化公民的道德修养。

除了公共闲暇活动,古希腊还有很多正式的公共活动,特别是政治活动和军事活动,可以强化公民们早期在学校里认识和培养出来的公共道德。

古希腊大多数城邦实行直接民主制,所有重大的公共事务都需要

---

① [古希腊]柏拉图:《理想国》,郭斌和、张竹明译,北京:商务印书馆 1986 年版,第 107 页。

② 吴晓群:《古代希腊的献祭仪式研究》,载《世界历史》1999 年第 6 期。

经过全体公民讨论决断。古希腊城邦经常召开公民大会,公民大会由全体公民参加,掌握一切重大事务的决定权,包括重要政府官员的选举。雅典的公民大会设有常设机构——议事会,其几百名组成成员均由抽签产生,这意味着每一位公民都有成为议事会成员可能性。伯里克利时代还设立了一大批处理各种案件的民众法庭,通过抽签在全国各地选出 6000 名公民,组成 201 人到 1001 人规模不等的各个陪审团。也就是说,古希腊公民有大量机会参加整个城邦的公共政治活动,可以通过各种实践活动反复检验、纠正、强化原有的公民道德意识。

古希腊的战事非常频繁,影响比较大的战争有长达 10 年的特洛伊战争、持续时间近 50 年的希波战争以及内斗近 30 年的伯罗奔尼撒战争。频繁的战争不仅培养了大量的英雄,更塑造了战士们吃苦耐劳的钢铁意志和视死如归的无畏精神。在战争中,公民们要面对如狼似虎的敌人,要面对恶劣的天气,要面对严重的缺衣少食,要面对无穷无尽的疲劳和伤痛。在不断地战胜各种敌人的同时,公民们强化了团结观念、服从意识和牺牲精神。英雄事迹的广泛流传又能激发更多公民的英勇气概和爱国激情。

5. 制定法令,监督保障公民遵守公民道德。

亚里士多德在谈到教育的作用时,认为教育的力量不是万能的,因为教育只能鼓舞正直的青年人,对那些天生不顾羞耻的人起不到太大的作用。对于这一部分人,只有通过法律的强制和惩罚才能驱使他们走向善良,他说:"我们还需要与此相关的法律,总的说来,需要有关人的整个一生的法律。多数人宁愿服从强制,而不愿服从道理,宁愿接受惩罚而不是赞扬。"①在古希腊,尽管没有什么正式的成文法,但各

---

① 〔古希腊〕亚里士多德:《尼各马可伦理学》,苗力田译,北京:中国社会科学出版社 1990 年版,第 231 页。

城邦都设有自己的法庭,会对各种各样损害城邦利益的人和行为进行审判,并处以各种责罚。

## 四、古希腊城邦本位型公民道德发展模式的启示

对于古希腊城邦型公民道德发展模式,我们必须有三个前提性的认识:第一,城邦本位型公民道德发展模式确实取得了很大的成功,它在古希腊培养了当时世界上最为优秀的公民群体;第二,城邦本位型公民道德发展模式并非近乎完美,它是以公民对非公民的剥削和个人的不自由为基础的;①第三,城邦本位型公民道德发展模式并不整体适合于我国,因为我国与古希腊在经济生活、政治生活以及社会生活等方面完全不同。以这三个前提性认识为基础,我们真正需要思考的是:在古希腊公民道德发展模式的成功道路上,到底有哪些具有普遍意义的、对我国具有借鉴意义的东西。

1. 培养良好的公民道德,需要正确处理好个人与国家的关系,尤其需要对个人利益进行必要的、合理的约束。

古希腊公民道德建设之所以成功,一个非常重要的原因就是在个人与城邦之间建立了非常稳定非常紧密的联系。在今天看来,古希腊在处理个人与城邦的关系方面确实有其不合理之处,它以城邦的自主性抹除了个人的自由,但我们也不得不承认,古希腊将每一个公民个体有机地整合到城邦之中,牺牲了公民个体的部分自由,以城邦至上的方式协调平衡了个人与城邦的关系,确实取得了非常显著的效果。这一点告诉我们:只有在公民个体与国家整体之间构建起和谐、稳定的联系,良好的公民以及公民道德才有可能培养出来。当然,在一个已经经历了自由启蒙、自由观念已经深入人心的社会里,像古希腊那

---

① 张康之、张乾友:《变形的镜像——学术界对古希腊城邦生活的误读》,载《学术月刊》2009 年第 4 期。

样完全以国家溶化个体的做法是行不通的,但是,将公共生活领域与私人生活领域分开,要求每一个公民自觉地作出相应的牺牲(即让渡出自己的部分自由权利),搭建起维持公民与国家和谐、稳定、公正联系的桥梁,这是当今社会培养良好公民道德的必然要求。

2. 培养良好的公民道德,需要大量的公共政治实践活动来强化,现代社会不具备彻底直接民主制的条件,比较可行的方式是采取政治活动与自发性社区活动相结合的实践方式。

古希腊的公民有大量的机会参加各种形式的公共政治活动,每年至少一次的公民大会,公民大会之余的议事会,日常生活中各种各样的审判活动,正是通过大量的公共政治活动,古希腊的公民逐步培养出了一个公民所需要具备的全面素质。就这个意义来说,大量的公共政治实践活动,是形成强化公民道德的重要途径。但是,当今中国社会与古希腊的条件不尽相同,我们的社会规模远远超过了彻底直接民主制所能容许的极限,因此,现代国家里只有少数公民(即公务员)才有可能直接从事大量的公共政治活动,绝大多数的公民与公共政治活动之间只有间接的联系。在这种情况下,一条可行的途径是建立不同层次的公共政治活动,即使大多数公民们没有太多的机会直接参与全国性、全省性、全市性乃至全区性的公共政治活动,但肯定有可能参与小区甚至社区的公共活动。因此,要培养良好的公民道德,推动公民积极参与各种政治活动非常重要,推动公民积极参与各种公共活动同样至关重要。

3. 培养良好的公民道德,可以充分利用各种展示国家形象、凝聚民族精神的活动,通过讨论、宣传、学习、体验这些活动深入熏陶中国人的公民情感。

在古希腊,熏陶公民情感的重要方式有两种:一个是通过参与保家卫国来促进公民的国家危机感,另一个是通过展现民族优越性来激发公民的民族自豪感。国家战争是凝聚民心的有效方式,各种竞赛活动(无论是体育竞技还是戏剧演出)同样能够激发城邦公民的民族自豪感。自"冷战"以后,和平与发展逐步成为世界的主旋律,我们在今天很难有机会感受到国家战争所带来的国家危机感,但是,巨大的自然灾害同样也可以起到凝聚民心的作用,无论是九八年的抗洪救灾,零三年的抗击非典以及零八年的汶川地震,全国都在共同关注灾情疫情的过程中体验到了深深的民族情,正如胡锦涛同志所指出的:"民族精神是一个国家综合国力的重要组成部分,其内涵总是在历史进步中不断得到丰富、在灾难考验中不断得到升华。"①在各种展示民族优越性的国际活动中,以中国身份参加并且取得巨大成绩的人和物同样能够深深激发民众的民族自豪感。姚明、刘翔、丁俊晖、李娜、中国女排、莫言、张艺谋、李安,乃至北京的鸟巢、上海的世贸大厦,以及中华民族的一切优秀成果,都深深触动着中国人的民族认同感。

4. 培养良好的公民道德,要求公民们过一种相对平等而有节制的生活方式,一旦个人私欲被激发,奢侈生活开始盛行,优秀的公民道德就会土崩瓦解。

古希腊城邦本位型公民道德发展模式是以压抑个人意识为前提的,它一直努力压制能够唤醒、激发个人意识的东西。事实上,最能激发个人意识和自我意识的东西就是物质享乐和等级差别。当个人沉迷于物欲满足带来的快乐之后,他必然会全力追求能够给自己带来物质快乐的东西,这些东西必然会与城邦的要求相对立;当个人在物质享乐方面与他人有差别时,他必然会激发出追求无穷奢靡的动力,这些东西也总是与城邦的道德要求相去甚远的。事实上,古希腊人严格要求公民过一种相对朴素的生活,并要求公民保持相对平等的生活水

---

① 中共中央文献研究室:《十七大以来重要文献选编》(上),北京:中央文献出版社 2009 年版,第 637 页。

平,这正是确保古希腊公民道德长盛不衰的支柱之一。而古罗马的毁灭,古罗马公民道德的崩溃,正在于巨额财富的涌入所导致的享乐风、奢靡风。因此,在构建中国公民道德过程中,我们既要重视通过改革各种社会制度来促进社会公平,更要重视通过各种思想运动来倡导生活节制。

# 公民道德与社会主义市场经济<sup>*</sup>

搞公民道德建设,离不开社会主义市场经济建设这个大背景。厘清公民道德建设与社会主义市场经济建设之间的关系,明确公民道德建设在社会主义市场经济建设中的地位和意义,对于深化公民道德建设和社会主义市场经济建设都具有十分重要的意义。

## 一、社会主义市场经济建设呼吁与之相适应的公民道德

在不断深化和强调社会主义市场经济建设的今天,为什么会提出公民道德建设这个问题呢? 搞公民道德建设,是不是与社会主义市场经济建设相冲突呢? 答案只有一个:公民道德建设不仅不与社会主义市场经济建设相冲突,相反,它正是深化社会主义市场经济建设本身所提出的。

从直观来看,公民道德建设问题的提出,其起因是我国在道德建设层面上出现了一定的问题。改革开放以来,我国在经济建设方面取得了举世瞩目的成就,社会生产力的发展速度居于世界首位,人民群众的生活水平也日新月异,国家的综合国力也在快速而平稳地提高。但是,在这些值得欣喜和称道的物质成就背后,人们又看到了几许乌

---

　　* 本文主要内容曾以《公民道德建设与社会主义市场经济建设》为题刊发于《南京社会科学》2004 年第 4 期。

云：我们在精神道德建设方面并没有取得与物质财富建设相对称的成就,社会道德领域里一直存在着诸多疑惑:上世纪80年代初出现了"潘晓来信",90年代展开了道德"爬坡论"与"滑坡论"的争论,世纪末又开始了"诚信"问题大讨论。邓小平同志在1989年就意识到了这个问题,他指出:"我们最大的失误是在教育方面,思想政治工作薄弱了,教育发展不够。我们经过冷静考虑,认为这方面的失误比通货膨胀等问题更大。"①

从另一方面来说,这些社会道德问题存在于社会主义市场经济建设的发展过程中,它与社会主义市场经济建设有着密不可分的联系。

发生在80年代初的《"潘晓"来信》,是对革命年代"大公无私"价值观的一种反思,表达了人们对于个人正当物质利益的一种渴望。经济体制改革回答了这一问题,它借助不断扩大的市场力量,重新确认了个人的合法权利和责任。邓小平同志关于"物质利益"与"革命精神"关系的论述,关于"允许一部分人先富起来"的论述,充分承认和肯定了个人物质利益的伦理正当性。

而道德"滑坡论"与"爬坡论"的争论直接反映了社会主义市场经济建设过程中存在的道德问题。经济体制改革通过肯定个人物质利益的正当性,重新回答了"公"与"私"的关系问题,为生产力的解放找到了巨大的动力。但社会主义市场经济建设过程中又产生了自己的伦理问题:人们在追逐"利"的过程中应该如何处理"利"与"义"的关系? 应该如何达到"公"与"私"的平衡? 在社会主义市场经济建设过程中,这些道德问题并没有得到很好的处理和解决,出现了一些私利泛滥和道德冷漠的现象,从而引发了人们对社会道德现状的反思。

世纪末的"诚信"问题,则是中国社会主义市场经济建设发展到一

---

① 《邓小平文选》(第3卷),北京:人民出版社1993年版,第290页。

个新台阶后出现的问题,也是与社会主义市场经济相配套的道德建设还不成熟的一次根本体现。加入 WTO 是我国经济融入世界经济一体化进程的重要标志。然而,世界市场已经形成了自己的稳定规则,并要求加入这个世界市场的每一个人都能遵循它的规则。在这样一种背景下,我国企业和公民诚信意识薄弱的问题暴露无遗。如果说以前在刚刚起步的国内市场上,凭借薄弱的诚信意识我们还能勉强支撑下去的话,那么在已经成熟的国际市场上,仅仅只具有这种道德观念的企业是远远跟不上趟的。① 这种忧患意识推动了"诚信"问题的大讨论。

从以上的分析中我们不难发现:我国已经出现过和正在出现的道德问题,都与我国正在进行的社会主义市场经济建设有密切的联系。这并不是说,当前所有的道德问题都是由社会主义市场经济建设引起的,而是意味着,这些道德问题存在于社会主义市场经济建设中,必然会对社会主义市场经济建设起一定的负面作用。要搞好社会主义市场经济建设,就必须正视这些道德问题,着手解决这些道德问题。从这个意义来说,针对社会道德问题而提出的公民道德建设,其实也是社会主义市场经济建设本身所提出来的,是社会主义市场经济建设的一个重要组成部分。

## 二、公民道德建设可以为社会主义市场经济的发展提供动力

公民既是道德承载的主体,也是社会主义市场经济建设的主体。一个具有良好道德素质的公民,同时也是一个具有强烈动力和优秀品质的经济参与者。因此,加强公民道德建设,提高公民的道德素质,培养有道德的公民,同时可以为社会主义市场经济建设提供必要的伦理

---

① 这部分观点可以参阅王小锡、李志祥的论文《论经济全球化对中国企业的伦理挑战》,载《南京社会科学》2001 年第 2 期。

支持。

首先，有道德的公民也是具备"社会主义精神"的公民，他们能够充分理解社会主义市场经济本身的合理价值，能够充分认识自己经济行为的道德意义，具备与社会主义市场经济相适应的金钱观、财富观、职业观和劳动观，从而能够更好地献身于社会主义市场经济的发展。早在20世纪初，韦伯就指出：一定的经济秩序必然要求与之相应的伦理精神和具备这种伦理精神的职业人员，任何一种经济秩序、任何一种经济行为，要想得到长久的发展，就必须有与之相应的文化观念和伦理精神，必须有具备这些文化观念和伦理精神的公民。缺少了这种文化观念和伦理精神，相应的经济秩序和经济行为就很难得到真正长久的执行。① 这一思想无疑是非常深刻的，它充分肯定了伦理文化对于经济建设的巨大意义。

在进行社会主义市场经济建设的时候，我们也需要培养与社会主义市场经济建设相适应的、体现"社会主义精神"的文化观念和伦理精神，培养具有"社会主义精神"的公民，使他们能够认同社会主义市场经济，能够理解劳动和职业本身的意义。

对于社会主义市场经济建设来说，公民的伦理素质与他们的科技知识和劳动技能具有同等的重要性。一个人敬业与否，直接影响着他所释放出来的生产力的大小，直接影响着他对社会的贡献。一个劳动者能否很好地与其他的劳动者合作，直接影响着整个经济组织的工作效率。从这个角度来看，只要有一定形式的人类劳动，就必然要有一定的劳动伦理与之相应。

其次，有道德的公民不仅具备积极的职业态度和工作精神，还能正确处理个人与他人、社会之间的关系，既充分追求个人自己的正当

① 参见文献：马克斯·韦伯著：《新教伦理与资本主义精神》，于晓、陈维纲等译，北京：生活·读书·新知三联出版社1987年版。

利益,还合理肯定他人和社会的正当利益,从而建立一个人人都能够合理追求自己利益的社会关系,为社会主义市场经济建设提供一个宏观上有利的社会伦理环境。

制度经济学的研究成果表明,市场上的资源配置实际上是由两个因素决定的:一个是企业之间的资源配置,这是由价格机制决定的,另一个是企业内部的资源配置,这是由企业家决定的。[①] 这说明市场经济中存在两个核心要素:一个是发生在市场中的交换行为,一个是发生在经济组织内部的合作行为。无论是哪一个要素,都离不开一些基本而重要的伦理环境。

对于市场交换和经济组织来说,都存在一个不易被人重视的理论问题:一个经济主体凭什么会与另外一个经济主体进行交换或合作?经济学家可能会告诉我们,人们是为了获得更大的利益才与另一个人进行交换或合作的。是的,亚当·斯密早已让世人明白:人们确实可以通过交换或合作获得一定的利益,但是,交换或合作双方如何才能相信自己的交换或合作伙伴呢?法学家可能会告诉我们:法律可以充当维护交换或合作顺利进行的武器。但法律真的无所不能吗?撇开法律条文对于具体违法现实的滞后性以及在法律执行过程中存在的问题,如果一个社会的所有交换或合作都要通过法律来予以保障,那么这个社会用来维持正常秩序的法律成本将是不可想象的。

在这种情况下,我们为什么还要去交换或合作呢?福山指出,人类行为有百分之八十符合"经济人"模型,但还有百分之二十不能由经济因素来加以说明,而必须用文化因素才能说明。他的结论是:"法律、契约、经济理性只能为后工业化社会提供稳定与繁荣的必要却非充分基础,唯有加上互惠、道德义务、社会责任与信任,才能确保社会

---

① 参阅罗纳德·哈里·科斯的论文《企业的性质》,载《论生产的制度结构》,盛洪、陈郁译,上海:上海三联书店 1994 年版。

的繁荣稳定,这些所靠的并非是理性的思辨,而是人们的习惯。"①由此可以看出,市场交换和经济合作的顺利进行,既离不开经济因素和法律因素的作用,同样也离不开道德文化因素的作用。

一定程度的信任不仅是大规模、深层次的交换和合作行为的基础,还可以为社会节省大笔的经济成本。福山曾经明确指出:"一个社会能够开创什么样的工商经济,和他们的社会资本息息相关,假如同一个企业里的员工都因为遵循共通的伦理规范,而对彼此发展出高度的信任,那么企业在此社会中经营的成本就比较低廉,这类社会比较能够并井然有序地创新发展,因为高度信任感容许多样化的社会关系产生。"②

要形成一定规模的社会信任,要为社会主义市场经济建设提供必要的伦理环境,就需要每一个经济参与者的共同努力,需要每一个人都以"诚信"作为基本的行为准则。公民道德建设要求每一个公民都"明礼诚信",做到言必行信必果,从而可以在营造良好的社会大环境方面作出自己的贡献。

### 三、公民道德建设可以保证社会主义市场经济的发展方向

公民道德建设可以为社会主义市场经济建设提供精神上的动力和文化上的必要条件,从而成为社会主义市场经济的一个重要手段。但是,道德对于经济并不只是具有手段的意义,道德还具有一定的超经济性,它既有服从经济的一面,也有超越经济的一面。这种超越性使公民道德建设还负有另一项使命,对社会主义市场经济建设起监

①〔美〕弗兰西斯·福山著:《信任——社会道德与繁荣的创造》,李宛蓉译,呼和浩特:远方出版社 1998 年版,第 18 页。

②〔美〕弗兰西斯·福山著:《信任——社会道德与繁荣的创造》,李宛蓉译,呼和浩特:远方出版社 1998 年版,第 37 页。

督、制约和引导的作用,从而保证社会主义市场经济的正确方向。

首先,公民道德可以提供一个规范和制约社会主义市场经济的更高的伦理标准。市场经济需要与之相适应的道德观念和道德秩序,但是,对市场经济以及与其相适应的道德观念,我们却不能盲目推崇,而必须对它们的适用边界有一个清醒认识。公民道德就可以为社会主义市场经济提供这个伦理边界。

在西方市场经济发展的现有历史中,我们不难发现这么一种趋势:经济及其相关的理论、观念正在不断突破自己的应有边界,强行向一些非经济领域渗透,并试图成为整个现实世界和理论界的霸主。这是一种经济霸权主义的趋势,也有人称之为"经济主义"。当经济学的理论形成一种经济霸权主义的时候,整个社会又将是什么样子呢?法国著名科学家雅卡尔愤怒地指出:"将经济学家的主张奉为绝对真理就等于从经济这门科学的边缘,走向经济主义,那是与宗教的完整主义同样具有毁灭性的。"①这种毁灭性的结局是我们可以想见的。

经济规律,经济理论,以及与之相适应的思想观念,都应该有一个界限,都只能在经济领域里存在,而不应该肆意扩张自己的适用范围。从另一个角度看,这意味着一个事实:经济并不能为自己的存在提供足够的依据,经济本身不是自足的,经济的存在,必须以其他的东西为目的,经济的发展也必须由这样一个东西来约束。在这种情况下,一旦我们将经济奉为至高无上的绝对神明,那就是颠倒了目的与手段的位置。

那么,真正高于经济并且能够制约经济的东西是什么呢?只有一个,这就是"人"。人类社会的一切行为,都只有一个最高的目的,那就是人自己。我们认识世界、改造世界都是为了最终满足人类自身的需

---

① [法]阿尔贝·雅卡尔著:《我控诉霸道的经济》,黄旭颖译,桂林:广西师范大学出版社 2001 年版,第 53 页。

要,用马克思的话来说就是要实现"全面发展的个人"。<sup>①</sup> 经济也好,政治也好,文化也好,都是为着这一目的而存在的,都是由于这一目的而发展起来的。一旦经济从服务于人的手段变成了人为之服务的目的,整个社会就处于马克思所说的"异化"状态,它表明"个人还处于创造自己的社会生活条件的过程中,而不是从这种条件出发去开始他们的社会生活"。<sup>②</sup>

公民道德不是经济的道德,而是人的道德,它不是立足于纯粹的经济之上,而是立足于人的全部现实生活关系之上。相对于经济标准而言,公民道德标准具有更高的约束力,它可以约束经济生活。从这个意义上说,在社会主义市场经济的发展过程中,我们不能够只从经济本身出发,不能把经济效益当作唯一的最高标准,而是必须将经济发展与人的发展结合起来,将经济标准与公民道德标准结合起来,使经济走上一条符合人的发展之路。

其次,公民道德建设可以在一定程度上确保社会主义市场经济的社会主义方向。市场本身只是一种"经济手段",是"可以为社会主义服务"的。<sup>③</sup> 如果撇开强调市场这一点,我们从小平同志的这些论述中还可以发现另一层意思:市场本身既不姓"社",也不姓"资",因此,市场本身是不具有方向性的。但是,我们建设的是社会主义市场经济,社会主义市场经济是有方向性的,这是一种不同于资本主义市场经济方向的市场经济。那么,社会主义市场经济的社会主义方向该如何保证呢?公民道德建设可以在这方面起一定的作用。

关于社会主义的方向性问题,邓小平同志那两段经典论述已经说得很清楚了。他在区分姓"社"姓"资"的标准时指出:"判断的标准,应

---

① 《马克思恩格斯文集》(第 8 卷),北京:人民出版社 2009 年版,第 56 页。
② 《马克思恩格斯文集》(第 8 卷),北京:人民出版社 2009 年版,第 56 页。
③ 《邓小平文选》(第 3 卷),北京:人民出版社 1993 年版,第 367 页。

该主要看是否有利于发展社会主义社会的生产力,是否有利于增强社会主义国家的综合国力,是否有利于提高人民的生活水平。"①在论述社会主义的本质时他再次清晰地提出:"社会主义的本质,是解放生产力,发展生产力,消灭剥削,消除两极分化,最终达到共同富裕。"②

毫无疑问,市场自身不会消灭剥削,市场自身不会消除两极分化,市场自身也不会达到共同富裕,既然市场做不到这些,那么它也就不可能保证自身的社会主义性质;而我们要建设的是社会主义市场经济,是有别于资本主义市场经济的一种市场经济。因此,我们就有必要对市场进行制约,以保障社会主义市场经济的社会主义性质。

要保障社会主义市场经济的社会主义性质,这不是一个简单的任务,也不是可以由哪一门学科或由哪一个部门就可以完成的。但同样毫无疑问的是,公民道德建设在这方面可以起非常重要的作用。从某种意义上说,社会主义市场经济的社会主义性质体现为一定的伦理道德性。剥削问题、两极分化问题以及共同富裕问题,尽管都离不开一定的物质财富,但都是在经济过程中出现的伦理问题。因此,社会主义市场经济的社会主义方向性,从伦理学方面看就是要将市场经济引向更合乎伦理道德的方向。从这个角度来说,加强社会主义市场经济中的道德建设,也就是在确保社会主义市场经济的社会主义性质。加强公民道德教育,提高公民的道德素质,形成正确的道德观念,就可以从伦理观念上起一定的保证作用。

## 四、公民道德建设与社会主义市场道德建设

作为社会主义市场经济的参与者,人们必须具有相应的市场道德,作为社会主义国家的公民,人们又必须具有相应的公民道德,那

---

① 《邓小平文选》(第3卷),北京:人民出版社1993年版,第372页。
② 《邓小平文选》(第3卷),北京:人民出版社1993年版,第373页。

么,市场道德建设与公民道德建设之间,又是一个什么样的关系呢?

一方面,建立社会主义市场道德是公民道德建设中一个非常重要的组成部分。市场道德是经济道德的一个组成部分,经济道德是公民道德的一个组成部分,所以,市场道德也是公民道德的一个组成部分。市场道德在公民道德中的地位取决于市场在公民生活中的地位。

自改革开放以来,市场在公民生活中的地位与日俱增。改革开放,从经济体制的角度来说,就是逐步将一部分资源的配置权从政府手里还给市场,还给个人,从而充分发挥每一个人的积极性和能量。因此,改革在一定意义上就是重新确立市场的地位。邓小平同志关于计划和市场都是手段的命题提出以后,市场就具有了更为旺盛的生命力。

从整个社会生活来看,改革开放的不断深入,在一定方面体现为市场支配着越来越多的社会生活领域。首先是农村的包产到户制度,这使农民具有一定的经营自主权,以市场为依据来进行经营规划;然后是新出现的个体户和私营企业主,他们是按市场规律办事的领头雁;接下来就是国有企业和集体企业的股份化,原先由政府计划控制的企业也开始逐步走市场化道路;再后是各种不同行业的职业化,如足球的职业化,教育的产业化,原来由政府控制的诸多行业转向了市场。

从个人生活的角度来看,改革开放的发展体现了个人的生活被越来越深入地卷入到市场之中。在改革开放之初,只有部分吃的、穿的和用的消费品由市场提供,其他的东西,要么由自己直接创造,要么由单位提供。但改革开放之后,越来越多的东西需要从市场上获取了。先是劳动制度改革,铁饭碗被打破了,失业的人必须到人才市场上找就业单位;然后是住房制度改革,长期以来由单位提供的住房没有了,取而代之的是名目繁多的商品房;再后是医疗制度改革,享受了几十年的公费医疗取消了,逐步出现的是按市场规律办事的各种社会保险制度。总之,对每一个人来说,由市场支配的生活领域是越来越广泛和深入了。

正因为市场在公民生活中占据着主导地位,当前一些主要的道德问题也主要发端于市场。在市场生活中,一定的"私心"是必不可少的,毕竟市场就是一个人人追逐利益的地方。对于私心长期得不到认可的中国人来说,一旦私人对物质利益的追求受到了肯定,就极有可能产生一个物极必反的后果,"私"可能会反过来吞没了"公":人们可能只顾自己的私人利益,而把他人的利益、集体的利益和社会的利益放在一边不管不问,从而可能产生大量损公肥私、损人利己的不道德现象。这种不道德现象在各个社会领域中的蔓延就会引发各种各样的社会道德问题。

整个社会的大量生活领域为市场所支配,每一个个人的大部分生活为市场所支配,并且大部分的道德问题都发端于市场,在这样一种情况下,我们要进行公民道德建设,要让公民道德建设真正深入社会,真正深入每一个人的生活,就势必要加强公民在市场生活中的道德建设。不能设想,撇开市场这个重要的生活领域不管,我们还能够建设真正的公民道德。

另一方面,要防止用市场道德取代公民道德的倾向。尽管市场道德建设在当前的公民道德建设中具有非常重要的地位,以至成为当前公民道德建设的主要内容之一,但我们一定要注意一种倾向:绝对不能用市场道德建设取代公民道德建设。因为市场道德仅仅只是从市场交换行为中提取出来的、适用于市场交换领域的相关规范,它具有一定的狭隘性,而不能完全推广为人类一切行为的标准,更不能取代公民道德。

市场道德的狭隘性首先体现为它的某些要求和规范只适用于市场交换领域,而不适用于非市场领域。市场道德作为一个特殊行为领域里的道德,它可能包含有两方面的东西:一种是具有一定共性的道德要求,这种共性使它可以推广到一切行为领域之中。如市场交换要求讲究诚信,每一个交换者都必须严格遵守自己的承诺。这一条原则就不仅是市场行为中的要求,也可以上升为整个社会的要求。另一方面,市场上所提倡的道德,也有一部分只适用于市场交换行为,是为了保障市场交换行为顺利进行而提出的,这部分道德就不能作进一步的推广,更不能上升为整个社会的行为原则,如等价交换原则、竞争原则等等。

从这方面看,用市场道德取代公民道德,强行将市场道德提升为整个社会的道德,必然会导致一些非市场领域市场化,必然会使权权交易、钱权交易、权色交易等等成为越来越普遍的现象,从而引发更多的社会问题。

市场道德的狭隘性还体现为它的道德要求并不能概括社会生活所需要的全部要求。市场道德是产生并存在于交换领域里的,交换领域有自己的规律和要求,如平等原则、自由原则等等。但人类还包括许多不同的领域,在经济领域里至少还有生产领域、分配领域和消费领域,还有与经济领域不同的家庭领域、政治领域等等。这些领域具有与交换领域不同的特性,因而也具有不同的要求。那么,市场道德能否概括出所有这些领域的道德要求就必然成了一个问题。

一个很能说明问题的事实是:从市场本身的发展规律来说,爱是不属于市场的,爱的精神、奉献的精神并不包含在市场精神之内,爱心、同情心在市场中也不可能具有一定的地位。但是,对一个社会来说,对一个家庭来说,爱心、同情心是绝对不能缺少的。没有爱心,没有同情心,社会就不能成为一个社会,家庭更不能成为一个家庭。从这方面看,用市场道德取代公民道德,或者只宣传市场道德而忽视整个公民道德,必然会导致整个社会道德情感的淡化,应有爱心和同情心的缺失。

# 农业现代化与农民经济理性<sup>*</sup>

正如马克斯·韦伯所说:"近代资本主义扩张的动力首先并不是用于资本主义活动的资本额的来源问题,更重要的是资本主义精神的发展问题。"①如果说资本家和劳动者的天职观念构成了资本主义精神的内核,那么合理的经济理性就构成了现代农民精神的内核。农民是否具有合理的经济理性,在多大程度上具有合理的经济理性,直接关系着一国农民和农业现代化的速度和进程。分析我国农民经济理性的现实困境,探寻我国农民经济理性的发展方向,对于推进我国现代化建设具有十分重要的意义。

## 一、百年论战与经济理性

农民的经济理性问题,一直是学术界关注和争论的焦点问题,"理性小农"与"道义小农"、"生计小农"与"营利小农"的著名论战前后持续了一个多世纪。以 A. 恰亚诺夫、K. 波兰尼、E. P. 汤普森以及 J. C. 斯科特等为代表的实体小农学派否认农民具有经济理性,认为农民不同于仅

———————

　* 本文主要内容曾以《现代化进程中我国农民经济理性的扩张、困境与出路》为题刊发于《伦理学研究》2017 年第 3 期。

　① 〔德〕马克斯·韦伯:《新教伦理与资本主义精神》,于晓、陈维纲等译,北京:生活·读书·新知三联书店 1987 年版,第 49 页。

受利益最大化原则支配的资本家,其行为多受生计理性和道义原则支配。以 S. 塔克斯、T. 舒尔茨、S. 波普金和 G. S. 贝克尔等为代表的形式小农学派坚持农民具有经济理性,认为农民与资本家完全一样,都受利益最大化的经济理性原则支配。以黄宗智、李丹以及文军等为代表的综合小农学派则认为农民兼具生存理性和经济理性,在不同的条件下会按照不同的理性原则行事。[①] 这场百年论战进行得轰轰烈烈,无论在学术界还是在现实生活中,都产生了极为重要的影响。事实上,这场百年论战所要解决的根本问题不是农民是否具有经济理性这样一个理论问题,而是农民能否以及如何实现现代化这样一个现实问题,也就是恰亚诺夫所说的"农业经济的改造和发展",[②]以及舒尔茨所说的"如何把弱小的传统农业改造成为一个高生产率的经济部门"等问题。[③]

在这场百年论战中,农民现代化问题之所以被聚焦为"农民是否具有经济理性"这样一个具体问题,是因为"经济理性"与"现代化"之间具有非常紧密的联系。在韦伯、桑巴特等现代化学者看来,祛魅化、理性化就是传统社会走向现代社会的必由之路,而经济理性就是经济现代化的重要标志。具体到农民身上,只有已经培养出经济理性的农民才能和其他群体一起跨入现代社会,不具有经济理性的农民只能以"小农"身份徘徊在现代社会之外。不过,在这场论战中,交锋双方并没有清晰界定过"经济理性"概念的内涵,部分分歧正是源于对"经济理性"的不

---

① 关于形式小农、实质小农及综合小农争论的具体介绍与讨论,可以参考下列论文:饶旭鹏,《农户经济理性问题的理论争论与整合》,载《广西社会科学》2012 年第 7 期;马良灿《理性小农抑或生存小农——实体小农学派对形式小农学派的批判与反思》,载《社会科学战线》2014 年第 4 期;李金铮《求利抑或谋生:国际视域下中国近代农民经济行为的论争》,载《史学集刊》2015 年第 3 期;等。

② [俄]A. 恰亚诺夫:《农民经济组织》,萧正洪译,北京:中央编译出版社 1996 年版,第 266 页。

③ [美]西奥多·舒尔茨:《改造传统农业》,梁小民译,北京:商务印书馆 2003 年版,第 4 页。

同理解。因此,要正确面对并合理推进这场百年论争,就必须先搞清楚一个问题:到底什么是"经济理性"? 我们是在哪个层面上谈论经济理性? 归纳起来,学者们主要在三个不同的层面使用"经济理性"概念:

第一个是经济动机层面的经济理性。这种经济理性观侧重于经济行为的人性动机,认为经济生活中的人在本质上就是经济理性人,其根本动机就是为了自己的最大化利益。经济动机层面的经济理性最先体现为由亚当·斯密提出,经约翰·穆勒严格界定的"经济人"形象,即"在现有知识水平上以最少劳动和最小生理节制获取最多必需品、享受和奢侈品",[①]这构成了古典经济学和新古典经济学的理论前提。此后,利益最大化动机被从两个基本相反的方向推进:一个方向是将"利益"压缩为"物质利益",并最终压缩为"物质财富"或"货币",如马克思所说的"价值增殖的狂热追求者",[②]桑巴特所说的"专在增殖货币的额数",[③]韦伯所说的"赚钱"和"获利";[④]另一个相反的方向是将"利益"扩充为"效用",将个人追求的各种目标都纳入其中,如效用经济学家马歇尔所说的适用于"一切欲望的目的"的"满足",[⑤]社会学家科尔曼所说的"最大限度地获取效益"。[⑥] 经济动机层面的经济理性实际上是一种价值理性,其核心是行为者个人的最大化利益,在本质上是个人主义的、利己主义的自私动机论。

---

① 〔英〕约翰·穆勒:《政治经济学定义及研究这门学问的哲学方法》,载《海派经济学》2004 年第 2 期。

② 《马克思恩格斯文集》(第 5 卷),北京:人民出版社 2009 年版,第 683 页。

③ 〔德〕伟·桑巴特:《现代资本主义》(第 1 卷),李季译,北京:商务印书馆 1958 年版,第 206 页。

④ 〔德〕马克斯·韦伯:《新教伦理与资本主义精神》,于晓、陈维纲等译,北京:生活·读书·新知三联书店 1987 年版,第 37 页。

⑤ 〔英〕马歇尔:《经济学原理》(上卷),朱志泰译,北京:商务印书馆 1994 年版,第 38 页。

⑥ 〔美〕詹姆斯·科尔曼:《社会理论的基础》(上卷),邓方译,北京:社会科学文献出版社 1999 年版,第 18 页。

第二个是经济美德层面的经济理性。这种经济理性观侧重于经济行为背后的道德品质，认为不同类型的经济行为背后都有相应的道德品质，最好的经济美德就是最能服务于经济目标、能够带来最大效用的道德品质。马克斯·韦伯曾指明经济美德所特有的工具性："富兰克林所有的道德观念都带有功利主义的色彩。诚实有用，因为诚实能带来信誉；守时、勤奋、节俭都有用，所以都是美德。"①经济美德的具体内容不仅取决于相应的经济目标，而且取决于特定的社会条件，因为所有的经济手段都受制于外部经济环境、信息搜寻成本以及主观认识能力等各种条件。除勤劳节俭这种具有普遍意义的经济美德之外，市场经济中的经济美德突出陌生人之间的契约正义，而传统社会中的经济美德更强调熟人之间的亲情关爱。经济美德层面的经济理性在本质上是一种工具理性，它不追问自己所服务的价值目标是否合理，因而无法为自己提供彻底的合道德性保障。

第三个是经济认知层面的经济理性。这种经济理性侧重于经济行为的认知方式，认为经济理性就是经济生活的理性化认知，要求将经济生活中的一切要素都变成可量化、可预测和可控制的要素，马克斯·舍勒称此为"重视数量的计算性认识态度"。② 从本质上看，所有的经济投入都可以量化为一定的成本，所有的经济产出也可以量化为一定的收益，经济活动的理性认知实际上就是一种关于成本与收益的简单数量计算，这就是马克斯·韦伯所说的"以严格的核算为基础而理性化的，以富有远见和小心谨慎来追求它所欲达的经济成功"。③ 经

---

① ［德］马克斯·韦伯：《新教伦理与资本主义精神》，于晓、陈维纲等译，北京：生活·读书·新知三联书店1987年版，第36页。

② ［德］马克斯·舍勒：《资本主义的未来》，罗悌伦等译，北京：生活·读书·新知三联书店1997年版，第13页。

③ ［德］马克斯·韦伯：《新教伦理与资本主义精神》于晓、陈维纲等译，北京：生活·读书·新知三联书店1987年版，第56页。

济认知的理性化程度受制于技术、制度、法律等诸多因素,传统社会的理性认知仅仅是一种基于传统、习惯、本能、个人喜好以及直观理解的直观理性或感受理性;①只有在机械化的生产手段、科学化的管理原则、精确化的法律制度出现之后,理性认知才能达到一种纯形式的、可以精确计算的计算理性。这种经济理性将人(理性)变成了经济领域中的上帝,但对量化和形式的片面追求使它远离了不可量化的精神王国,"在通往现代科学的道路上,人们放弃了任何对意义的探求"。②

经济理性的上述三个层面各有侧重,同时又互相支持。经济动机层面的经济理性确立了经济活动的价值目标,强调以行为者的最大利益指引经济活动;经济美德层面的经济理性指明了经济活动的德性要素,侧重以行为者的道德品质推进经济活动;经济认知层面的经济理性建立了经济活动的理性基础,突出以行为者的理性计算掌控经济活动。一个全面合理的经济理性概念,应该同时包含这三个层面的内容,而不能仅仅强调其中一个方面。这样理解出来的经济理性,不是现代社会的专属品,而是普遍适用于所有社会的所有经济活动;只不过在不同的社会条件下,经济理性会展现为不同的形式,侧重于不同的内容。③

以西方国家现代化的历史进步与局限为参照背景,从中国农民现代化的角度回应关于农民经济理性的百年论争,我们需要回答的问题

---

① 刘少杰:《中国社会转型中的感性选择》,载《江苏社会科学》2002 年第 2 期。

② [德]马克斯·霍克海默、西奥多·阿道尔诺:《启蒙辩证法——哲学断片》,渠敬东、曹卫东译,上海:上海人民出版社 2006 年版,第 3 页。

③ 承认经济理性存在于所有时代的所有经济活动中,就是承认传统社会的农民同样具有经济理性;承认经济理性在不同的社会条件下呈现为不同的形式,就是承认传统社会农民与现代社会农民具有不同的经济理性。这种理解正是当前大多数学者对"理性小农"与"道义小农"百年论争的回答,具体可参见:林毅夫,《小农与经济理性》,载《农村经济与社会》1988 年第 3 期;秦晖,《市场信号与农民理性》,载《改革》1996 年第 6 期;文军,《从生存理性选择到社会理性选择:当代中国农民外出就业动因的社会学分析》,载《社会学研究》2001 年第 6 期等。

是：第一，当前中国农民是否具有与现代化相适应的经济理性？第二，中国农民这个特殊群体能够为现代经济理性提供哪些特殊营养？

## 二、新兴经济生活与现代经济理性

现代化意义上的经济理性，与市场经济的形成和发展密不可分。农民经济理性的发展程度，主要取决于国家市场经济的成熟程度以及农民对市场经济的参与程度。在明清资本主义萌芽时期和近代资本主义被动发展时期，商品经济主要在发达地区和中心城市发展，广大农村仍然处于自然经济、半自然经济状态，农民参与市场的广度和深度非常有限，现代化的经济理性意识很难产生。只有到了改革开放之后，随着从计划经济到商品经济最终到市场经济的转变，我国农民通过各种渠道进入市场，与市场经济相适应的现代经济理性才开始生长出来。总体来看，促进我国农民经济理性发展的新兴经济生活主要有三种：

第一种也是最重要的一种，就是农民的生产经营方式由生存需求主导走向了市场需求主导。毫无疑问，改革开放对农民影响最大的当数联产承包责任制。联产承包责任制意味着经济决定权由集体下放到个人（或家庭），农民开始掌握了经济自主权，可以自由决定种什么以及种多少等经济行为。生产关系的解放释放了农民长期受压抑的致富欲望，如何通过自身努力来脱贫致富成了农民追求的头等目标。与面向生存需求的产品种植模式相比，面向市场需求的商品种植模式具有强大的经济优势，这就使得农民逐步转向了市场主导型的商品种植模式，其经济选择的考量因素变成了什么东西最能挣钱、什么东西来钱最快。农民面对土地的分析、权衡、考量和选择，不亚于商人面对市场的分析、权衡、考量和选择。正是通过一次次连续不断的经济决策活动，农民的现代经济理性才迅速地激发和成长起来。

第二种激发农民现代经济理性的新兴经济生活是进城务工,也就是我国社会学学者所说的"离土不离乡"。为了摆脱地少人多引发的"内卷化"和"过密化"发展问题,[1]我国农民创造出了乡镇企业这一经济形式,将大量富余的农村劳动力转移进了土地旁边的乡镇或县城。一方面是人数较少的、以农民企业家为代表的农村经济精英,他们为确保企业营利而被迫像商人一样进行精确的成本核算,较早发展出了市场经济所需要的现代经济理性。另一方面是为数众多的农民工人,他们兼具工人和农民两种身份,进厂工作时是工人,回家生活时是农民。以劳动时间计算工资这种工厂生活方式使他们培育出了一种新的时间价值观念,并以这种时间价值标准对传统农业经济行为进行了合算性拷问:在打工时间价值的参照下,投入农业生产活动的各种做法合算不合算?其结果是,很多不计时间成本的经济方式开始逐步消失,取而代之的是更具有经济合理性的经济方式。

第三种激发农民现代经济理性的新兴经济生活是外出打工,也就是我国社会学学者所说的"离土又离乡"。从 90 年代开始,我国沿海发达地区出现了众多的劳动密集型企业,大量农村剩余劳动力被城市生活以及比种田划算的收入所吸引,成为了离家外出的打工者。与进城务工者相比,外出打工者生活在城市和工厂里的时间更长,离土地和乡村等传统生活方式更远,接触的劳务市场更广,面对的生产工具机械化程度更高。在长期的城市生活和企业生活中,外出打工者频繁与劳务市场打交道,从中培育出了一定的商业经济理性,更为注重成本核算,尊重契约和信用。而在企业里长期与现代化大机器打交道,使他们培育出了一定的工业经济理性,强调工作时间和工作秩序,突出聚精会神的能力。尽管离家打工者的经济生活远离了土地和农村,

---

① [美]黄宗智、彭玉生:《三大历史性变迁的交汇于中国小规模农业的前景》,载《中国社会科学》2007 年第 4 期。

但他们仍未完全摆脱传统社会的影响,毕竟"以亲缘和地缘为主的人际关系所形成的网络"仍然是其生活的重要组成部分。[①]

生产经营市场化、进城务工、离家打工这三种新兴经济生活所激发出来的现代经济理性各有侧重,对于农民经济理性发展的影响意义也各不相同。生产经营市场化将农民和农业纳入到市场体系中来,通过现代经济活动使农民内生出符合现代精神的经济理性,这是立足于农业生产、推动农民经济理性现代化的根本途径。进城务工以及离家打工对农民经济理性发展的影响是外在的,必须借助农业生产经营市场化才能真正发挥作用。进城务工者属于半农半工,他们能够用工业生活培养出的经济理性对抗、改造传统农业中的经济理性,但其经济理性的现代化水平并不高;离家打工者的生活方式更接近工人,其经济理性更符合现代化的要求,但远离农民农业使他们很难触动提升农民的经济理性意识。有学者这样总结各种新兴经济生活对于农民经济理性的影响:"新时期以来,农民的经济理性经过了从生存理性的回归——'等意交换'到生存理性的两次突围——'离土不离乡'与'离土又离乡',再到市场理性的崛起——商品生产,最后在农民的返乡创业中逐渐趋于成熟。"[②]

### 三、经济理性的艰难转型与现实困境

伴随着农村市场经济的快速发展,我国农民的经济理性意识有了大幅提高。从总体上看,我国农民的经济理性正处于发展转型期,正在从以传统手工为技术基础、以亲情地情为联系纽带、以生存需求为基本导向的传统经济理性向以现代机器为技术基础、以契约规则为联

---

① 郭于华:《传统亲缘关系与当代农村的经济、社会变革》,载《读书》1996 年第 10 期。

② 李卫朝:《新时期农民启蒙的经济理性面相》,载《学术界》2015 年第 5 期。

系纽带、以市场需求为基本导向的现代经济理性转变。在这个转变过程中,传统社会的经济理性与现代社会的经济理性混杂在一起,互相争斗,互助补充,共同构成了当前我国农民经济理性发展的特色与困境。

第一,我国农民市场经济意识普遍提高,但地域和个体发展非常不平衡。当自给自足的传统农业经济不断受到冲击、新兴的市场经济因素不断涌入之后,农民不可避免地会产生与市场经济相适应的诸多意识,特别是以利益最大化原则作为自己经济决策和经济行为的指导原则,以经济行为所能转化出来的经济效益作为行为好坏的判断标准。原来仅具有自然意义的物质变成了具有经济意义的资源,通过进入市场而创造最大化的财富已经变成了农民经济生活的最大动力。但是,我国农村的市场化发展非常不平衡,不同地域发展不平衡,不同个体发展也不平衡,由此带来的结果就是:有的农民已经变成了一个商人、一个企业家(或工人),具有相对成熟的市场经济意识;有的农民仍然是一个传统的、自给自足的农民,只具有很少的市场经济意识;更多的农民则是农民、商人和工人的综合体,具有尚不成熟的市场经济意识。

第二,农民求利欲望不断增强,但逐利能力有待提高。计划经济时代,农民的求利欲望在一定程度上是受压抑的,大公无私的道德原则将私人利益划入了"封资修"行列。改革开放之后,邓小平同志提出的"贫穷不是社会主义"著名论断,肯定了个人正当利益的合道德性,释放了我国农民对个人正当利益的追逐热情。随着市场经济的日益深入,个人正当利益被赋予了越来越充分的道德合法性,"利"无需借助"义"就独自获得了道德性,只有"不义"才能剥夺这种合道德性。尽管大多数农民在经济动机上具备了充足的经济理性,但这种经济理性却明显受制于农民薄弱的经济能力。由于我国长期运行二元经济社会结构和工农产品价格剪刀差机制,农民实际上处于整个社会的最底层,农民的库存知识、资源禀赋以及社会环境是最差的,农民在市场经济中的获利能力远低于其他社会阶层。逐利欲望强烈而逐利能力弱小,这正是转型期农民经济理性发展的一大困境。

第三,农民的生产性经济美德不断突显,而交往性经济美德还有待增强。中国农民历来重视勤劳节俭这类与创造和积累财富有关的生产性经济美德,正所谓"守家二字勤与俭"。[①] 事实上,勤俭美德在现代社会具有同样的价值。中国农民特有的不怕苦、不怕累品质,直接与现代经济理性的要求相适应,并在更即时更直接的利益刺激下发展到了惊人的高度。在经济交往方面,进入市场的农民开始用成本收益核算来考量各种经济交往方式,逐步用以平等交换为基础的市场交易方式取代以亲缘和地缘为基础的互惠互助活动,从而形成了与市场经济相适应的平等美德和正义美德。但是,刚刚进入市场的农民仍然有很多东西不能完全转变过来,尤其是在契约规则意识方面。尽管已经开始接触和使用契约这种新型交往方式,但由于长期生活在血缘地缘等亲情关系中,大多数农民很难形成真正的契约意识、信用意识、时间意识和责权意识等。

第四,农民具备了初步的科技理性意识,但科技理性水平亟需提高。农民的经济认知水平,一方面取决于农业经济的市场化程度,另一方面取决于农业生产的科技化水平。在农业生产过程中,只有借助高度发达的现代科学技术才能精确认识和控制各种生产要素,才能将所有生产要素转化为可以精确预测的数量,进而进行严格的成本收益核算。在国家和地方政府的大力扶持下,我国农业科技有了突飞猛进的发展,农业经济中出现了大量自动化、机械化的工具,规模化、专业

---

[①]《治家格言·增广贤文·女儿经:治家修养格言十种》,朱利注释,上海:上海古籍出版社 1993 年版,第 60 页。

化的管理,以及现代化的育种、化肥、农药等。但是,与工业科技化相比,与国外的农业科技化相比,我国的农业科技含量仍然偏低。大多数农民以经济效益为标准选择和使用一定的农业科技,并初步形成了与之相应的科技理性意识。但是,由于我国农业科技发展水平还不高、推广范围还不广,农民对土地以及土地产物的控制远没有达到可以精确预测的量化水平,受此限制的农民科技理性水平还比较落后。

综合起来看,我国农民的经济理性正处于发展转型期:摒弃了一些过时的传统经济理性,但摒弃得还不够彻底;发展了一些新型的现代经济理性,但发展得还不够完善;继承了传统经济理性中的一些优秀因素以消解工业现代化产生的问题,但继承得还不够力度。这就需要我们进一步改善各种社会条件,不断完善农民的经济理性,走出一条富有中国特色的农民现代化之路。

### 四、我国农民经济理性的现代发展与陷阱防范

我国农民必须走现代化道路,这是历史发展的必然趋势。但这条现代化道路不应该是对西方现代化道路的简单盲从,而应该是有中国特色的农民现代化道路,它一方面要求改变我国农民现有经济理性中的不合理因素,特别是那些不利于经济效率和市场秩序的思想观念,积极跟上世界现代化的正常步伐;另一方面要求弘扬我国农民现有经济理性中的合理因素,特别是那些有助于人际平衡和生态和谐的特有观念,努力防范西方现代化的诸多陷阱。孟德拉斯曾经预言过:"摆脱了一切'工业'遗产的落后农业,有时可能会走在工业的前面,并预兆未来。"①我国农民经济理性的未来发展必需注意以下四个方面的问题。

①［法］H.孟德拉斯:《农民的终结》,李培林译,北京:社会科学文献出版社 2005年版,第 11 页。

第一，不断完善"三农"市场（特别是农产品市场），帮助农民形成以契约规则意识为核心的市场经济理性。正如秦晖所言："只有随着市场经济的发展，农民作为交换行为的主体摆脱了对共同体的依附，他们的理性才能摆脱集体表象的压抑而健全起来。"①社会主义市场经济体制确立以来，我国的"三农"市场已经开始了快速发展，但仍然不够完善，特别是农产品市场，存在着较为严重的产销脱节现象。可以说，当前中国农民经济生活中最突出的问题不是"产"的问题，而是"销"的问题。一旦"销"的问题解决了，市场通畅了，农民的"产"很快就能跟上。因此，建立完善的三农市场，特别是农产品市场，提供及时的供求信息，才能帮助农民真正进入市场体系，形成合理的市场经济理性。从土地走向市场，意味着乡土中的亲情规则不再具有约束力了，取而代之的是市场中的契约规则。但是，刚刚摆脱亲情规则约束的农民，很容易走向无规则，走向不受任何约束的自私自利。因此，农民必须认识到契约规则的重要性，形成相应的现代契约规则意识，完成孟德拉斯意义上的"农民的终结"。

第二，大力发展和普及农业科技，不断提升农民的科技理性意识。现代化最根本的推动力是科技，是科技革命引发了工业革命，推动了现代化发展。但在我国，农民在整个社会中受教育程度最低，知识储备最低，经济收入最低，社会地位也最低，他们不具备科学认识土地、种子、农药和化肥等的专业知识，也不具备自行研发现代农业机器的能力。在这种情况下，大力发展和推广普及农业科技，开发自动化、机械化的农业用具，培育优质高产的动植物品种，生产高效无害的农药化肥，就是我国政府和社会所必需承担的重任。舒尔茨早就指出："一般来说，贫穷农业社会只有通过向他们自己的人民进行投资才能获得

---

① 秦晖：《传统与当代农民对市场信号的心理反应——也谈所谓"农民理性"问题》，载《战略与管理》1996 年第 2 期。

必要的技能。"①在这方面,我国已经做了很多工作,也取得了很大的成效,但目前来看还不是很均衡。针对交通便利、适合大规模作业的农业科技研发和普及很不错,但针对边远落后、不适合大规模作业的农业科技研发和普及还很不够。因此,我们必须为农民提供更多更先进的农业科技,不断提升农民的知识结构,使农民在农业科技的应用实践中培育出合理的科技理性意识。

第三,大力弘扬中国传统文化中的血缘亲情因素,消解现代化带来的冷漠问题。韦伯曾经描绘过现代化发展的最终困局:"专家没有灵魂,纵欲者没有心肝;这个废物幻想着它自己已达到了前所未有的文明程度。"②作为后来者的农民现代化,应该并且也可以避免类似的困局。西方现代化在本质上是工业现代化,工业和资本的可流动性造就了陌生人社会,陌生人社会以冷静的理性为基础,强调人与人之间的公平正义,由此步入了没有情感、没有灵魂的理性世界。农民不一样。真正的农民必然依附于土地,而土地的不可流动性决定了依附其上的农民必然会形成一个以血缘和地缘为基础的熟人社会,必然会产生以信任和关爱为基础的亲情观念。土地与熟人社会就是血缘亲情观念的生存土壤,农民只要还离不开土地,离不开熟人社会,就必然会滋生出特定的血缘亲情观念。因此,我国农民的现代化不能放弃血亲仁爱精神,必须将理性计算与血亲仁爱精神结合起来,创建更为和谐、更有亲情、更具效率的经济秩序。

第四,利用地缘特色发展新型自然观,缓解现代化带来的生态危机。西方现代化产生的另一大问题就是生态危机问题。为了追逐利

---

① [美]西奥多·舒尔茨:《改造传统农业》,梁小民译,北京:商务印书馆2003年版,第111页。
② [德]马克斯·韦伯:《新教伦理与资本主义精神》,于晓、陈维纲等译,北京:生活·读书·新知三联书店1987年版,第143页。

润和积累,资本消耗了过多的自然资源,导致了前所未有的生态危机。奥康纳曾经指出:"全球变暖、生物多样性及臭氧层的消失、酸雨、海洋污染、森林砍伐、能源及金属矿藏量的衰竭、土壤流失以及其他一些主要的生态变化,都是近两个或者更多的世纪以来工业资本主义(以及前国家社会主义)经济的快速增长所导致的。"①但是,对土地的严格依附性会使农民产生特殊的土地情感,既将土地视为财富的源泉,又将土地视为生活的家园。由此,农民更容易抵制疯狂攫取的自私冲动,形成一种具有可持续性的地缘理性生态观,要求自己生存的土地既合经济又合美感。正是在这个意义上,我国政府提出了"金山银山不如绿水青山"的理念,提出了"望得见山、看得见水、记得住乡愁"的发展目标。因此,在发展农民经济理性的时候,一定要加大生态理性的宣传力度,使农民在现代化的道路上防范过度开发,促进人与自然的和谐共生关系。

---

① [美]詹姆斯·奥康纳:《自然的理由:生态学马克思主义研究》,唐正东、臧佩洪译,南京:南京大学出版社 2003 年版,第 292 页。

# 中国农民经济德性的现代转型

美国社会学家英格尔斯曾经指出："一个国家,只有当它的人民是现代人,它的国民从心理和行为上都转变为现代的人格,它的现代政治、经济和文化管理机构中的工作人员都获得了某种与现代化发展相适应的现代性,这样的国家才可真正称之为现代化的国家。"[①]从这个意义上说,中国农业现代化的关键在于农民的现代化。农民的现代化不仅包括生产生活的现代化,还包括人格品质的现代化,尤其是经济德性的现代化。研究农民经济德性的现代转型,培养中国农民的现代经济品质,用中国农民特有的经济德性摆脱西方的"现代化陷阱",对于推进农业现代化建设具有非常重要的意义。

## 一、中国性、农民性与现代性

研究中国农民经济德性的现代转型问题,就是要探讨中国农民经济德性的现代转型过程,并最终提出具有中国特色的农民经济德性现代转型之路。但在回答这个问题之前,必须先厘清一个问题:如何理解中国性、农民性与现代性之间的关系? 只有确定了中国性、农民性与现代性彼此能够兼容,才有可能进一步谈论与现代化相符合的中国

---

① [美]阿历克斯·英格尔斯等:《人的现代化》,殷陆君译,成都:四川人民出版社 1985 年版,第 8 页。

农民经济德性问题。

1. 中国性与现代性。中国社会与现代性关系的特殊之处在于，"中国社会具有与现代性的起源地欧洲不同的社会形态和文化传统，现代性对它来说属于外来文化"。[①] 更为重要的是，中国人的现代化是西方列强用"坚船利炮"打出来的，而不是中国社会自然发展的产物。因此，现代性对于中国社会来说具有一种"被诅咒"的意味，中国人是被遭遇和被强迫现代性的。在经历了"五四"新文化运动的思想启蒙以及中国社会主义市场经济的实践洗礼之后，尽管中国社会的发展现状与现代性要求之间仍然存在一定差距，衣俊卿教授甚至断言，"在中国的境遇中，现代性本质上'不在场'或尚未生成"，[②]但不容否认的是，中国社会正处于现代化过程之中，一些地方、一些领域已经基本实现了现代化。中国的现代化发展已经表明：中国性与现代性是可以兼容的。

另一个问题是：目前的现代性主要是指西方的现代性，是在西方发达国家现代化过程中呈现出来的特质，那么，这种现代性是否具有普世意义？是否具有唯一性？是否所有的国家都只能走这一条现代化道路？亚洲儒家文化圈对此提出了质疑，因为众多亚洲国家的现代化道路并没有完全追随西方现代化的轨迹。中国更是如此。李泽厚先生提出："中国不必一定完全重复西方现代化的过程，而可以争取走出一条自己的路。"[③]对于中国来说，现代化道路上不能也不应该只有西方元素，必须有来自中国的独特资源。金耀基教授强调说："中国建构新的现代文明秩序的过程，一方面，应该不止是拥抱西方启蒙的价

---

① 赵景来：《关于"现代性"若干问题研究综述》，载《中国社会科学》2001 年第 4 期。

② 衣俊卿：《现代性的维度及其当代命运》，载《中国社会科学》2004 年第 4 期。

③ 李泽厚等：《什么是道德？——李泽厚伦理学讨论班实录》，上海：华东师范大学出版社 2015 年版，第 170 页。

值,也应该是对它的批判,另一方面,应该不止是中国旧的传统文明秩序的解构,也应该是它的重构。中国的新文明是'现代的',也是'中国的'。"①从这个意义上说,"中国性"不仅与"现代性"兼容,而且还能拓展"现代性"的内涵。

2. 农民性与现代性。如果说中国性与现代性能否兼容以及如何兼容这个问题,中国以及亚洲其他国家的现代化经验已经给出了明确的答案,那么,农民性与现代性能否兼容以及如何兼容这个问题,还有待理论的论证和实践的检验。农民性与现代性能否兼容的问题核心在于:作为农民观念和意识集中体现的农民性是以传统农业和小农经济为基础的,而凝聚现代观念和意识的现代性则是以现代工业和商品经济为基础的,农民性与现代性能否兼容的问题实质是:传统农业和小农经济的观念能否转化为现代工业和商品经济的观念问题。在上个世纪,农民性与现代性能否兼容的问题在学术界体现为"道义小农"和"理性小农"的世纪之争。以恰亚诺夫、波兰尼、波耶克、汤普森以及斯科特等为代表的道义小农派认为农民性与现代性不可兼容,因为农民并非遵循基于利益最大化的理性原则,而是遵循基于安全第一的道义原则;以塔克斯、舒尔茨、波普金、贝克尔等为代表的理性小农派则认为农民性与现代性可以兼容,因为农民的经济行为与资本家完全一样,也受利益最大化的理性原则支配;而以黄宗智等为代表的综合学派也认为农民与现代性可以兼容,因为农民的经济行为既是理性的又是道义的,毕竟传统社会中农民的理性最大利益就是保证生存与安全。

那么,从中国的现代化发展历程来看,农民性与现代性之间能否兼容呢? 有学者考察了从清末到民国时期中国农民经济观念的变迁,发现中国农民并不排斥市场和商品经济,而是会主动或被动地选择和

---

① 金耀基:《论中国的"现代化"与"现代性"——中国现代的文明秩序的建构》,载《北京大学学报》(哲学社会科学版)1996 年第 1 期。

适应市场。因此,"他们并非注定是中国现代化的'绊脚石',相反倒很可能成长为市场经济的'搏击者'和现代化的'适应者'"。① 还有学者分析了改革开放之后中国农民与现代化的关系,指认中国奇迹的缔造主体不是其他群体,而是农民,是因为在农业社会作用有限的农民理性在工商业社会释放出了巨大的能量。徐勇教授指出:"如果说是商人改变了西方,那么,农民则改变了中国。农民不仅成就了中国革命,而且促使了中国改革,也创造了经济发展的'中国奇迹'。"②中国农民能够顺利适应现代市场经济的要求,并且能够在现代工业社会中发挥巨大作用,这就表明:"农民性"不仅能够与"现代性"兼容,并且能够为"现代性"提供新的力量。

## 二、中国农民的传统经济德性

中国传统社会,也就是中国的"前现代时期",通常是指 19 世纪 40 年代以前的中国社会。在这漫长的历史时期中,中国农民经历过社会性质的根本变革,也经历过帝王朝代的兴衰更迭,但其农业生产方式从未发生根本性的变化。超常稳定的农业生产生活方式,铸就了中国农民独特的传统经济德性。

1. 源于农业文明的重利求稳。美国农民研究专家斯科特曾经指出,农民经济伦理的核心准则是安全第一,经济选择的主要标准是"以稳定可靠的方式满足最低限度的人的需要"。③ 在中国传统社会,农民是"劳力者",是从事物质财富生产的主体。农民不同于富有理想色彩

---

① 游海华:《农民经济观念的变迁与小农理论的反思——以清末至民国时期江西省寻乌县为例》,载《史学月刊》2008 年第 7 期。

② 徐勇:《农民理性的扩张:"中国奇迹"的创造主体分析——对既有理论的挑战及新的分析进路的提出》,载《中国社会科学》2010 年第 1 期。

③ [美]詹姆斯·斯科特:《农民的道义经济学:东南亚的反叛与生存》,程立显等译,南京:译林出版社 2001 年版,第 16 页。

的知识分子,他们大多是现实主义者,摆脱不了现实可见利益的局限,更强调自己(特别是家庭)的实际利益。从这个意义上说,中国农民经济德性的核心就是"重利"。现代化理论大师马克斯·韦伯就曾指认:"中国人强烈的营利欲,长期以来得到高度的发展,这是毫无疑问的。"①但是,同为"劳力者",农民的"重利"却不同于商人的"重利"。对于商人来说,物品的核心价值是交换价值,"利"直接体现为金银货币;而对于农民来说,物品的核心价值是使用价值,"利"主要体现为生活资料。在中国传统农民看来,经济活动的首要目的不是发家致富,不是资本增殖,而是满足整个家庭的基本生存需要——吃穿住用。所以,只要能够增加家庭吃穿住用的经济活动,哪怕是高成本低收入的活动,农民们也会积极从事。

但是,中国传统农民的"重利"是和"求稳"联系在一起的。多数农民不具有冒险精神,不会为不确定的挣大钱而孤注一掷。因为在自然经济中,农民不具备承担风险的能力,一旦冒险失败,农民就连最基本的生存保障都会丧失。斯科特曾详细分析过农民与风险的关系,他指出:"越是接近生存边缘线——只要处于生存线之上——的家庭,对风险的耐受性就越小,'安全第一'准则的合理性和约束力就越大。"②当然,求稳并不意味着不接受新经济事物。那些风险较小的新事物,只要能够带来稳定的经济收益,同样能够被农民们轻易地接受。

2. 源于小农经济的勤劳节俭。中国传统社会的典型农民是封建小农,自给自足的生活方式居于主导地位,带有普遍性的生产模式就是:以农业(即耕种)为主,提供生活所需的几乎全部原材料;以手工

---

① [德]马克斯·韦伯:《儒教与道教》,洪天福译,南京:江苏人民出版社1995年版,第78页。

② [美]詹姆斯·斯科特:《农民的道义经济学:东南亚的反叛与生存》,程立显等译,南京:译林出版社2001年版,第27页。

业(主要是纺织)为次,将源于农业的原材料加工成食物或生活用品;以养殖业(主要是圈养五畜)为辅,提供生活所需的动物材质。在生产力比较低下而赋税相对严重的传统社会,要满足家庭的基本生活需求,"勤"和"俭"就成为一切经济美德之首。因为在自然条件有限的情况下,劳动是一切财富之母,付出多少劳动就能收获多少成果。在产出极为有限的情况下,只有厉行节俭,才能满足家庭的基本生活需求以及应对不可预测的灾害。所以,《左传》明确指出:"俭,德之共也;侈,恶之大也。"[①]

在漫长的传统社会中,中国农民的勤劳节俭精神已经深入骨髓,这是其他国家的农民所不能比拟的。这种勤劳精神,一方面体现为劳动时间长,即"日出而作,日落而息",而在不适宜室外劳作的雨天或夜晚也要从事小手工业;另一方面体现为劳动条件苦,即不怕酷暑严寒,也能忍受病痛饥饿。所以,与韦伯所抱怨的诸多劳动者不具有劳动天职精神现象相反,中国的农民无论是在自己的田地里,还是在他乡的土地上,都展现出了惊人的勤劳态度。徐勇教授甚至由此得出结论:"是勤劳而不是技术扩张了中国经济的竞争力。"[②]中国人的节俭精神同样令人惊叹。尽管如此,我们仍然不能忘记,中国农民的勤劳节俭是一种生存指向的精神,而不是资本指向的精神。富裕起来的农民更倾向于将多余的财富转化为各种形式的贮藏货币(如房屋和土地),而不是直接转化为可以继续增值的资本。

3. 源于熟人社会的信任互助。正如费孝通先生所指出的,中国传统乡村社会是一个"'熟悉'的社会,没有陌生人的社会"。[③] 中国乡

① 杜预等注:《春秋三传》,上海:上海古籍出版社1987年版,第126页。
② 游海华:《农民经济观念的变迁与小农理论的反思——以清末至民国时期江西省寻乌县为例》,载《史学月刊》2008年第7期。
③ 费孝通:《乡土中国·生育制度》,北京:北京大学出版社1998年版,第9页。

村的熟人社会通常由三种因素构成：一是血缘因素，即彼此有一定的血缘或亲缘关系；二是地缘因素，即大家共同生活在固定的地理疆界之内；三是业缘因素，即村民从事基本相同的职业。在这种三缘合一的熟人社会里，人与人之间的关系尽管也体现为一定的利益关系，但这种利益关系只能是一种以人情形式出现的利益互惠关系。一方面，从长期来看，所有的帮助都是相互的、对等的，正所谓"礼尚往来"；另一方面，从短期来看，每次的帮助都体现为独立的、单向的，都打着"人情"的名义。李培林研究员指出："由人情信用为基础的人情交换不同于市场交换，它不是以等价交换为原则的，但却常常比契约信用更可靠，因为它以'人心'为前提，而不是以金钱为前提。"[①]一旦在经济或者生活中出现了困难，邻里、亲戚或家族就会出面帮助，每一个人都认为这种帮助是应该的，不施援手的人很难在村子里生活下去。王露璐教授曾经概括了这种互助："中国传统乡村社会的互助关系主要出现在家事、急救、建房、投资等领域，互助的资源可以分为四类，即借贷、礼品、劳力、'门路'和信息。"[②]尽管在中国乡村熟人社会内部存在着高度的信任感和互助性，甚至能够由此衍生出"四海之内皆兄弟"的理想，但是，深刻的信任和全面的互助仍然只能停留在熟人社会内部，"作为一切买卖关系之基础的信赖，在中国大多是建立在亲缘或类似亲缘的纯个人关系的基础之上的"。[③] 福山同样指认了这一点："华人有个强烈的倾向，只信赖和自己有关系的人，对家族以外的其他人则极不信任。"[④]只信任和帮助熟人，不信任和帮助陌生人，其后果之一就是催生

---

① 李培林：《村落的终结：羊城村的故事》，北京：商务印书馆 2004 年版，第 95—96 页。

② 王露璐：《乡土经济伦理的传统特色探析》，载《孔子研究》2008 年第 2 期。

③ ［德］马克斯·韦伯：《儒教与道教》，洪天富译，南京：江苏人民出版社 1995 年，第 266 页。

④ ［美］弗兰西斯·福山：《信任——社会道德与繁荣的创造》，李宛蓉译，呼和浩特：远方出版社 1998 年版，第 91 页。

了曾经上演创立——崛起——衰败三部曲的中国式家族企业。

4. 源于乡土生活的"家""乡"情怀。中国传统社会是一个乡土社会。费孝通先生提出："从基层上看,中国社会是乡土性的。"[①]周晓虹教授也认为,乡土关系是中国传统社会最重要的关系,"乡土性是传统中国农业文明的底色,是传统农民的重要的心理与行为特征"。[②]在缺乏流动性的乡土生活中,农民对"乡"这个生活的根本场所和"土"这个生活的根本手段充满了依恋。薛晓阳教授曾经指出："如果说乡土依恋是农民的一种文化基因或道德本性,那是因为土地意味着乡村世界全部道德体系的根基。"[③]正是在这种深刻的乡土依恋中,中国农民将"乡"和"土"视为了自己的家园,将乡土上的自然物质和文化结晶,都视为自己"家""园"的内在构成部分,对家乡中的乡土、山水、草木以及一切建筑都充满了依恋,从而形成了一种最为朴素的自然生态观。

中国传统农民生态观的最大特点就是高度重视生态的可持续性。乡民们盖房子,绝不偷工减料,而是期望房子牢固可以长期居住;村民们耕种土地,绝不短期耗尽地力,而是指望土地可以永远生长万物;村民们打鱼狩猎,"钓而不纲,弋不射宿",[④]尽力保持动植物的可持续生长。在这种朴素的生态观下,农民在经济生活中实现了天人合一,同时保障了人和自然的可持续生长。但是,这种生态观有一个严重的局限:它的基础是生产力比较低下的农业文明,在这种条件下农耕生活很难给生态环境带来严重的破坏;一旦更具破坏力的工业文明进入乡村,这种朴素的生态观念可能难以抵御现代工业的侵蚀。

---

① 费孝通:《乡土中国·生育制度》,北京:北京大学出版社1998年版,第6页。

② 周晓虹:《传统与变迁——江浙农民的社会心理及其近代成功的嬗变》,北京:生活·读书·新知三联书店1998年版,第46页。

③ 薛晓阳:《乡土依恋与农民德性:农民德育的道德想象——基于乡土文学研究及其乡村社会的实地调查》,载《陕西师范大学学报》(哲学社会科学版)2016年第1期。

④ 朱熹注:《大学·中庸·论语》,上海:上海古籍出版社1987年版,第30页。

### 三、我国农民经济德性的现代化转型

现代化过程,就是现代工业文明取代传统农业文明的过程,在经济生活中则主要体现为市场经济取代自然经济的过程。从这个意义上讲,中国农民经历了三次现代化转型的冲击。第一次是中国商品经济萌芽的明清之际,经济发达地区的部分农民在一定程度上进入了商品市场。第二次是外国资本主义入侵以及中国民族资本主义发展的近代社会,沿江沿海对外开放地区的农民在更大程度上卷入了市场活动。第三次就是改革开放以来,几乎所有的农民都开始面向市场。随着经济生活的现代转型,传统小农也在不断向现代农民发展,农民的经济德性呈现出传统经济德性与新兴经济德性混合发展的态势。

1. 商品经济解放了农民的致富欲望。改革开放之后,中国农民经济生活最根本的变化就是从自然经济转向了商品经济。千百年来,中国农民的"重利"本性并没有发生根本性的改变,不过这种本性在自然经济中受到了一定程度的抑制,在商品经济中却得到了彻底的解放。在生存导向的自然经济中,从事生产活动的根本目的是为了满足家庭的生存需要,"利"体现为由各种生活资料构成的"物",对"物"的追求极限就是所有生存需要的全部满足。但在市场导向的商品经济中,从事生产活动的根本目的是为了满足市场的消费需求,"利"体现为可以转化成一切财富的"钱",对"钱"的追求则没有极限。徐勇和邓大才教授曾经分析指出:"小农家庭的一切行为围绕货币展开,生产是为了最大程度的获取货币,生活要考虑最大化的节约货币。'货币伦理'是这一阶段的基本行为准则。"[①]也就是说,在自然经济中,中国农民的重利欲望被束缚在有限的生存需求上;而在商品经济中,生存需

---

① 徐勇、邓大才:《社会化小农:解释当今农户的一种视角》,载《学术月刊》2006年第7期。

求的束缚被解除了,越多越好的财富观解放了中国农民的致富欲望。

从自然经济跨入商品经济,中国农民的追求对象从"物"换成了"钱",其结果是:千百年来受到抑制的重利欲望得到了极大解放,中国农民对金钱、财富的欲望不断膨胀。中国农民致富欲望的解放具有双重意义:一方面,它在一定程度上解决了中国的"韦伯问题",致富欲望被解放的中国农民具有类似韦伯所说的天职精神,这种劳动天职精神为我国的经济发展提供了巨大动力;另一方面,它带来了新的"贪婪问题",致富欲望被解放的中国农民也会像资本家一样,"一旦有适当的利润,资本就胆大起来",[①]既有可能打碎传统道德的束缚,也有可能无视现代法律的羁绊。

2. 市场生活激发了农民的创新精神。墨守成规、因循守旧,向来是中国农民的特性,尤其是在经济生活中,劳动工具、耕种对象以及组织方式几乎是百年不变的。但是,进入市场社会之后,中国农民的创新精神却得到了彻底激发。当致富变成首要经济目标之后,农民最关心的问题就是如何致富。很显然,传统的、古老的经济方式是无法实现致富目标的。要致富,首先就必须改变传统的经济方式,创造能够满足市场需求的新经济生活。在这个过程中,中国农民爆发出了巨大的创新精神,习近平总书记称此为"创造伟力"。[②] 在改革开放之后,中国农民仅仅用二三十年的时间就改变了过去一两千年的经济活动模式,全国各地迅速出现了各种养殖专业户和种植专业户,也出现了大量的乡镇企业主。随之而来的是,各个特种养殖和种植由少数农户发展到整个村镇,甚至整个县市,比如山东寿光就成了全国闻名的"蔬菜大棚之乡"。

但是,中国农民的创新精神有两个特点:特点之一就是缺乏现代

① 《马克思恩格斯文集》(第 5 卷),北京:人民出版社 2009 年版,第 871 页。

② 习近平:《在庆祝改革开放 40 周年大会上的讲话》,载《人民日报》2018 年 12 月 19 日 02 版。

科技知识,创新局限于模仿。大多数中国农民的创新致富之路是一条模仿复制之路。当一两个勇敢的农民先行者致富成功之后,其他村民就会一拥而上,复制先行者走过的致富道路。而那些先行者,其实也是在复制其他地方的致富成功道路。究其原因,乃在于中国农民知识水平低,资金积累少,缺乏现代化的科技知识,无力完成真正的农业科技创新。特点之二是缺乏现代冒险精神,创新受制于求稳。正如薛晓阳教授所指出的那样,"稳定和太平是中国农民德性的最高原则",[①]是中国农民长期积淀下来的传统心理,这种心理在现代化过程中并未得到根本改变。所以,只要碰到困难和风险,创新致富欲望强烈的农民仍然会退缩,会返回到更为稳妥可靠的赚钱方式之中。

3. 陌生人社会催生了农民的规则意识。在市场统摄了经济生活之后,中国农民开始由熟人社会迈向了陌生人社会。在自然经济生活中,中国农民与家人一起劳作,同族人相互帮助,跟熟人进行交易,所有的经济交往关系都建立在亲情和熟人的基础上。但进入市场经济之后,中国农民的经济生活中加入了诸多陌生人因素,如开始与非亲人一起共事,与陌生人进行交易,尤其是"离土又离乡"的外出务工人员,直接进入了由各种理性规则支配的市民社会。在熟人社会的基础上不断增加陌生人社会的因素,意味着在当前的乡村共同体中,血缘和亲缘的影响力在不断下降,而业缘的影响力却在不断上升,特别是在离开家乡的农民之中,"他们的全部社会关系网络却要远远大于血缘和地缘关系,其中最为普遍和繁杂的是在经营过程中建立的各种业缘或友缘关系"。[②]

---

① 薛晓阳:《乡土依恋与农民德性:农民德育的道德想象——基于乡土文学研究及其乡村社会的实地调查》,载《陕西师范大学学报》(哲学社会科学版)2016年第1期。
② 周晓虹:《流动与城市体验对中国农民现代性的影响——北京"浙江村"与温州一个农村社区的考察》,载《社会学研究》1998年第5期。

从传统社会闯入陌生人社会,中国农民开始接触陌生人社会的经济行为规则。陌生人社会在本质上就是现代市民社会,市民社会要求尊重规则,一切按规则行事。这里的规则主要有两种:一种是现成的规则,如法律、法规、工作条例、单位纪律等,另一种是议定的规则,如合同。在与陌生人打交道的过程中,中国农民形成了初步的规则意识。这种规则意识与中国农民熟悉的传统诚信有较大不同:传统诚信讲人情,有变通;而现代诚信讲规则,更死板。尽管如此,对中国农民来说,现代社会的规则意识仍然是外来的,是被动适应的,中国农民的骨子里仍然是人情意识,仍然相信人情高于规则,相信熟人好办事。对此,周晓虹教授的概括是:"他们表现出了较多的家族主义和特殊主义倾向,不过他们也逐渐接受了认事不人的普遍主义原则。"[①]

4. 致富欲望削弱了农民的生态意识。从自然经济进入市场经济,"物"变成了"商品",变成了"货币",乡土世界的意义也随之发生了变化。在传统社会中,自然(乡和土)具有双重功能:既是农民生存的依靠,又是农民栖居的家园。由于生产力相对落后,农民支配和改造自然界的能力相对有限,这两种功能在农民的生活中能够和谐共存。但进入市场经济之后,得益于工业社会发达的科技手段和通畅的商业网络,农民征服和改造自然界的能力迅速提升,自然作为致富工具的意义被急剧突出,远远超过了它作为栖居家园的意义。在致富欲望被极大激发的农民看来,原来作为栖居家园的自然越来越呈现出财富的外貌,绿水青山变成了金山银山,乡土变成了发家致富的重要资源。

另一方面,中国农民原有的家园意识却不断削弱。在传统社会里,家园的概念很广泛,既包括自己的家居和村落,也包括村落之外的

---

① 周晓虹:《传统与变迁——江浙农民的社会心理及其近代成功的嬗变》,北京:生活·读书·新知三联书店1998年版,第273页。

田原和山水。但进入市场经济之后，家园的范围缩小了，原来诗意家园的一大部分，现在变成了赚钱的工具，不再像原来一样能够赢得农民的尊重。变成了金山银山的山水不再是用来栖居的，而是用来致富的；出产商品的田野不再是真正的"衣食父母"，而仅仅是货币的源泉。于是，原有的家园被分割成两个不同的区域：一方面是笼罩在财富之光下的山水田地，农民们一度"以牺牲生态环境换取一时一地经济增长"；①另一方面是仍然保持家居功能的房舍，农民们始终在拓展住房的实用性、美观性和现代性。从总体上看，中国农民的家园意识在不断萎缩，现代生态意识还没有真正建立起来。

## 四、中国农民经济德性的发展思考

在外来现代性的冲击和诱惑之下，中国农民已经认识并迎接了新兴的市场经济。在这个意义上说，中国农民已经一只脚跨入了现代社会。但是，中国农民仍然处在现代化过程中，仍然在转化中。当然，我们无法预测中国的农村、中国的农业、中国的农民一百年后会是什么样子，但是，我们仍然可以思考，中国农民在发展经济德性时需要注意哪些问题。

1. 中国农民不可能完全具备市民的经济德性。本文无意讨论农民是否可能"终结"、"消亡"，而只是在"农民仍然存在"这个前提下思考问题：如果农民仍然存在，那么农民能否发展出市民的经济德性呢？答案是：中国农民能够发展出市民的部分经济德性，但不可能发展出市民的全部经济德性。一方面，农民与市民的根本区别在于其"乡""土"性，离开了乡土性，农民就不成其为农民。作为农民居住和劳作的乡土，其最大特点是不可流动性。也就是说，农民不同于市民，

---

① 《习近平谈治国理政》（第 2 卷），北京：外文出版社 2017 年版，第 395 页。

他不能自由选择自己的居住地,也不能自由选择自己的职业。他就住在不可流动的农村,就从事面向土地的农业。乡土的不可流动性构成了农民经济德性的根源:不可流动的乡土上居住着相互更为熟悉的熟人,帮助、信任、交往必然带有浓浓的熟人色彩。这些东西是无法抹灭的。另一方面,农民与市民一样,也构成了市场经济的一部分。在市场经济中,农民必然用经济理性来进行经济选择,必然要用契约精神来进行经济交往,必然要借助现代科技来推进经济活动。这些市民已经发展出来的经济德性,必然同样地在农民身上发展出来。如果说"今后农村的出路既不在于纯粹的资本主义市场经济也不在于回归到原来的计划经济",①那么中国农民经济德性的未来必然是传统经济德性与新兴经济德性的混合,其现代化意味只在于新兴经济德性能否超过甚至压倒传统经济德性。

2. 中国农民优秀的传统经济美德可以弥补现代化的部分缺陷。说中国农民经济德性的未来必然是传统经济德性与新兴经济德性的混合,并不意味着中国农民永远只能是"道义小农",永远不可能发展出真正的现代德性,相反,它意味着现代化的农民经济德性只能是传统经济德性与现代经济德性的混合。我们还应该看到的是,农民身上有一部分"传统"的经济德性,还具有可以弥补城市现代化缺陷的重要意义。比如说,中国传统的乡土意识可以对抗像美国那样的移民文化。农民经济是有根的,乡土就是农民的根,在这个根上可以生长出农民特有的家园意识;而在移民文化中,经济是无根的,是可以随意移动的,由此难以生长出热爱家园的深厚情感。再比如说,亲情意识可以缓和冷漠的规则意识。在熟人社会从事经济活动的农民必然会生长出亲情意识,从而在经济活动中注入仁爱和感情;而在陌

---

① 黄宗智、彭玉生:《三大历史性变迁的交汇与中国小规模农业的前景》,载《中国社会科学》2007 年第 4 期。

生人社会从事经济活动的市民,只有纯粹的同事关系,难以生长出关爱亲人的深厚情感。从这个意义上说,中国农民应该"大力弘扬有助于缓解'见物不见人'问题的血缘亲情理性和遏制过度掠夺自然倾向的地缘生态理性",①为引导经济德性的现代发展作出特殊的贡献。

3. 中国农民现代经济德性的培育离不开政府的大力支持。新兴经济德性的生长发展,离不开主体的自觉与努力,更离不开多种社会条件的助力。中国农民有很多先天局限性,比如说文化水平不高,科学知识不够,组织化程度不强,眼界不够开阔等,这些局限性导致中国农民培育现代经济德性的速度比较慢,也难以深刻。正如郑杭生教授所指出的那样,"一个国家转型期的农民问题可能最终需要通过国家行为才能解决",②农民现代经济德性生长发展的诸多条件需要政府来创造。从目前来看,政府至少可以从以下两个方面起引导作用:一方面,政府必须提供充分的市场信息,指引农民生产发展的方向,开拓农产品的销售渠道。中国农民不缺乏致富的欲望,但很难依靠自己的力量找到致富的方向,政府可以为农民搭建更为畅通的信息平台;另一方面,政府必须提供先进的科技支撑,开发先进的种苗、工具和技术,提高农民的生产力。中国农民也不缺乏学习精神,但很难依靠自己的力量去发明创造,政府可以为农民创造更为发达的科技平台。从这个意义上说,中国农民要发展出真正的现代经济德性,离不开政府和社会的大力支持。

---

① 李志祥:《现代化进程中我国农民经济理性的扩张、困境与出路》,载《伦理学研究》2017 年第 3 期。

② 郑杭生:《"农民"理论与政策体系急需重构——定县再调查告诉我们什么?》,载《中国人民大学学报》2004 年第 5 期。

半个世纪之前,孟德拉斯就宣布,农民将"自行地消失",未来的世界将是一个"没有农民的世界"。[①] 实际上,终结和消失的只能是纯粹传统意义上的农民,农民本身不可能终结和消失。现代农民和农民的经济德性,将是现代社会发展的重要动力。

---

[①] [法]孟德拉斯:《农民的终结》,李培林译,北京:社会科学文献出版社 2005 年版,第 271 页。

# 从《白鹿原》看乡村伦理的迷局与出路 \*

中国是一个农业大国,中国的现代化避不开农村、农业、农民的现代化。对于农村、农业、农民的现代化而言,伦理道德的现代化问题是一个很容易被人忽视、但又严重制约现代化进程的重大问题。正如马克斯·韦伯所言:"近代资本主义扩张的动力首先并不是用于资本主义活动的资本额的来源问题,更重要的是资本主义精神的发展问题。"①陈忠实先生的长篇小说《白鹿原》意在从"文化心理结构"角度揭示"一个社会中人的心理秩序的脉搏、脉象和异变",②深入触及和解密中国传统乡村社会的众多道德迷局。理解《白鹿原》中的道德迷局,找寻道德迷局的破解之道,对于推进乡村伦理现代化具有十分重要的意义。

## 一、何种利益?

早在 2500 多年前,苏格拉底就告诫人们:"真正重要的事情不是

---

\* 本文主要内容曾以《从〈白鹿原〉看乡村社会的道德迷局与出路》为题刊发于《兰州学刊》2018 年第 3 期。

① [德]马克斯·韦伯:《新教伦理与资本主义精神》,于晓、陈维纲等译,北京,生活·读书·新知三联书店 1992 年版,第 49 页。

② 陈忠实、舒晋瑜:《我早就走出了白鹿原:陈忠实访谈录》,载《中国图书评论》2012 年第 10 期。

活着,而是活得好。"①什么样的生活是一个好生活?我们应该过什么样的生活?这是一个永恒的人类问题。但凡是人,但凡过着人的生活,但凡需要进行生活上的艰难抉择,这个问题总会不请自来:我到底想要什么?我到底想要过什么样的生活?思想家如此,老百姓如此,古往今来的人莫不如此。

《白鹿原》一开篇就遇到了这样的问题。在连续死了六房老婆之后是否继续用粮食换老婆时,青年白嘉轩开始纠结了:是要家产财富,还是要老婆后代?这是一个中国式的老问题,也就是孔老夫子所谓的"食色性也"问题。家产财富,是"物",既可以维持当代人的生活水平,也可以变成固定资产和硬通货而代代传承;老婆后代,是"人",既可以为财富的生产提供一定的劳力,也可以为家族的繁衍提供必要的基础。这个永恒的中国式难题,在此后的发展中又被反复遭遇。当白嘉轩被人绑架时,当鹿兆鹏、鹿子霖被抓入狱时,这个问题一次次地以更赤裸裸地方式被提出:要钱还是要命?人财兼得,这是两全齐美的事;人财不可兼得,权衡取舍是一件令人痛苦的事情。面对这个难题,成熟理性的白鹿原人经过痛苦的权衡拷量,都不约而同地选择了人命优先原则:仙草用全部家底换了白嘉轩的命(电影中),冷先生拿全部积蓄换了鹿兆鹏的命,鹿贺氏以所有家产换了鹿子霖的命。在一切东西都相对固定的传统社会里,大家都明白一点:财富是人创造出来的,也是为人服务的;没有了人,财富就失去了自身的存在价值。"我只要人"就是白鹿原人最坚定的答案。②

除了人财冲突之外,还有一个重要问题就是"理""欲"相争。"欲"就是人的情感欲望,强烈有力但容易引发混乱;"理"就是人的明思智

---

① [古希腊]柏拉图:《柏拉图全集》(第1卷),王晓朝译,北京:人民出版社 2002年版,第41页。

② 陈忠实:《白鹿原》,北京:人民文学出版社 2017年版,第599页。

慧,冷静合理但容易被诱偏离。在生存发展的大问题上,"理"与"欲"有时是一致的,有时也会发生激烈的争斗。《白鹿原》反复讲述了这一日常争斗,又以不容置疑的方式提供了解答方案。白鹿原人并不否定正常的"欲"。无论是先天自然的(如吃饭、穿衣、睡觉),还是后天人为的(如抽烟、喝酒、看大戏),原上人都将它们视为生活的必要组成部分而予以承认和接受。但是,"欲"不是没有限制的,"理"就是正常"欲"的合理制约。这个"理",简单地说,就是各种欲望的原本意义。吃饭、穿衣的原本意义是为了健康和生命,玩耍、看戏的原本意义是为了休息和娱乐,性爱的原本意义是为了传宗接代。与"理"相符的"欲",就是正常的、可以接受的;一旦越出了"理"的界线,危及到"欲"的原本意义,这个欲就会受到否定和责罚。对孝文孝武吃零食的禁止、对白孝文过度欢爱的规劝、对赌钱抽大烟的严惩,都是为了将走过界的"欲"重新拉回到"理"的范围之内。

人财冲突、理欲相争,说到底,就是何种利益的问题。财富和欲望,代表的是眼前利益;而生命和理义,代表的是长远利益。在谈论利益的时候,大家都需要解决一个问题:我们到底要眼前利益还是长远利益?在人类的长河中,区分长远利益与眼前利益的唯一标准是时间,就像古希腊人所深信不疑的一样:唯有永恒和不朽的东西才具有最高的、终极的价值。在这个问题上,《白鹿原》充分展示了一个古老民族的成熟理性,始终如一地指向长远利益。所有那些以"欲"破"理"的人,都被视为没有长大的犯错者,或者还在成长的过程中,或者永远不入正流。人命优于财富,理义高于欲望。这个答案,凝结了中国乡村社会的传统智慧,支配了中国乡民两千多年的情感、思想和行为。陈忠实先生对垫棺枕头作品的追求,同样也是对永恒和不朽的内在向往:"那些世界名著的作者早已谢世,书却流传着,不同民族不同语言的读者被其作品吸引，自然也记住了作者的名字。"①

## 二、谁的利益？

从自然界中站立起来之后，人类就开始了不断告别动物世界的超越之旅。但无论如何超越，人类却始终未能褪祛一种动物性的本能，这就是强烈的自私心。自私作为人类的天性，始终潜伏在人类基因深处，并在各个行为领域宣告着自己的存在。但是，极端的自私只会导致"每一个人对每个人的战争"，②无法支撑一个有效的社会秩序。因此，人类的文明发展史，始终伴随着一个重要任务：对自私的人性进行合理的约束。能够完成这一任务的，就是各种不同层级的大"我"，即以小"我"生活于其中的各色群体来约束、超越小"我"。

在"农耕传家久"的《白鹿原》中，第一个大写的"我"是家庭。在农业社会里，家庭是最基本的生存组织，人们以家庭为单位来传宗接代、生产消费、安身立命。在这种生活模式中，个人与家庭完全融为一体。家庭是一个独立存在的整体，个人不是独立存在的，而是家庭整体的构成部分，从家庭整体中获得自己的身份、角色和分工。也就是说，真正独立意义上的个体消失了，只存在着家庭角色意义上的个体，个体的一切价值和意义都来自家庭整体，个体最重要的美德就是完全彻底地服从家庭利益。《白鹿原》完整描写了两个乡村家庭——白嘉轩家和鹿子霖家。在这两个家庭中，家长们都是这样想的，子女们也是这样被教育的。每一个人头脑里装着的，不是"我"，而是"我家"；个人发展必须汇合在家庭发展的大道上。一旦个人利益与家庭利益发生冲

---

① 陈忠实：《寻找属于自己的句子（连载十二）——〈白鹿原〉写作手记》，载《小说评论》2009 年第 11 期。

② ［英］霍布斯：《利维坦》，黎思复、黎廷弼译，北京：商务印书馆 1995 年版，第 94 页。

突了,个人利益必须为家庭让路。正是在这个意义上,一心维护个人爱情的黑娃和白孝文,只能被赶出家庭大院。家庭大"我"超越了个人小"我",但这种超越是极其有限的,它不容许承认家庭之外的任何大"我"。正是在这个意义上,将民族利益置于家庭利益之上的白灵和鹿兆鹏,也只有离家出走这一条路。

在家庭大"我"之上的,是家族大"我"。在农耕社会,无法流动的土地和居所维护着紧密的血缘亲情关系,随着土地而生的公共利益和血缘亲情关系又要求人们突破家庭小"我",走向家族大"我"。在《白鹿原》中,长期劳动、居住、生活在一起的白鹿两个家族,形成了一个"白不离鹿、鹿不离白"的大家族。这个大家族不是虚幻的、抽象的,而是真真切切地存在着的。它拥有祠堂这个独立存在的场所,拥有专属自己的公共用地和粮食财富,拥有《乡约》这个独立适用的社会规范,还拥有唯有家族有权处理的公共事务,如办学校、修祠堂、编家谱、整顿家风等。家庭与家族的关系,就像穆勒所提出的群己界线一样:"任何人的行为,只有涉及他人的那部分才须对社会负责。在仅只涉及本人的那部分,他的独立性在权利上则是绝对的。"①在涉及家族公共利益的情况下,家族对家庭和个人的超越意义是明显的。但是,同家庭相比,家族的存在感要弱很多,乡民们时时刻刻生活在家庭中,只有在公共事务出现时才生活在家族中。因此,为了家族利益而牺牲个人和家庭利益对于大多数人来说是痛苦的,他们在思想上难以达到这种境界。正是在这个意义上,家族对小"我"的超越意义强于家庭。但是,家族大"我"在超越个人和家庭小"我"的同时,也制造了自己的局限性。它走向了家族,却又无法突破家族。那个敢于为了家族利益向土匪借粮的族长白嘉轩,同样也敢于用武力拒绝其他家族的借

---

① 〔英〕约翰·密尔:《论自由》,程崇华译,北京:商务印书馆 1996 年版,第 10 页。

粮请求。

在传统社会中,比家族大"我"还要大的大"我"是民族。在漫长的封建社会时,民族和国家在一定意义上是同体的,促使民族走向国家形式的原初动力,通常是民族的生存危机。一个民族的爱国情怀,也总是在国家积弱、外族入侵时激发得最为彻底。岳飞、戚继光、文天祥,大多数凝聚了爱国情怀的民族英雄,都是民族激战、国家危亡时期的产物。但是,即使是封建王朝已经统治了近两千年的白鹿原上,"民族"和"国家"依然是一个远离乡民日常生活的概念。在种地织布养家糊口的日常生活中,民族和国家仅仅只具有"交公粮"这种隐性背景意义,无论是族长白嘉轩、乡约鹿子霖,还是其他的普通乡民,都无法自然地生长出民族主义情怀。在《白鹿原》中,只有与农业生活保持一定距离的人才能培养出真正的民族主义精神:一种是受现代革命思想熏陶的青年人,鹿兆鹏、白灵、鹿兆海,都是在进步思想的洗礼下,认识到民族国家的危亡,才滋生出现代民族主义精神;一种是被传统思想浸润的正统知识分子,如朱先生,受"修身齐家治国平天下"正统封建思想的影响,培养出了"先天下之忧而忧,后天下之乐而乐"的传统民族主义情怀。

从家庭到家族再到民族,这些大"我"对小"我"进行了有效的约束和引导,合理抑制了极端利己主义的破坏性,创造了一个超级稳固、持续千年的社会秩序,提供了"谁的利益"问题的现实答案。但不无遗憾的是,以《白鹿原》为代表的传统超越是金字塔型的:从个人升华到家庭,绝大多数普通乡民都能做到;从家庭升华到家族,少数头面乡民(如族长和开明绅士)可以完成;从家族升华到民族,只有个别乡民(如正统知识分子和现代革命先驱)才能达及;至于从民族升华到世界和全球,则为所有的封建乡民无法想象。世界主义和生态主义的基础,已经不再是家庭、家族甚至民族,而是理性的契约。

### 三、凡人还是圣人？

在《白鹿原》中，维系乡村社会秩序、支撑乡民道德信念的支柱就是《乡约》。在作者陈忠实先生看来，白嘉轩、白鹿原和《乡约》是三位一体的，《乡约》既"编织成白嘉轩的心理结构形态"，也是"活在白鹿原这块土地上的人心理支撑的框架"。[①] 但仔细看来，《乡约》世界里有两类完全不同的人：一类是《乡约》的制定者，他们处于《乡约》世界之外；另一类是《乡约》的履行者，他们处于《乡约》世界之中。这两类人，生活在不同的现实世界之中，遵循着两套完全不同的道德规范体系。

先看《乡约》的履行者。顾名思义，乡约就是乡民之约，《乡约》的履行者就是过着传统农业生活的乡民。对于《白鹿原》的乡民来说，最基本的、最日常的生活方式就是以耕获食，以织取衣，其他的活动都围绕耕织活动展开。正是在这些日常活动过程中，乡民们彼此发生着各式各样的交往关系：纠缠、争斗、碰撞、关爱和帮助。这些关系处理得好还是不好，不仅会影响自己的发展，还会影响他人的发展，进而会影响家庭甚至家族的发展。因此，这些关系以及以此为基础的各种行为，必须得到合理的调节、制约和引导，而《乡约》正是应这种调节、制约和引导的需求产生出来的。《乡约》由德业相劝、过失相规、礼俗相交和患难相恤等四个部分构成，对乡民们的家庭生活以及日常交往进行了非常详尽的规定。从这个意义上说，《乡约》和乡民们的日常生活溶为一体，就是乡民日常生活的行为规范。在《白鹿原》中，族长白嘉轩、长工鹿三就是严格遵守《乡约》的道德君子；而乡约鹿子霖、乡民白兴儿就是经常挑战《乡约》的道德小人。

再来看《乡约》的制定者。《乡约》的制定者不同于《乡约》的履行

---

① 陈忠实：《寻找属于自己的句子（连载六）——〈白鹿原〉写作手记》，载《小说评论》2008 年第 4 期。

者，他们不是普通乡民，也不是族长，而是世外高人。不管是《白鹿原》塑造出来的朱先生，还是《乡约》的实际制定者吕大临，都算不上真正的乡民。他们生活在乡村，但不事耕织，只读圣贤书，只是凭借自己所掌握的知识获得了一定的社会地位和生存资料，只能算是乡村里的高级知识分子。因为不事耕织只讲圣贤，所以他们关心的核心问题不是普通乡民经常遭遇的各种日常生活问题，而是文章学问所要考虑的天理问题，即"为天地立心，为生民立命，为往圣继绝学，为万世开太平"。正是这种胸怀天下的无我境界，赋予朱先生等传统知识分子超凡入圣的地位，指向远远超越了日常生活的道德信念。所以，朱先生的崇高道德，并不体现在维持自己个人或家庭生存繁衍的日常生活中，而是体现在与他人、民族、人类生存繁衍相关的超常生活中，如创建书院、劝退围兵、赈济灾民、撰写县志等。而为乡民制定《乡约》，确保乡村一方安宁，正是这种以天下苍生为己任的具体举措。

于是，《白鹿原》给乡村社会提供了两套道德体系：一套是凡人的日常道德体系。在这套道德体系中，道德规范就溶化在日常的世俗生活中，积淀在衣食住行、柴米油盐里。这是一套脚踏实地、落地生根的道德体系，它时时刻刻得到滋养，生命力旺盛，能够作为全部日常生活的价值支柱，是维持良好乡村秩序的精神良药。另一套是圣人的济世道德体系。在这套道德体系中，道德规范远离了日常的世俗生活，超越了普通百姓的一日三餐和人情往来，只存在于那些关系天下苍生的济世行为中。在《白鹿原》中，这两套道德体系都是完美的、令人敬重的，但又相互隔离的。凡人的日常道德体系只在乡民中起作用，圣人的济世道德体系则在圣贤中起作用，"凡人和圣人之间有一层永远无法沟通的天然界隔"，[1]凡人理解不了圣人所达到的境界，圣人也不会

————————

① 陈忠实：《白鹿原》，北京：人民文学出版社2017年版，第25—26页。

陷入凡人的麻烦。

这就是一种道德二分对立的迷局。对于两种不同的道德体系,有学者认为二者在本质上是一致的,朱先生是"儒家道德理想的化身",而白嘉轩与鹿三则是"道德理想的现实承担者和落实者"。[①] 这个理解有一定道理,这两套道德体系确实具有相同的本质,不过两套道德体系的实质区分不是理想与现实之别,而在于道德境界的差异。凡人道德局限在家庭和家庭层面,而圣人道德则达到了国家天下层面。为什么会出现这样一种道德二分对立的迷局呢?根本原因在于社会分工,在于社会分工所造成的智识与劳动的二分对立。在传统农业社会里,乡民们没有知识,不了解自己的国家、民族,更谈不上对世界局势的了解,他们只能局限在自己实实在在的乡村生活中,只能形成自己最为真实的"乡约"道德;而知识分子不同,他们一方面通过自己的智识认清了人,认清了人类社会的本质,另一方面又没有受到乡村耕织生活的束缚和拖累,所以能摆脱日常世俗生活,形成具有更高超越性的济世道德。

这种道德二分对立的迷局,既是智识与劳动二分对立的必然产物,因而可以通过破除传统社会分工的方式予以克服。只过乡村劳作生活而没有天下知识的乡民无法达到圣人的道德境界,只有天下知识而不过乡村劳作生活的圣贤无法进入凡人的道德世界,接受了现代革命思想教育的乡村青年人,可以通过智识的发展而达到圣人的道德境界,但其代价是放弃了对"乡约"道德的坚守。道德二分迷局的真正化解,唯有寄望于智识与劳作的真正统一。劳作使人进入日常道德世界,知识则将日常道德世界纳入人类社会体系之中,劳作与知识的统一才能孕育出真正统一的道德。随着现代世界的建立和现代教育的

---

① 张林杰:《〈白鹿原〉:历史与道德的悖论》,载《人文杂志》2000 年第 1 期。

发展,普通民众都能认识到人以及人类社会的本质,日常生活的土壤上就能同时生长出融合了凡人之德和圣人之德的现代道德体系。

## 四、永恒抑或变迁?

作为"民族秘史",《白鹿原》揭示了中国乡村社会上世纪前半叶的社会变迁。在这个风云变幻的历史过程中,自然灾害频繁发生,政治权力急剧更迭,但令人惊讶的是:普通乡民的道德信念,却始终没有受到本质性的冲击,仍然保持着一千多年前的状态。由《乡约》为代表的传统道德,仍然持续不断地为乡民提供着精神粮食,保证着一代又一代乡民的尊严和自信。正如陈忠实先生所说的:"白鹿原上以《乡约》构架的文化心理的乡民,虽经历过几次冲击,却很难发生实质性的剥离。"①在遭受各种冲击洗礼的动荡变迁之中,传统道德却"我自岿然不动",这是否意味着,世界上真的存在一个超越现实社会的绝对道德,这个绝对道德在所有的时代所有的社会都绝对地有效?

《白鹿原》中传统道德遭受的一种冲击是自然变化。在大多数时候,自然界风调雨顺,确保了白鹿原上的人畜平安;但也有些时候,自然界会气候反常,持续干旱、河水断流,可以导致颗粒无收;病毒肆虐、瘟疫流行,还会引发尸横遍野。这些自然变化在发作期间影响了人们的生活质量,也影响了人们的生命安全,但它对人们的道德心理又有多少影响呢?在极端生存条件下,一些传统的行为规范无法遵守,欺骗抢掠等不法行为开始增多,传统的道德规范在一段时间内无以为继。但是,极端的自然变化对道德心理的冲击具有两面性:一方面,由于缺乏相应的物质条件,一些原本可以履行的义务现在变得比较艰

---

① 陈忠实:《寻找属于自己的句子(连载八)——〈白鹿原〉写作手记》,载《小说评论》2008 年第 6 期。

难,日常的礼让没有了,死人的葬礼潦草了,一些人被眼睁睁地看着饿死,甚至还出现了杀人吃肉的流言;另一方面,在强大的自然灾害面前,个体和家庭的力量变得更为渺小,凝聚着全员力量的家族才具有一定的防御能力,这反过来会激发强化每个成员的共同体意识和"乡约"意识。尤为重要的是,自然界的异常现象总是短暂的,在一段时间后就会自然消失。一旦进入正常状态,以往的社会秩序重新运转,效力暂时减弱的"乡约"道德便会重新获得生命力,并且迅速发酵增强。因此,自然界的异常变化不仅不会削弱封建道德的影响,反而会强化传统道德的价值和意义。

《白鹿原》中传统道德经历的另一种冲击是政治风云。《白鹿原》的时间起点是清朝灭亡,终点是新中国成立。在这半个世纪里,白鹿原经历了皇帝退位、军阀割据、民国统治、国共合作、剿共运动、抗日战争、解放战争等诸多政治事件。但是,无论哪一种政治事件,对白鹿原的影响都是表面的,从国家元首、省长到县长、乡长等各级掌权人物在走马灯似的更换,老百姓的内部生活并未有根本性的触动。以前是怎么种粮,现在还是怎么种粮;以前是怎么交粮,现在还是怎么交粮;以前是怎么吃粮,现在还是怎么吃粮。如果有什么区别的话,那也仅仅在于向谁交粮、交多少粮等细微不同。在经济生活方式和社会生活方式没有发生根本变化的情况下,乡民们的道德生活也不可能发生根本性的变化,也就不可能产生新的道德观念。所以,当县长何德治大讲"民主""参议"时,作为族长的白嘉轩根本就"听不明白";当女儿白灵向他高喊"革命""自由"时,作为父亲的白嘉轩根本就不能接受,无论在什么样的政治环境下,他只坚持做到一点:"不抢不偷,不嫖不赌",做一个"实实在在的庄稼人"。①

---

① 陈忠实:《白鹿原》,北京:人民文学出版社 2017 年版,第 208 页。

　　《白鹿原》中传统道德经历的又一种冲击是教育革新。将乡村生活方式提出的道德要求转化成乡民道德观念的过程中，教育起着不可替代的作用。教育者将这些传统要求提取出来，灌输到求学儿童的头脑中去，这些观念慢慢地生根发芽，最终成为他们安身立命的根本。在传统社会，私塾和书院就是这样的教育组织，它们传承传统社会的道德诫命，讲述中华民族的"仁义"规范。所以，当族长白嘉轩提出在白鹿村创办学堂时，圣人朱先生称之为"无量功德的大善事"、"万代子孙的大事"。① 在内部生活方式无从产生新观念的情况下，外部社会产生的新思想，也会通过教育渗透进来，对白鹿原的精神生活产生一定的影响。在《白鹿原》里，维护传统观念的旧学就是白鹿村学堂和白鹿书院，而宣传革命思想的新学就是白鹿镇初级小学和县城里的新式学校。新式教育直接将新的道德观念灌输给青年学生，并通过青年学生展示给乡民。尽管如此，在社会动荡的年代里，接受新式教育的人毕竟是极少数，他们对白鹿原的传统道德形成了一定的冲击，但仍然无法改变由"乡约"代表的传统道德。

　　从表面上看，《白鹿原》展示了一种绝对主义的道德观迷局：无论历史如何发展，社会怎样变迁，代表天理人心的道德信条永不改变。陈忠实先生非常清楚地意识到了这个迷局，他意识到了传统道德的顽固性，也意识到了传统道德的顽固性来自于传统农业生活方式的顽固性。只要传统农业生活继续存在，那么与之相对应的传统道德就必然继续起作用。他感叹道："和封建帝制一样久远的铁铧木犁继续耕地，自种自弹自纺自织自缝的单衣棉袄轮换着冬天和夏天……两千多年前的秦始皇在离这道原不过六七十华里的咸阳原上建立第一个封建

---

① 陈忠实：《白鹿原》，北京：人民文学出版社 2017 年版，第 66 页。

帝国的时候,这道原上的人这样活着,到两千多年后最后一个皇帝被赶下台的时候,这道原上的人仍然这样活着。"[①]但是,陈忠实先生没有点出这个迷局的破解之路,只有当传统的农业生活方式真正被现代的市场生活方式所取代时,"乡约"道德的绝对性才有可能被攻破。从这个意义上说,《白鹿原》只提供了渭河平原20世纪上半叶乡村社会生活的变迁史,只刻画了中国乡村社会的文化心理性格,但并未提供乡村道德生活的变迁史,这是因为乡村道德生活的精髓在这半个世纪并未发生根本性的变迁。这种根本性的变迁,只有随着市场经济在乡村的渗透和深化才真正得以发生。

---

① 陈忠实:《寻找属于自己的句子(连载六)——〈白鹿原〉写作手记》,载《小说评论》2008年第4期。

# 第四部分

# 道德资本与企业发展

# “道德资本”概念的历史形成及其现实意义 *

“道德资本”是近年来出现的、引起过较大争议的一个新概念，[①]引起争议的主要原因在于：“道德资本”概念可以展开来表述为一个判断，即“道德是一种资本”，其中暗含了两个基本概念：一个是“作为资本的道德”，一个是“道德形态的资本”，这两个基本概念似乎背离了人们对“道德”和“资本”概念的传统理解。不过，笔者认为，“道德资本”概念正是传统“道德”和“资本”概念历史发展的时代产物。本文的目的正在于揭示“道德资本”概念的历史形成及其时代意义，在更深层面上说明道德独特的工具性功能及其在经济建设中的作用。

## 一、从“道德的目的性功能”到“道德的工具性功能”

“作为资本的道德”与“一般意义上的道德”最主要的区别在于对

---

　＊　本文主要内容曾以《五论道德资本》为题刊发于《江苏社会科学》2006 年第 5 期。

　①　关于“道德资本”的阐述，可以参阅王小锡教授的系列论文：《论道德资本》，载《江苏社会科学》2000 年第 3 期；《再论道德资本》，载《江苏社会科学》2002 年第 1 期；《三论道德资本》，载《江苏社会科学》2002 年第 6 期；《四论道德资本》，载《江苏社会科学》2004 年第 6 期以及王小锡教授的论著：《道德资本论》，人民出版社 2005 年。关于“道德资本”的批评性意见，可以参阅郑根成、罗剑成的论文：《试论道德的资本性特点》，载《株洲工学院学报》2002 年第 5 期。

道德功能的不同理解。在一般意义上,道德具有两大功能:①一个是目的性功能,它通过明确人和社会的意义及其目的,赋予道德主体以应该为依据的责任,并提供以规范为形式的道德约束;另一个是工具性功能,它是在道德主体自觉把握以应该为依据的责任的基础上,以其他事物的存在和发展为目的,提供能够促进这些事物存在和发展的道德支撑,并以此体现道德存在的理由或价值。② 事实上,在经济领域,资本从一开始就作为工具存在,作为获取利润的工具存在,人们之所以想拥有更多的资本,并不是被资本本身所吸引,而是想通过它获取更多的利润。"作为资本的道德"将道德首先视为一种工具,视为获取利润的工具,从"一般意义上的道德"到"作为资本的道德",最主要的变化在于突出道德对于获取利润和经济发展的工具性功能。

将道德视为获取利润和经济发展的工具,似乎背离了人们对道德功能的传统理解,因为在一部分人看来,道德主要承担的不应该是工具性功能,而应该是目的性功能。不过,道德观念的发展历史却表明:承认和突出道德在经济发展中的工具性功能,正是道德观念发展的基本趋势之一,也是现代社会发展的根本要求之一。

在传统道德观念中,道德的目的性功能被放在首位,道德的工具性功能处于边缘地位,工具性功能完全服从于目的性功能。这主要表现在三个方面:

第一,从研究主题来看,传统道德观念最关注的主题是一个人或群体存在的最高目的和终极意义,这一主题就确立了道德的目的性功能在整个社会中的主导地位。传统思想家们提出的主要问题是:什

———————————

① 这里所说的"道德",是指在一定历史阶段符合历史发展规律和要求的道德,在现阶段更是指科学意义上的道德。

② 关于"道德的双重功能",参见论文:李志祥,《论经济伦理学研究的双重向度》,载《伦理学研究》2006 年第 1 期。

么样的人是合乎道德的人？什么样的生活是合乎道德的生活？什么样的社会是合乎道德的社会？这些问题的核心只有一个：人存在和生活的最高目的是什么？亚里斯多德恰如其分地表达这个意思，他提出了"最高的善"这个概念。① 在他看来，一切行为和选择，都以某种善为目的，目的可以区分为从低到高的不同层次，善也可以区分为从低到高的不同层次，居于目的链顶端的、为自身而被期求的目的就是"最高的善"。这个"最高的善"，也就是终极目的，它对于其他一切社会行为都具有终极性的约束力，因而，以"最高的善"为主要内容的道德必然要承担更多的目的功能。在古希腊罗马和中世纪时期，思想家们大都遵循着亚里斯多德式的大伦理学思考方式：先提出一个处于最高地位的道德目标，再以这个道德目标去统率各种社会领域中的行为和选择。中国儒家学者同样如此，他们将道德推及社会生活的各个方面，在"义利观"上反复强调"义高于利"和"以义制利"的思想。

第二，从伦理学与其他社会学科的关系来看，伦理学高高凌驾于其他社会科学之上，这一学科格局同样表明，伦理学的主要功能是确定人类存在的最高目的，而其他所有学科则研究和提供实现这一最高目的的各种必需手段。亚里斯多德在提出了"最高的善"之后接着指出，以最高善为对象的政治学"属于最高主宰的科学，最有权威的科学"，它让"其余的科学为自己服务"，包括战术、理财术和讲演术在内的其他科学都隶属于政治学。② 伦理学统率其他学科的情况在此后一直延续，伊壁鸠鲁甚至让自然科学都从属于伦理学，他在将"好"定义为免除痛苦之后指出："如果不清楚地认识整个自然，死亡不令我们烦

---

① 〔古希腊〕亚里斯多德：《尼各马科伦理学》，苗力田译，北京：中国社会科学出版社 1992 年版，第 2 页。

② 〔古希腊〕亚里斯多德：《尼各马科伦理学》，苗力田译，北京：中国社会科学出版社 1992 年版，第 2 页。

恼,而且我们能够认识到痛苦和欲望是有界限的,我们就根本不需要自然科学了。"①而以《国富论》闻名的亚当·斯密仍然是在"道德哲学教授"这一头衔下从事经济学研究,这一情况表明:即使到了 18 世纪的英国,经济学仍然只是伦理学中的一个分支。在儒家传统思想中,这种学科关系更为明显,"正、诚、格、致、修、齐、治、平"的成人模式表明:只有以伦理道德为研究对象的伦理学才是最根本的学科,其他学科所需要做的就是将伦理道德从个人推及家庭和社会。

第三,即使从工具性功能的角度谈道德,发挥工具性功能的道德也是与道德目的紧密联系在一起,即它们主要是服务于道德目的,而不是服务于脱离道德的其他目的。在传统道德观念中,道德也可以作为工具而存在,但是,作为工具的道德主要是实现道德目的的工具,而不是实现其他社会目的的工具。柏拉图在界定"勇敢"概念时指出,真正的勇敢是指"一个人的激情无论在快乐还是苦恼中都保持不忘理智所教给的关于什么应当惧怕什么不应当惧怕的信条"。② 在这里,"理智所教给的关于什么应当惧怕什么不应当惧怕的信条"就提供了一个道德目的,而"勇敢"正是服从于这一道德目的并且有利于实现这一道德目的的道德工具。柏拉图的思想与中国儒家思想不谋而合,孔子在谈到"勇"时同样指出:"见义不为,无勇也。"③真正的勇,乃是从属于仁义并且推动仁义实行的有力工具。

进入近代社会以后,各门社会科学纷纷从大伦理学中独立出来,它们在强调"价值"与"事实"相区别的基础上,把价值问题从各自的领域中清除出去,转而确立了道德色彩相对淡化的独立目的,以此来摆

---

① [古希腊]伊壁鸠鲁、[古罗马]卢克莱修:《自然与快乐:伊壁鸠鲁的哲学》,包利民等译,北京:中国社会科学出版社 2004 年版,第 39 页。

② [古希腊]柏拉图:《理想国》,郭斌和、张竹明译,北京:商务印书馆 1994 年版,第 170 页。

③ 《论语·为政》。

脱伦理道德的束缚。在这种情况下，发挥目的性功能的道德的绝对统治地位开始受到冲击，发挥工具性功能的道德开始慢慢脱离道德目的的束缚，它们不再只服务于纯粹的道德目的，也开始为各门独立学科的独立目的提供道德工具。

在政治学领域内，饱受非议的意大利人马基雅维利最先搁置了道德的目的性功能而强调道德的工具性功能。他在谈到君王之术时提出，一个成功的君王，必须"既是一头最凶猛的狮子又是一只极狡猾的狐狸"。[①] 在这里，"成功的君王"从道德上讲是中性的，他可能是善的，也同样可能是恶的；它可能给民众带来幸福，也同样可能给民众带来灾害。因此，使一个人成为成功君王的品质，也就脱离了道德目的的束缚，只作为一种纯粹的道德工具而起作用。也就是说，勇敢（"狮子一样的凶猛"）和智慧（"狐狸一样的狡猾"）之所以值得提倡，并不是因为它们有利于实现某一个道德目的，而仅仅是因为它们有利于实现一个政治目的。因此，马基雅维利主义的冲击意义在于：他将政治与伦理彻底分离开来，"力求说明为达到既定目的所需用的手段，而不讲那目的该看成是善是恶这个问题"，[②]从而开辟了结合伦理学与政治学的另一条道路：不同于"伦理政治"的"政治伦理"。"伦理政治"追求"合乎伦理性质的政治"，"政治伦理"则寻求"合乎政治要求的伦理"。

因做同样事情而饱受非议的另外一个重要人物是荷兰人曼德维尔。曼德维尔的名著《蜜蜂的寓言》以"私人的恶德，公众的利益"为副标题，向世人揭露了这样一个事实："只要经过了正义的修剪约束，恶德亦可带来益处；一个国家必定不可缺少恶德，如同饥渴定会使人去吃去喝。纯粹的美德无法将各国变得繁荣昌盛；各国若是希望复活黄

---

① ［意］马基雅维利：《君主论》，潘汉典译，北京：商务印书馆1996年版，第95页。
② ［英］罗素：《西方哲学史》（下卷），何兆武、李约瑟译，北京：商务印书馆2003年版，第18页。

金时代,就必须同样地悦纳正直诚实和坚硬苦涩的橡果。"①曼德维尔受人非议之处在于：他的思想从表面上看为恶德作出了合理性辩护,因而有可能进一步激化恶德的泛滥,但同样不可否认的是,曼德维尔给后人留下这样一个思考问题的方式：为了创造一个物质繁荣昌盛的社会,我们到底需要什么样的道德? 很显然,这里所说的"道德",就是实现物质繁荣昌盛的一种手段。

马基雅维利和曼德维尔的思想,后来被实证社会学家们整理成了他们的主导思想之一,即"价值中立"原则。"价值中立"原则要求研究者在分析某一社会现象时,应该把价值评价和道德情感放在一边,只是从实证的角度分析什么样的手段将导致什么样的目的,而不问这个目的是合乎道德的,还是不合乎道德的。韦伯提出："经验科学无法向任何人说明他应该做什么,而只是说明他能做什么——和在某些情况下——他想要做什么。"②"价值中立"原则的根本目的是为了保证社会科学研究的科学性,而将包括终极目的在内的道德评价从各门经验学科中驱逐出去。

在这样一种思想大潮中,经济学家们也努力清洗经济学研究中的道德判断因素,转而确立属于自己的经济目的。马歇尔比较明确地表达了这一思想,他在《经济学原理》一书中提出："日常营业工作的最坚定的动机,是获得工资的欲望,工资是工作的物质报酬。工资在它的使用上可以是利己地或利人地用掉了,也可以是为了高尚的目的或卑鄙的目的用掉了,在这一点上,人类本性的变化就起作用了。但是,这个动机是为一定数额的货币所引起的,正是对营业生活中最坚定的动

①［荷］伯纳德·曼德维尔：《蜜蜂的寓言：私人的恶德,公众的利益》,肖津译,北京：中国社会科学出版社 2002 年版,第 28 页。
②［德］马克斯·韦伯：《韦伯文集》(上),韩水法、莫茜等译,北京：中国广播电视出版社 2000 年版,第 8 页。

机的这种明确和正确的货币衡量，才使经济学远胜于其他各门研究人的学问。"①这就是说，为什么样的道德目的而使用工资，已经被排除在经济学研究之外，只有不带道德色彩的获取工资才构成了经济学研究的主题。对这一研究方法作出过明确表述的代表人物是约翰·内维尔·凯恩斯和罗宾斯。凯恩斯提出："政治经济学的功能是观察事实，发现事实后面的真相，而不是描述生活的规则。经济规律是关于事实的本来面目的定理，而不是现实生活的实际规范。换句话说，政治经济学是科学，而不是艺术或伦理研究的分支。在竞争性社会体制中，政治经济学被认为是立场中立的。它可以对一定行为的可能的后果做出说明，但它自身不提供道德判断，或者不宣称什么是应该的，什么是不应该的。"②罗宾斯同样表明："不幸的是，这两个学科从逻辑上说似乎只能以并列的形式联系在一起。经济学涉及的是可以确定的事实；伦理学涉及的是估价与义务。"③诺贝尔经济学奖获得者阿玛蒂亚·森对这一局面的总结是："可以说，随着现代经济学的发展，伦理学方法的重要性已经被严重淡化了。"④其实，经济学排斥道德判断因素，表面上是经济学的"纯净"，实质上是经济学科发展中的倒退。

经济学中的"价值中立"原则仅仅只是清除了发挥目的性功能的道德，他们仍然保留了发挥工具性功能的道德。经济学家们割断了道德工具与道德目的之间的联系，让道德工具转过来成为服务于经济目的的工具。他们不再关心经济生活的道德目的，但很关心经济生活中的道德工具，即哪些道德对于经济发展具有重要意义。对经济学家来

---

① ［英］马歇尔：《经济学原理》，朱志泰译，北京：商务印书馆1994年，第35页。

② ［英］约翰·内维尔·凯恩斯：《政治经济学的范围与方法》，党国英、刘惠译，北京：华夏出版社2001年版，第8页。

③ ［英］莱昂内尔·罗宾斯：《经济科学的性质和意义》，朱泱译，北京：商务印书馆2000年版，第120页。

④ ［印度］阿马蒂亚·森：《伦理学与经济学》，王宇、王文玉译，北京：商务印书馆2000年版，第13页。

说，一种品质或行为为什么是道德的，这不属于他们的研究范围，他们只关心一件事：从有利于经济发展的角度看，什么样的道德才是应该提倡的。强调道德工具对于经济发展的意义，在亚当·斯密那里已经有所体现。他对"节俭"美德的分析，就不是源于什么样的欲望是必要而且合理的这样一个伦理学视角，而是源于是否有利经济发展这一经济学视角。亚当·斯密很明确地指出："资本增加，由于节俭；资本减少，由于奢侈与妄为。"①凯恩斯后来为"奢侈"翻案时也采用了同样的方法，只不过他所借助的工具是"有效需求"理论，而不是"资本积累"理论。

在思想史上，明确强调道德的经济工具功能的人当数马克斯·韦伯。韦伯的宗教社会学主要分析了由宗教提供的各种道德对于资本主义发展的影响，这实际上是以资本主义发展这一目的重新检视了各种各样的宗教道德。韦伯发现，不同宗教在资本主义兴起过程中扮演了不同的角色，有些宗教促进了资本主义发展，有些宗教却阻碍了资本主义的兴起。究其原因，在于不同宗教所提倡的伦理精神，与资本主义所要求的伦理精神是否相合。韦伯的结论是，最能促进资本主义发展的是新教伦理，新教伦理所提供的包括禁欲精神和进取精神在内的"天职"观念，正好构成了资本家和雇佣工人的精神内核。他说："集中精神的能力，以及绝对重要的忠于职守的责任感，这里与严格计算高收入可能性的经济观，与极大地提高了效率的自制力和节俭心最经济地结合在一起。这就为对资本主义来说是必不可少的那种以劳动为自身目的和视劳动为天职的观念提供了最有利的基础：在宗教教育的背景下最有可能战胜传统主义。"②

---

① [英]亚当·斯密：《国民财富的性质和原因的研究》上卷，郭大力、王亚楠译，北京：商务印书馆1994年版，第310页。
② [德]马克斯·韦伯：《新教伦理与资本主义精神》，于晓、陈维纲等译，北京：生活·读书·新知三联书店1987年版，第270—271页。

韦伯的新教伦理分析开辟了这样一种新视角:首先确定一个非道德性的目的,再寻求有利于实现这一非道德性目的的各种道德因素。在现代经济学理论中,比较好地继承这一研究思路的是制度经济学。自从科斯分析了企业的组织成本之后,制度经济学家们就发现,制度才是推动社会发展和经济发展的重要因素。诺斯强调指出:"决定经济绩效和知识技术增长率的是政治经济组织的结构。人类发展的各种合作和竞争的形式及实施人类活动组织起来的规章的那些制度,正是经济史的中心。"①那么,什么是"制度"呢? 简单地说,制度就是"人类相互交往的规则",②毫无疑问,道德规则是所有交往规则中最为基础的规则。制度经济学家们分析道德的基本思路是:寻找最能降低合理制度组织成本的道德,以最终推动经济和社会的发展。福山在《信任》一书中表明:"一国的福利和竞争能力其实受到单一而广被的文化特征所制约,那就是这个社会中与生俱来的信任程度。"③这就明确揭示出了"信任"这样一种制度道德在社会发展的重要性。

制度经济学的出现,最终为伦理学研究提供了这样一种分析道德的全新方法:将道德视为经济发展的一个必要而且有效的手段,突出道德的工具性功能。"作为资本的道德"概念正是这一全新分析视角的产物。其实,道德的目的性功能与工具性功能是不可能截然分开的,也不是天生排斥的。没有目的性功能所提供的目的、责任和约束,道德就不能称其为道德;反过来,没有工具性功能所提供的现实意义,道德就难以显示其现实价值。

---

① 〔美〕道格拉斯·C.诺思:《经济史上的结构和变革》,厉以平译,北京:商务印书馆 2005 年版,第 21 页。

② 〔德〕柯武刚、史漫飞:《制度经济学:社会秩序与公共政策》,韩朝华译,北京:商务印书馆 2002 年版,第 35 页。

③ 〔美〕弗兰西斯·福山:《信任:社会道德与繁荣的创造》,李宛容译,呼和浩特:远方出版社 1998 年版,第 9 页。

## 二、从"实物资本"到"道德资本"

单纯从字面上看,"资本"与"道德资本"的区别在于:"资本"体现资本一般,它涵盖各种形态的资本;"道德资本"体现资本特殊,它仅仅包括道德形态的资本。因此,"道德资本"概念的意义仅在于通过缩小概念的外延来进一步明确"资本"概念。不过,如果从"资本"概念的发展史来看,我们就会发现"道德资本"概念具有深刻得多的意义:"资本"概念在其初期并不是指资本一般,而同样是指资本特殊,是指实物形态的资本。道德资本概念把非物质形态的道德纳入资本之内,其意义并非缩小了资本概念的外延,而是补充扩大了它的外延。

从古典政治经济学开始,"资本"就成为一个非常重要的经济学概念。古典政治经济学家在分析经济活动的构成要素时基本上采取了"三分法":资本、劳动和土地。资本由资本家提供,相应的收入是利润;劳动由工人提供,相应的收入是工资;土地由地主提供,相应的收入是地租。不过,随着现代化和工业化的发展,资本不断入侵土地,资本家不断战胜地主,土地在生产中的重要性越来越低,于是,土地这一因素被并入到资本之中,整个经济活动出现了马克思所说的"二元对立":资本与劳动的对立,资本家和工人的对立,利润和工资的对立。在后人看来,这个经济学体系中的"资本"至少具有三个特征:

第一,资本必须是能够支配整个利润生产过程、从而使利润生产过程体现为资本自我增值过程的总体性资本。尽管后人都承认资本是"期望在市场中获得回报的资源投资",[①]但古典政治经济学家和马克思在谈到资本时都潜在地强调一点:资本不仅能够生产利润,而且必须自行生产利润,资本生产利润的过程必须体现资本的自我增值过

---

① [美]林南:《社会资本:关于社会结构与行动的理论》,张磊译,上海:上海人民出版社 2005 年版,第 3 页。

程。资本的自我增值是这样实现的：资本首先化身为生产所需要的各个要素，一方面是以不变资本形式出现的劳动资料，一方面是以可变资本形式出现的生活资料（即劳动），然后是这些资本化身的自我运动，即由生活资料控制的劳动运用劳动工具对劳动对象进行加工改造，其结果是生产出包括利润在内的商品。从表面上看，利润好像是各种生产要素相结合的产物，从实质上看，利润生产过程完全是资本的"独舞"。马克思有一段话说得很清楚："如果把自行增殖的价值在其生活的循环中交替采取的各种特殊表现形式固定下来，就得出这样的说明：资本是货币，资本是商品。但是实际上，价值在这里已经成了一个过程的主体，在这个过程中，它不断地变换货币形式和商品形式，改变着自己的量，作为剩余价值同作为原价值的自身分出来，自行增殖着。既然它生出剩余价值的运动是它自身的运动，它的增殖也就是自行增殖。"①因此，古典政治经济学家与马克思所说的"资本"都是指自行增值的资本，是指作为"不变资本"与"可变资本"之和的总体资本。有所不同的是，"自行增值"在古典政治经济学家看来是利润生产，而在马克思看来是剩余价值生产。资本的总体性特征意味着：只有能够独立生产利润的东西才能称为资本，利润生产过程的每一个必需要素都不能独立称为"资本"。具体说来，利润生产过程离不开生产资料、土地和劳动，但这些东西都不是独立的资本，因为这其中的每一个要素都不能独立生产利润。

第二，资本在其抽象形式上表现为货币，而在其具体形式上表现为充当生产要素的各种实物。抽象出来的资本在起点上可以表现为一定量的货币，在一个周期的终点上仍然可以表现为一定量的货币。但在整个利润生产过程中，货币必须化身为生产过程所必需的各种要

---

① 《马克思恩格斯文集》（第5卷），北京：人民出版社2009年版，第180页。

素,即它首先化身为一定量的生产资料和生活资料,前者包括劳动对象和劳动工具,后者包括工人的生活必需品,然后化身为一定量的商品。在这里,无论是货币,还是生产资料和生活资料,还是包含着利润在内的最终商品,都象征着或具体体现为一定的、有形的实物。正是在这个意义上,古典政治经济学家和马克思的资本被后人称为"实物资本"。尽管马克思曾深刻地指认出,所有经济物的本质是人与人之间的经济关系,但在这里,经济关系最终仍然必须通过一定的有形实物体现出来。"实物资本"概念与总体性资本概念密不可分,它们的结合就使利润生产过程体现为有形物质财富的自我增值过程。"实物资本"概念意味着:不能以有形实物形态出现的东西,比如说制度、法律、文化等利润生产过程的必需因素,就有可能被排除在"实物资本"范围之外。

第三,实物资本具有可以与所有者相分离的客观独立性。实物资本是作为与"人"相区别的"物"存在的,也是作为外在于"人"的"物"存在的。尽管所有的实物资本都有其所有者,但实物资本可以与其所有者相对独立地存在。获取、占有和转移实物资本对所有者来说,仅仅意味着外在物质财富的增减变化,人自身则没有发生任何变化。尽管马克思强调指出"资本家是资本的人格化",但利润生产过程很明确地体现为:一方面是自我增值的实物资本不断地进行形式转换,一方面是看着资本自我增值的资本家纹丝不动。实物资本的相对独立性意味着,只有可以外在于人而独立存在的东西才有可能是资本,而那些内在于人、与人不可分离的东西将被排除在"资本"范围之外。

后人在把古典政治经济学家和马克思的"资本"概念统称为"传统资本"概念或"实物资本"概念之后,对这一资本概念进行程度不同的批判。较早提出异议的是人力资本论者。他们认为,如果资本主要是指以自然资源为基础的实物资本,并且资本是推动社会经济发展的主要力量,那么一个必然成立的推论是:拥有自然资源最多的国家就应该是经济发展最快、生产利润最多的国家。但这个推论与事实情况明显不符,事实情况是:拥有自然资源很少的一些国家能位居发达国家之列,而拥有自然资源丰富的众多国家却停留在发展中国家水平。由此出发,人力资本论者提出,真正决定一国财富增长速度的因素,既不是自然资源,也不是机器,也不完全是科学,而是人口质量。舒尔茨的结论是:"改善穷人福利的生产决定性的要素不是空间、能源和耕地,而是人口质量的提高和知识的进步。"①这就是说,与实物资本相比,人力资本是一种更为重要的资本。

人力资本论者试图改变人们对资本的传统理解,他们更倾向于用边际分析方法来理解资本。他们首先分解出利润生产的各种要素,然后再分析每一个要素的边际投资及其边际收益,他们认为,一个生产要素能不能成为一种资本,就取决于这种生产要素方面的边际投资能否带来一定的边际利润。舒尔茨提出:"我相信,在考虑经济增长时需要确定投资方法。按这种方法,就可通过投资来增加资本量,追加资本的生产性服务就可使收入增加,这正是经济增长的关键所在。……因而对全部追加投资进行核算便可全面协调地解释资本量的边际变化、由资本带来的生产性服务的边际变化、收入的边际变化以及随之而来的增长。"②

在这样一种资本视角下,人力资本理论提出:人口质量也是一种资本,因为在人口质量方面的投资也可以带来一定的利润。无论是对健康、儿童教育、成人教育以及技能培训方面进行投资,都能生产出超

---

① [美]西奥多·W.舒尔茨:《人力投资》,贾湛、施伟译,北京:华夏出版社1990年版,第1页。

② [美]西奥多·W.舒尔茨:《人力资本投资:教育和研究的作用》,蒋斌、张蘅译,北京:商务印书馆1990年版,第6页。

过投资成本的利润。舒尔茨指出："我对人口质量的分析方法是,把质量作为一种稀缺资源来对待。这意味着它具有经济价值,获得它需要成本。人的行为决定着一段时间内人们获得的人口质量的类型和数量。分析这种行为的关键,是追加质量的收益和获得它的成本之间的关系。当收益超过了成本时,人口质量就提高了。"[①]需要说明的是,将人力本身视为一种资本并要求进行人力投资的思想,在马克思那里已经有所体现,因为生产剩余价值的可变资本就体现为劳动力(即人力),而"科学技术是第一生产力"这一论断中也包含了人力投资思想的萌芽。

人力资本理论把人口质量视为一种资本,试图从三个方面突破传统资本概念:

第一,人力资本概念试图突破总体性资本的束缚,把利润生产过程中的必需因素也视为资本。实物资本可以自行生产利润,可以化身为各个生产要素,而人力资本不能独立生产利润,仅仅只能作为一个生产要素而存在。实物资本尽管从抽象形式上表现为一定量的货币,但在利润生产过程中可以转化为生产过程中的一切要素,它完全通过自身的物质转换而产生利润,整个资本增值过程都是资本的物质形式转换。人力资本尽管也会参与利润生产的全过程,但是在利润生产过程中,人力资本仅仅体现在劳动者身上,包括生产资料在内的诸多生产要素都不是人力资本的物质化身。因此,整个利润生产过程并不能体现人力资本的自行增值过程。而人力资本之所以被视为一种资本,仅在于一点:在其他生产因素相对不变的情况下,对人口质量进行投资可以带来超出投资成本的利润。因此,把人口质量视为资本,开启了分析各种生产要素资本性的大门:利润生产过程中的每一种要素,

---

① [美]西奥多·W.舒尔茨:《人力投资》,贾湛、施伟译,北京:华夏出版社1990年版,第9页。

都有可能作为一种独立的投资对象,只要投资成本低于投资收益就可以了。

第二,人力资本概念试图突破有形实物这一形态限制,把无形的东西也纳入到资本中来。最终来源于自然资源的实物资本是一些有形的实物,而在人力资本中,存在着大量的、无形的因素。人力资本理论所说的人口质量,主要包括人的身心健康情况、受教育程度、所掌握的知识和技能等,在这些东西中,如果说身体健康情况还带着有形实物资本的特色,那么,心理健康、受教育程度、知识和技能等则完全是无形的、观念性的东西。当人力资本理论确认了这些无形之物同样能带来经济利润时,它实际上使资本完全摆脱了形态的制约,即一种东西,只要能带来经济利润,不管是有形的还是无形的,都可以称为资本。

第三,人力资本概念试图突破资本独立于人而存在的限制,将完全内化为人之组成部分的东西也视为资本。实物资本是一种独立于人之外的实物,它可以为任何人所拥有,也可以根据一定的法律手段而自由转移。人力资本则完全内化为人力资本所有者的组成部分,它与所有者无法分离。由于人力资本与所有者不可分离,在人力资本的形成过程中,所有者必须亲身参与,身体力行,才能确实改善自己的人口质量,在人力资本形成之后,它也无法被所有者自由转移给另一个人。

以人力资本理论为基础的人力资源管理理论则从企业管理的角度进一步扩充了人力资本概念,它将人才招聘、员工激励、技能培训等等有助于提高员工生产能力的东西,都纳入到了人力资本范围之内。对人力资源管理理论来说,只要是有利于提高员工生产率的措施,都可以视为一种人力资本投资,这就大大发展了以人为载体的人力资本概念。

在人力资本理论广开了"资本"的大门之后,"文化资本"理论也随之出现。以布尔迪厄为代表的文化资本论者发现：文化其实也是一种资本。文化资本论者指出，个人通过学校学习或其他途径接受统治阶级指定的价值观念，也可以在市场上获得超出一般人的财富。布尔迪厄指出："形成这一区分的特殊象征性逻辑，为大量占有文化资本的人额外地提供了对其物质利润和象征利润的庇护：任何特定的文化能力（例如，在文盲世界中能够阅读的能力），都会从它在文化资本的分布中所占据的地位，获得一种'物以稀为贵'的价值，并为其拥有者带来明显的利润。"[①]布尔迪厄的"文化资本"概念带有强烈的意识形态色彩，因为他认为文化资本之所以能带来利润，完全是统治阶级出于意识形态考虑而给予奖励的结果，其目的是将统治阶级的文化观念推广为整个社会的文化观念。此后的文化资本论者则逐渐剔除了这一因素，他们以经济学的成本收益方法分析文化，认为获取一定文化资本所带来的收益可以超过获取成本，从而在经济学意义上确定了文化的资本性。一位文化资本论者分析道："从某种意义上说，如果一项文化制度，如一种特定的语言或两性的分工，能对一个社会产生未来收益，并且创造和维持该项制度要付出昂贵的代价，那么这项制度就可被视为文化资本的一种形式。"[②]

"文化资本"与"人力资本"有很多相似之处，比如说在内容上，二者有一定的重叠，布尔迪厄提出的"文化资本"三形态，[③]其第一种形态（即"具体的形态"）就被后人指认为是人力资本的内容，人力资本理论

---

① ［法］布尔迪厄《文化资本与社会炼金术：布尔迪厄访谈录》，包亚明译，上海：上海人民出版社 1997 年版，第 196 页。

② ［美］克利斯朵夫·克拉格、索姗娜·格罗斯巴得·斯哥茨曼："文化资本与经济发展导论"，吴丹译，见薛晓源、曹荣湘主编，《全球化与文化资本》，北京：社会科学文献出版社 2005 年版，第 222—223 页。

③ 布尔迪厄认为，文化资本可以区分为三大形态：一种是具体的状态，以个体文化形式存在，一种是客观的状态，以文化产品形式存在，一种是体制的状态，以文化制度形式存在。

在其发展过程中也明确把文化资本纳入其中；在形式上，二者都强调以观念形态出现的、无形的东西。

但是，"文化资本"与"人力资本"有更多的不同之处："人力资本"概念侧重资本的载体，强调资本的载体是"人"，只要包含在人之中而与生产效率有关的东西都可以纳入到人力资本之中；而"文化资本"概念侧重于资本的内容，强调资本的内容是"文化"，只要是以文化为其内容并且可以提高收入的东西都可以纳入到文化资本之中，如被具体化的个人文化观念，被客观化的文化艺术作品，被制度化的社会文化制度等，都属于文化资本范畴之列。另一方面，人力资本主要是将自然科学技术和社会科学技术内化为个人的知识和技能，从而可以直接提高劳动者的劳动生产效率；文化资本更侧重于人文科学和文化观念，它从一开始就是指人文价值观念的个人化、物化和制度化。

其实，较早体现文化资本思想而没有提出文化资本概念的是二战后兴起的企业文化理论。企业文化理论要求培养企业的文化氛围，提出要塑造企业的各种理念，如社会理念、管理理念、营销理念等等，在这一系列要求中存在一个问题：企业为什么要发展企业文化？不可否认，企业不可能为了文化而发展文化，而只能是为了获得更多的利润而发展企业文化。在建设企业文化的企业家眼里，企业文化就是一种资本，发展企业文化就是在进行文化资本投资，这种投资所带来的利润将超过所需花费的成本。这种思想正好暗合了文化资本论的观点。

从"实物资本"到"人力资本"，破除了资本的总体性特征、有形性特征和独立性特征，从"人力资本"到"文化资本"，又揭示了文化观念可以具有的资本性质。至此，道德资本概念的基础已基本确立，因为文化的内核就是道德。将道德纳入到资本范围之内，实际上是资本概念不断扩展的必然结果，也是经济成为社会生活中心的必然要求。

### 三、道德资本概念的意义

从道德的目的性功能走向工具性功能，从实物资本走向道德资本，"道德资本"概念确实是一个创新性的概念，这种创新并不是以空想为基础的文字游戏，而是对社会实践发展的自觉的、理论的把握。在概念创新的背后，是社会实践发展的强烈要求。

在传统社会，由于科学技术的局限，人能够从自然界获得的财富是有限的，能够被满足的人类需求也是有限的。有限财富和有限需求这种实践状况决定了当时的理论主题：人们必须从理论上说明有限需求论，必须说明在人类所拥有的各种需求中，哪些需求是合乎道德而可欲的，哪些需求是超出道德而不可欲的。这些问题最终都要由目的性道德来解决，即从终极价值上确定有限需求和有限满足的道德性。当然，为了获得有限财富以满足有限需求，也需要一定的工具性道德，比如说勤劳、节俭、友爱等等，但这些工具性道德在当时无疑处于道德体系的边缘，从属于有限需求这一目的性道德。

进入近代社会以后，随着科学技术的进步，人对自然的改造几乎达到一种为所欲为的地步，人所能创造的物质财富也呈现出无限增长的势头。在无限财富的实践生活中，人对财富的欲望被彻底解放了，真正达到了另一种"所欲即可欲"的地步。在这种情况下，欲望本身的道德性证明已经下降为一个次要的理论问题，真正的理论问题在于：如何才能提供最大限度的财富以满足人类最大限度的欲望。

在现代化进程中，财富增长开始以资本自行增值的方式占据历史舞台的中心位置，财富和资本取得了对各种社会事物的重新解释权。它们首先需要夺回在传统社会中被伦理化了的经济阵地。抢夺的方式就是剥下经济实物的宗教和道德外衣，重新恢复经济实物的经济本性，抢夺的结果就是以"实物资本"概念为自己建立了最稳固的根基。

当财富和资本稳固了自己的经济阵地之后,又将自己的势力伸入了传统的非经济领域。财富增长和资本变成了一种"以太之光",这种"以太之光"射向各个社会生活领域,对各种社会事物进行属于它的重新解释。在财富增长和资本的重新解释下,各种社会事物都呈现出不同于过去的面貌,都将自己服务于财富增长的一面及其本身利益机制的一面彻底地显露出来。于是,"社会人"衍生出了"经济人","政治统治者"发展出了"政客",一切人类行为都可以进行"经济分析"。[①] "人力资本"概念和"文化资本"概念正是资本改造各种社会事物的成果。

资本介入到各种非经济领域,道德也不可避免地受到了一定程度的影响。在世俗化的大潮中,道德尽管仍然担负着赋予世界以意义的崇高地位,但由于其特殊功能和作用,它也不可避免地要显露出资本的一面。在物质财富和资本的统治下,道德不再抽象地高高凌驾于一切社会事物之上,它像其他社会事物一样,也被置于经济财富的运作过程中,并做出相应的调整,以便为经济发展做出最大的贡献。"道德资本"概念正是这一道德状况的理论化。

因此,道德资本概念的理论和实践意义在于它把握了经济发展是当今社会发展的中心这一现实。当今世界的主题是发展,发展的核心是经济发展,尽管近年来包括社会发展在内的全面发展已经形成了一定的力量,但不可否认,全面发展的主动力仍然在于经济发展。既然经济发展是时代的主题,那么,在现实生活中,就应当尽力发掘能够促进经济发展的诸多因素,调动一切能够促进经济发展的力量。"道德资本"概念正是顺应这一时代要求,指明道德对于促进经济发展的工具性作用,从更开阔的层面上寻求有利于经济发展的道德因素。

既然理论的发展趋势和实践的发展趋势都在指向道德资本,那么

---

① [美]加里·S.贝克尔:《人类行为的经济分析》,王业宇、陈琪译,上海:上海三联书店1996年版,第5页。

为什么还有一些人不愿意接受道德资本概念呢？笔者认为，这主要是由于部分人心中存在这样一个疑问：作为资本的道德还是道德吗？把道德视为一种工具，是否有损道德的崇高性呢？进一步说，把道德当作获得经济利益的手段，是否会导致道德的虚伪性？

舒尔茨在倡导"人力资本"概念时也碰到过类似的问题。他发现，很多人不愿意接受"人力资本"和"人力投资"这样的概念，主要是因为他们认为把人本身当作一种投资对象会有损人格。他说："把人类视为能够通过投资来增加的财富是同根深蒂固的道德准则相违背的。这就像把人又贬低成一种纯粹的物质因素，贬低成某种类似财产的东西。因而，一个人倘若把自己看成是一种资本货物，那么纵然这并不损害他的自由，也会贬低他的人格。有一段时间，一位像J.S.穆勒一样有身份的人坚持认为，不应把一个国家的人民当作财富看待，因为财富仅仅是为人而存在的。但是，穆勒肯定错了；他认为财富仅仅是为人而存在的，可是人力财富的概念同他的想法一点也不矛盾。人通过对自身投资便能扩大自己可资利用的选择范围。这正是自由人可以增加自身福利的一个途径。"①当"道德资本"概念重新面临"人力资本"概念所面临过的问题时，我们的回答是肯定的："道德资本"概念与"人力资本"概念一样，不仅不会有损人的自由和人格，有损道德的崇高性，相反，它会增强人的自由和人格，促进道德的全面发展。

第一，将道德视为资本，是强调道德的工具性功能，要求培育符合经济发展需求的道德因素，可以为经济生活中的道德建设打下最真实而牢固的基础。历史唯物主义很明白地告诉我们：利益，也只有利益，才是道德产生的真正基础。与个人的自我利益和社会的集体利益相一致的道德，最终都将被人们所接受，尽管这一接受过程可能是一

---

① ［美］西奥多·W.舒尔茨：《人力资本投资：教育和研究的作用》，蒋斌、张蘅译，北京：商务印书馆1990年版，第23—24页。

个艰难的、漫长的过程；而与个人的自我利益和社会的集体利益相脱节的道德，最终必将被人们所抛弃，尽管这一道德可能会在某一时期得到纵容。历史已经证明，道德要求与利益要求完全脱节的时期，也就是伪君子和双面人大量流行的时期。道德资本论要求道德必须能起到资本作用，必须能够促进经济的发展，因而它正是经济生活所要求的道德，是与现实利益相一致的道德。倡导这种道德不会产生"说一套、做一套"的局面，反而能够真正促进道德的生活化。因此，将道德视为一种资本，探求能够促进经济发展的道德，是推动经济与道德内在结合的一条最为有效的途径。

第二，将道德视为资本，仅仅意味着要重新对待以前被相对忽视的工具性道德，要重新摆正工具性道德与目的性道德的关系，并不意味着道德仅仅只能作为资本而起作用。正如亚当·斯密提出"经济人"概念并不是要取代和否定"社会人"概念一样，道德资本概念从来没有取代和否定一般道德的意思，它只想指明被以前伦理学研究相对忽视的一个方面，即道德也有资本的一面，也负担着促进经济发展的工具性功能。毫无疑问，道德应该而且必须具备目的和工具两大功能，但在以经济发展为主题曲的今天，道德的目的性功能固然重要，道德的工具性功能则显得更为迫切。因此，提出道德资本概念，并不是要否认道德的目的性功能，而是要在承认道德的目的性功能的基础上，进一步强化道德的工具性功能研究，以为经济发展提供道德方面的有力支持。

第三，将道德视为资本，强调经济运作过程中经济主体的"觉悟"程度和主体与主体之间协调的理性水平直接影响和制约着经济的效益和发展速度，这不仅没有贬低道德，没有损害道德的崇高性和纯洁性，反而说明了道德无可替代的、特殊的作用。"道德资本"概念并没有涉及到"什么是道德"这一问题，因而没有改变道德概念的外延，它涉及到"道德可以起什么作用"这一问题，并且强调道德对于经济发展的工具性功能。起工具作用的道德，当然可以是崇高而纯洁的，没有人会否认，在一定意义上推动了资本主义经济发展的基督教道德的崇高性。更为重要的是，"道德资本"概念通过阐释道德可以具有的资本功能，说明经济发展中道德资本的无可替代性，进一步明确和扩充了道德的现实意义。

发展道德资本论，培育具有工具性功能的道德，将产生经济建设和道德建设的"双赢"结局：一方面，经济建设将由于道德资本的介入而获得更全面的资源，另一方面，道德建设也将由于道德资本的发展而取得更深刻的影响。说到底，道德之为道德，不仅在于主张什么、觉悟如何，更在于其特殊功能的发挥获得了什么。事实上，主张是否真实和崇高，觉悟是否深刻和伟大，最终要看道德的工具性功能与效益。

# 道德资本与企业创新<sup>*</sup>

国务院在国民经济和社会发展"十一五"规划中强调提出,必须增强自主创新能力,努力建设创新型国家。从企业的角度看,搞自主创新就是要大力培养企业创新精神,全面开展企业创新活动,努力建设创新型企业。要实现这一目的,必须深入动员企业运作的各种因素,其中也包括伦理道德这一重要因素。本文从道德资本这一独特视角出发,深入分析道德资本与企业创新的关系,充分发掘道德资本在企业创新中的作用,以便为我国企业创新寻求伦理道德方面的支持。

## 一、企业创新离不开道德资本

从一般意义上说,企业的本质就是创新,没有创新就没有企业。因为一个企业要存在,要发展,就离不开利润,而利润只有通过劳动创新才能产生。不过,我们现在所说的"企业创新",并不是指创造利润这种创新,而是在企业与企业的比较意义上讲的。我国之所以重视企业创新问题,是因为经济全球化将我国企业引入到世界性经济竞争中,这一方面为我国企业赢得了前所未有的发展机遇,另一方面也给

---

※ 本文主要内容曾以《道德资本与企业创新》为题刊发于《伦理学研究》2007 年第 1 期。

我国企业带来了巨大的生存挑战。强调企业创新,正是迎接这一机遇和挑战的应对策略,它力图使我国企业通过创新在全球性经济竞争中赢得自己的一席之地。因此,企业创新是指处于市场竞争中的企业在知识、技术、产品、销售、服务或管理等某一个或某几个方面所实现的、不同于其他相关企业的新颖独到之处。

目前理论界和企业界对于企业创新已经展开了较为全面的研究,分析了实现企业创新所必须具备的多种要素,如资金投入、人才培养、管理机制以及产品创新等等。毫无疑问,这些因素确实都是实现企业创新所不可或缺的,但笔者更想强调一点:企业创新同样离不开一定的道德资本。道德资本在企业创新过程中至少具有以下三个方面的作用:

第一,道德资本可以引导企业创新的合理方向。创新只是企业发展的一种手段,而不构成企业发展的根本目的。有些手段可能利于目的的实现,有些手段则可能与目的背道而驰。因此,并非每一种创新都是好的、可取的、有意义的。比如说那些被依法取缔的传销组织,它们在营销方式上确实进行了创新,但没有人会认为这是一种好的、可取的、有意义的创新。真正好的、可取的、有意义的企业创新,必须符合企业发展的根本目的,一方面能够给企业带来一定利润,另一方面能够满足消费者的合理需求。能够带来一定的利润,这样的创新就能够成为真正的资本,能够满足消费者的需求,这样的创新就包含一定的道德特性,既能够带来利润又能够满足消费者需求,这样的创新就是具有一定道德资本含量的创新。事实上,人类史上的创新不可胜数,但真正能够进入企业、被企业所采纳、对企业发展起推动作用的创新却极为有限,只有具备一定道德资本含量的创新才有可能成为对企业发展真正有影响的创新。

第二,道德资本可以提供促进企业创新效率的精神生产力。道德有两种:①一种是直接指向终极目标的目的性道德,比如说个人的全面发展、社会的和谐公正,都构成人类追求的最高目标,因而是一种目的性道德;一种是有利于顺利实现某种目的的工具性道德,比如说审慎、节俭,它们本身并不构成人类生活的目的,却有利于最终实现预设目的,因而是一种工具性道德。如果将一项可取的、有意义的企业创新视为一种目的,那么这个目的的实现必然离不开一定的工具性道德。企业员工的道德观念(如是否具备锐意进取的态度,是否具备愿意为企业创新的精神等等)以及员工与员工之间的伦理关系(如在创新过程中能否保持一种信任、团结、合作的关系,对创新后的成果能否进行合理的分配等等),都会对企业创新这一目的能否顺利实现产生一定的影响。韦伯在研究资本主义社会的起源时提出:"近代资本主义扩张的动力首先并不是用于资本主义活动的资本额的来源问题,更重要的是资本主义精神的发展问题。"②如果把这个思想与企业创新结合起来,那就可以说,企业创新的动力首先并不是投入企业创新的资金问题,更重要的是企业创新精神的发展问题。

第三,道德资本可以提高企业创新成果的社会认可度。企业内部完成的创新活动是否成功,最终要看社会是否认可这种创新。如果公众不认可该企业生产的意义,消费者也不购买该企业的产品,那么一切企业创新都将变得毫无意义。企业创新成果要想得到社会的认可,除了它必须能够满足社会的经济需求之外,还必须能够满足社会最基本的伦理道德需求。一个以严重污染环境为代价的企业,一个只能提供劣制产品的企业,一个只知道追求利润而不回报社会的企业,都不

---

① 关于"目的性道德"与"工具性道德"的具体分析,请参阅论文:李志祥的《经济伦理学研究的双重向度》,载《伦理学研究》2006 年第 1 期;王小锡、李志祥的《五论道德资本》,载《江苏社会科学》2006 年第 5 期。

② [德]马克斯·韦伯:《新教伦理与资本主义精神》,于晓、陈维纲等译,北京:生活·读书·新知三联书店 1987 年版,第 49 页。

会得到广大社会的最终认可。从另一个角度看,假设所有的企业创新都能满足最基本的道德需求,那么,道德资本含量越高的企业创新,越能获得社会的认可。有法国学者明确断定:"如果道德伦理不是一种时髦,而是一场实质性的运动,那么从长远看,施行道德伦理行为的企业('橱窗'式的除外),有可能在市场上获得相对优势。"①

## 二、责任型道德资本与效率型道德资本

所谓道德资本,是指"投入经济运行过程,以传统习俗、内心信念、社会舆论为主要手段,能够有助于带来剩余价值或创造新价值,从而实现经济物品保值、增殖的一切伦理价值符号"。② 从动力机制或制裁机制来看,道德资本可以区分为两类:一类是责任型道德资本。这种道德资本主要由企业所应承担的社会责任构成,它主要通过各种社会赏罚力量促成。如果没有各种各样的社会压力,企业是不愿意承担这些责任的,因为履行这些责任会增加企业的成本支出,使企业在市场价格竞争中处于劣势。但是,由于社会要求企业必须承担这些责任,社会也愿意认可、补偿甚至奖励对与承担这些社会责任有关的增加支出,并且会抵制或惩罚逃避社会责任的行为。于是,履行社会责任反过来成了企业存在发展的重要资本。从"二战"后的国际企业发展经验来看,处于经济全球化条件下的企业创新至少需要两个方面的责任型道德资本:

第一,企业创新必须努力提高生产及产品的环保指数,承担一定的环保责任。迄今为止,生态环境问题已经构成了严重威胁人类生存的一个重要问题,人与自然界的关系已经恶化到了相当严重的程度,

---

① 〔法〕热罗姆·巴莱、弗郎索瓦丝·德布里:《企业与道德伦理》,丽泉、侣程译,天津:天津人民出版社 2006 年版,第 417 页。

② 王小锡、杨文兵:《再论道德资本》,载《江苏社会科学》2002 年第 1 期。

有人甚至在此基础上提出了现代版的"世界末日论",1972 年的《罗马俱乐部》报告也提出:"如果在世界人口、工业化、污染、粮食生产和资源消耗方面现在的趋势继续下去,这个行星上增长的极限有朝一日将在今后 100 年中发生。"①当然,引发生态环境问题的原因是多方面的,不过,其中最为重要的一个原因就是人类的经济活动:各种资源的过度开采,物质结构的任意更改,生产和生活垃圾的随意排放,都有可能对自然界的平衡系统产生一定的破坏作用。随着政府经济职能的日益削减,作为经济活动主力军的企业无疑应该对全球性生态危机负较大的责任。这一点已经成为人类的基本共识,联合国人类环境会议提出的《人类环境宣言》就明确提出:"为实现这一环境目标,将要求公民和团体以及企业和各级机关承担责任。"②

在各种环境保护法规相继出台、保护生态环境已经成为一种全球性共识的今天,企业创新无疑不能回避这一问题,尤其是那些曾经、正在或将来有可能对生态环境产生破坏作用的企业,更应该在企业创新中加入一定的环保因素,通过技术更新寻找替代性材料,为企业生产和企业产品增加更多的"绿色成份"。在生产和产品的环保问题上,发展中国家已经落后发达国家一步,要想在世界性经济竞争中赢得一席之地,发展中国家企业必须通过创新来提高企业的环保意识,增强产品的环保指数,不断积累自己的绿色资本,以便通过国际组织制定的环境管理体系 ISO14000 系列标准,这样才有可能赢得国际市场的认可。

第二,企业创新必须树立消费者至上的理念,从市场和消费者出

---

① [美]丹尼斯·米都斯等:《增长的极限——罗马俱乐部关于人类困境的报告》,李宝桓译,长春:吉林人民出版社 1997 年版,英文版序。
②《人类环境宣言》,见万以诚、万峋选编:《新文明的路标——人类绿色运动史上的经典文献》,长春:吉林人民出版社 2000 年版,第 3 页。

发,增强产品的服务功能。企业进行资源整合,最终目的是提供符合社会需要的产品,服务于人们的生活需求。这一宗旨要求企业必须树立消费者至上的思想,企业的所作所为都必须紧密围绕消费者的需求。消费者至上有两个不同层次的要求:第一个层次(也是较低层次)的要求是必须以已经制定出来的产品质量标准为基础,充分尊重消费者的权益。产品质量的好坏,直接关系着产品能否完成预定的功能,关系着消费者的合理需求能否得到满足。国际标准化组织早在1984 年就制定了 ISO9000 族标准,到 2000 年又推出了 ISO9001 标准,要求企业不断提高自己的质量管理,对消费者的合法权益负责。

第二层次(也是较高层次)的要求是必须充分了解消费者的需求,以顾客为中心来开发生产自己的产品。毫无疑问,如果一个企业实现了巨大的、有历史突破意义的科技创新,它当然能据此实现重大的企业创新。但是,不可能每一个企业都能做到这一点,即使在整个人类历史上,能改变人类命运的科技创新也是屈指可数的。因此,今天的企业创新更主要地是从寻求顾客需求的角度入手,正如一位学者所说:"今天的创新领军人物更关注微观领域——教导公司如何与顾客心连心,从顾客的角度思考问题;如何使企业的研发实验室与顾客需求更紧密相连;如何调整员工激励措施,激发员工的创造力并为他们提供创新机遇等等。"[①]这就是说,以顾客为导向,以市场调研为基础,进行产品的设计、研发、生产和服务等等,才是企业创新的根本途径。在这一途径中,必须全面贯彻以顾客为上帝、全心全意为顾客服务的精神。

另一类是效率型道德资本。这种道德资本不是来自外界社会的压力,而是来自企业对效益的直接渴求。它可以激发企业员工的生产

---

① [美]布鲁斯·努斯鲍姆:《创新型企业席卷美国》,沈农夫译,载《大经贸》2006年第 4 期。

积极性,协调员工之间的关系,为企业发展提供一种特殊的生产力,降低产品的支出成本。因此,企业对于这种道德资本,不是被动接受,而是主动要求。有了它,企业就能以更低的成本提供更多更好的产品和服务。企业创新所需要的效率型道德资本主要有三个方面:

一是企业必须培养员工的积极参与精神,提高员工的创新能力,最大限度地发挥每一位员工的创造性。进行企业创新、推动企业发展的主体无疑是企业员工。如果没有员工愿意主动、积极地参与,都消极怠工,得过且过,企业创新就无从谈起。相反,如果大多数员工愿意积极主动地参与,愿意将企业的工作真正当成自己的工作,能够将自己的能量最大限度地发挥出来,这样才能产生更多更大的企业创新。

创新精神与创新能力需要一系列道德品质的支撑:首先,创新是一种超越,是不断地通过"新"来超越"旧",与这种超越相对应,要求从事企业创新的员工必须具备积极进取、精益求精的精神。这种精神可以使他看到现状的不足,促使他提出改变现状的新对策。其次,对每一位企业员工来说,创新必须立足于自己的工作岗位,毫无疑问,如果没有一种爱岗敬业的精神,员工很难在自己的岗位上提出一些创新中的东西出来。第三,要能进行真正的创新,企业员工还必须具备广博的理论知识和丰富的实践经验。只清楚自己岗位的工作方式是不够的,还必须清楚整个企业大致的工作方式,更要清楚相关企业的工作方式,这样才能借鉴相关岗位和相关企业的有益经验,才有可能进行真正意义上的创新。

二是要培养员工之间的相互信任、团结合作精神,充分发挥团队在企业创新中的作用。企业创新最终必须由企业员工完成,但并不是由某一个企业员工独自完成。大部分的企业创新,都是以团队合作的方式完成,有些还是企业所有员工共同努力的产物。一次完整意义上的企业创新,首先要有市场调研员去搞市场调研,发掘不同顾客已有的或潜在的真实需求;然后要有设计人员根据市场调研的结果,设计出能够满足顾客真实需求的新型产品;接下来要有科技人员进行科技攻关,解决新产品所需要的技术问题;再接下来还要有生产人员、广告宣传人员和市场销售人员的相继努力,一环一环进行相应工作。从这个意义来说,企业创新需要企业所有员工的共同协作精神。

良好的团队精神依赖于以下三点:第一,团队内部必须有科学而明确的分工,每一位员工都承担相应明确的工作,这就要求每一位员工都具备强烈的责任感;其次,各个分工之间必须保持密切的合作关系,合作就要求员工与员工之间必须相互信任,每一位员工都相信其他员工能够完成自己的基本职责;第三,员工与员工之间还必须进行充分的交流,每一位员工都要交流出自己工作环节中的主要经验及存在问题,以促进彼此工作的改进。

三是企业必须与外界保持良好的关系,借助外界多方面的力量完成创新活动。企业不是一个孤立存在的事物,而是生存于各种社会关系之中的社会事物。处理好与社会各方面的关系,才能获得社会各方面的有力支持,才能更好地进行企业创新。

具体说来,企业至少必须处理好三重关系:第一,要处理好与社会科研单位的关系。我国大部分企业的科研力量比较薄弱,难以依靠自身解决创新所需要的科技,在这种情况下,企业必须借助科研实力较强的社会科研单位(如各个高校及科学院的研究所)的力量,共同研发解决新产品所需要的技术问题。第二,企业必须处理好与材料供应单位的关系。供应材料质量的好坏,直接影响企业创新的质量,而源头生产部门的任何创新,都有可能成为企业创新的推动力。第三,企业必须处理好与顾客之间的关系。一方面,顾客是企业创新成果的检验者,他们直接决定着企业创新是否成功,另一方面,顾客是企业创新的真正源头,顾客的需求变化是企业创新的真正动力。搞好与顾客的关系,弄清顾客的细微需求,才能找准企业创新的路径。

### 三、如何建设促进企业创新的道德资本

在目前形势下,我国企业如何才能积累更多的道德资本,为企业创新提供伦理道德方面的支持和保障呢? 笔者认为,我们必须注意三个方面的工作:

第一,必须进一步加强企业文化建设,提高每一位企业员工的道德思想水平,使其牢固树立道德资本观念,为积累和提升道德资本打下坚实的思想基础。道德资本最终必须物化在企业产品中,提供和物化道德资本的主体是人,是企业里的每一位员工,是上至董事长、总经理,下至一线员工的每一位企业人。企业里所有的道德资本,必须从每一位企业人的道德观念开始。

要提升企业人的道德观念,关键在于董事长和总经理。董事长和总经理是一企之主,他们的观念和决定将直接影响整个企业的道德水平。令人遗憾的是:我国部分企业老总对伦理道德基本上持抵制态度,他们认为企业讲道德仅仅是被迫尽一种义务,而尽这种义务总是以提高成本为代价。对于道德,他们基本上是能躲就躲,不能躲就勉强应付一下。在国际资金和国外产品大量涌入中国市场的时候,这些人必须尽快转变自己的观念,尽快转变对讲道德的看法:讲道德并不完全是一种尽义务式的负担,而且也是企业创新和企业发展的必要资本。一旦企业之主们转变了自己的观念,他们就可能通过各种形式的人力资源建设和企业文化建设,改善企业员工的生活和工作条件,开展相应的活动和培训,使自己的中层管理人员和一线员工树立合理的道德资本观念。

第二,必须进一步加强企业制度建设,理顺企业内部的组织关系,建立以市场创新为基础的管理机制,为提升企业道德资本提供可靠的

组织保障。

合理的组织管理制度首先必须能够调动企业的创新积极性。要做到这一点，企业一方面要以现代管理理论为基础，认识到员工是有着全面需求的人，通过各种途径的人文关怀建立员工与企业之间的感情，真正关心员工的全面需求，调动员工的参与积极性；另一方面，企业必须相信员工有进行各种创新的能力，适当下放一定的工作决定权，给员工提供足够的自由创新空间。日本一些创新型公司的经验告诉我们："精益生产方式的一个关键性目标是要把责任下放到组织结构中的下面各个层次，责任意味着支配自己工作的自由——一个很大的突破——同时也增加了对犯大错误的担心。"①

合理的组织管理制度必须真正面向市场，以市场为根本导向。我国很多企业有一个误解，认为面向市场仅仅是销售部门的事，只有销售部门才承担打广告、笼络顾客、服务顾客的任务。这种理解太狭隘了。面向市场是整个组织管理制度的核心，从产品设计开始，到产品生产，再到产品销售，每一个环节都要面向市场，更为重要的是，以面向市场为基础的产品设计才是企业创新的生命线。从这个意义上说，现有的企业组织管理制度必须更新，必须建立以市场来统帅企业的新型组织管理制度。

第三，必须进一步提高全体国民的道德权利意识，提高消费者和公众对企业的道德要求，制订与国际社会相一致的企业法律规范，为企业道德资本的建立提供合理的外部压力。

在国外，经济伦理已经成为一种运动，推动这种运动发展的正是各种维权活动，如环境保护运动、消费者权益运动、工人权益运动、妇女权益运动等等。在这些运动的作用下，企业才开始重视伦理道德问

---

① ［美］詹姆斯·P. 沃麦克等：《改变世界的机器》，沈希瑾等译，北京：商务印书馆1999年，第15页。

题,才开始将伦理道德视为企业发展的重要资本。一本在美国影响深远的经济伦理学著作指出:"至少有两个群体——环境保护主义者与用户权益保护主义者——已经清楚地表达了他们的要求,⋯⋯这些要求形成了一系列的衡量与判断标准,使得那些对环境保护主义与用户权益保护主义的行为反应最为消极的公司也不得不对公众的观念认真加以考虑。"①然而,我国并没有形成真正意义上的经济伦理运动,究其原因,乃在于公众和消费者的维权意识不强,他们往往没有意识到自己应该享有的道德方面的权益,没有意识到企业应该承担的道德义务。这样,公众、消费者乃至政府就很难给企业施加足够的压力,促使企业培养自己的道德资本。近年来,这方面的情况已经有所改善,消费者方面已经涌现出了一些"王海式"的维权人物,政府也开始对企业的环境责任和产品质量责任提出了一定的要求。但是,我国的产品质量标准和环境保护标准仍然远远低于国际社会公认的标准。其结果是:一方面,一些国外企业对我国市场和社会另眼相看,将本国所不允许的、污染严重的工厂建在中国,并向中国市场提供标准较低的产品,另一方面,符合国内标准的中国产品难以被国际市场所接受,一些国家对中国产品的安全、环保等方面的质量不予认可。从这个意义上说,提高社会对企业的道德期望,实行与国际社会相一致的标准要求,可以为我国企业积累道德资本提供更有力的外部压力。

---

① [美]理查德·T.德·乔治:《经济伦理学》第5版,李布译,北京:北京大学出版社2002年,第11页。

# 道德资本与企业诚信<sup>*</sup>

企业诚信问题,是当前企业发展所面临的紧迫问题,也是当前世界发展所面临的核心问题,2008 年爆发的金融风暴再次向世人证明了这一点。将道德资本理念引入到企业诚信研究中来,运用道德资本方法透视企业诚信问题,既能在理论上为企业诚信研究提供新颖独到的视角,也能在实践上为企业诚信建设开拓简明有效的路径。

## 一、从道德逻辑、资本逻辑到道德资本逻辑

企业诚信问题涉及到两条逻辑:一条是道德逻辑,一条是资本逻辑。①

所谓道德逻辑,就是以某种终极目的或者某条绝对律令为最终依据,再根据一定的推导法则,推演出具体的人类行为准则。企业诚信中的行为准则是诚信,诚信行为准则就是一个具体的道德行为准则,因此它可以是道德逻辑的产物,即在什么是诚信、为什么要诚信以及如何去诚信等基本问题上,都可以服从道德的逻辑。毫无疑问,对于

---

\* 本文主要内容曾以《企业诚信与道德资本逻辑》为题刊发于《长白学刊》2011 年第 4 期。

① "资本逻辑"这一概念主要源于朱贻庭教授一次的会议发言,朱教授在题为"'资本逻辑'与'社会和谐'"的发言中指出:"企业伦理与和谐社会,实质上就是'资本逻辑'与'社会和谐'的问题。"该发言载于《"企业伦理与和谐社会"全国学术研讨会论文集》。

这些基本问题,功利论、契约论、美德论等不同伦理学流派的理解可能是各不相同的,但同样毫无疑问的是,它们所使用的语言必然都是道德的语言,它们所依据的理由必然都是道德的理由。

所谓资本逻辑,就是以资本对于利润的追逐为出发点,再根据市场、生产、交换的基本原则,推演出具体的人类行为准则。企业诚信行为的主体是企业,企业在市场经济中必然要受资本支配,必然要以利润为立足之本。因此,企业诚信行为又必然要受到资本逻辑的制约,即在什么是诚信、为什么要诚信以及如何去诚信等基本问题上,都必须服从资本的逻辑。

道德逻辑与资本逻辑之间的根本差异在于:无论是哪一种道德流派,无论它选择什么样的最终依据,能够为多数人认同的道德逻辑一般都会超越行为者的极端私利,优先考虑社会整体利益(即"社会功用")或人际利益(即"公平");而资本逻辑正好相反,无论选择什么样的行为策略,它最终都会选择从资本的私利出发,优先考虑资本自身的利益。也就是说,道德逻辑和资本逻辑都以如何处理利益关系为核心问题,只不过道德逻辑要求行为者更多地考虑社会整体利益或人际利益,而资本逻辑要求行为者更多地考虑自我利益。因此,道德逻辑与资本逻辑之间的差异实际上就是社会整体利益或人际利益与自我利益之间的差异。具体到企业要不要诚信这个问题上,道德逻辑会仔细考虑企业诚信与企业不诚信哪一种更有利于社会整体利益或人际利益,而资本逻辑则会重点分析企业诚信与企业不诚信哪一种能为企业带来更多利益。

在企业诚信问题上,道德逻辑与资本逻辑的确是两条基本不同的逻辑,它们从不同的角度思考有关企业诚信的各种问题。这两条不同的逻辑有可能在某些点上相交相重叠,如它们都可能要求企业在某些情况下保持一定的诚信,也可能在某些点上相分离甚至相冲突,如道德逻辑可能要求企业在所有情况下都确保诚信，而资本逻辑则要求企业在有利可图的情况下保持诚信。毫无疑问，如果道德逻辑与资本逻辑完全重合，那么，企业诚信就不会作为一个问题出现，因为企业的选择完全可以既合乎道德逻辑又合乎资本逻辑；只有道德逻辑与资本逻辑相互分离或冲突，即道德逻辑要求企业遵循诚信原则，而资本逻辑要求企业背离诚信原则，此时企业诚信才会作为一个难题而出现：选择诚信就会背离了资本逻辑，选择不诚信又会背离了道德逻辑。

那么，当道德逻辑与资本逻辑相冲突时，企业会作何选择呢？我们可以看看维系和推动两条不同逻辑的动力：道德逻辑主要依靠人类的道德情感，而资本逻辑主要依靠人类的自利心。事实上，对于个人来说，自利心远比道德情感强大，休谟早已发现："同情心远比我们对自己的关心微弱；对远离我们的人的同情也远比对邻近我们的人的同情微弱。"①亚当·斯密也承认："无疑，就本性而言，每个人首先和主要的是要依靠自我关心。"②个人如此，企业更是如此。尽管企业的生存发展从终极意义上讲离不开相关的道德要素，但直接决定企业命运的仍然是利润。没有利润，企业根本就无法生存，自然更谈不上道德不道德了。因此，如果企业诚信要求冲击了利润要求的底线，那么，企业无疑会倾向于遵循资本逻辑而非道德逻辑。这并不是说企业只会按照资本逻辑办事，完全不可能向道德逻辑让步，而是说企业会优先考虑资本逻辑，然后在一定程度上兼顾道德逻辑。

当企业利益与社会整体利益或人际利益相冲突时，企业往往会优先考虑自身的利益，而将道德要求放置次席或不予理睬，这就是当前

---

① ［英］大卫·休谟：《道德原理探究》，王淑芹译，北京：中国社会科学出版社1999年，第52页。

② ［英］亚当·斯密：《道德情操论》，余涌译，北京：中国社会科学出版社2003年，第89页。

各种企业伦理问题产生的最重要根源,也是企业不诚信现象层出不穷的根本原因。当前一部分企业伦理研究者没有看到企业伦理问题的这一根本原因,仍然执着地强调企业伦理中的道德逻辑,忽视或无视企业伦理中的资本逻辑。其结果呢?这种企业伦理研究就只能游离于企业之外,不可能对企业形成真正的影响,更不可能被企业接受。这就难怪有学者如此叹息了:"当前的伦理学研究"老是唱'卡拉OK',在学界的圈子里自娱自乐"。①

单纯强调道德逻辑,只会越来越被企业排斥拒绝;单纯强调资本逻辑,又会越来越助长企业非道德神话。要想让道德与企业结合起来,让企业在追逐利润的同时真正重视伦理问题,让企业伦理研究真正深入到企业中去,就必须将两种逻辑结合起来:在道德逻辑研究线路的基础上,开辟一条将道德逻辑与资本逻辑相结合的研究线路,这就是道德资本逻辑的研究线路。道德资本逻辑的核心是将道德逻辑与资本逻辑统一起来,使得企业道德行为在合乎道德逻辑的同时也合乎资本逻辑,其最终目的在于将企业诚信行为从道德转化为道德资本,使企业像追逐其他资本一样主动追逐道德资本,从而真正提升企业的诚信水平。

## 二、诚信:企业的道德负担还是道德资本

道德逻辑要求行为具有合道德性,资本逻辑要求行为具有合经济性,道德资本逻辑要求行为既具有合道德性又具有合经济性。

统一合道德性与合经济性的可能途径有三条:第一条途径,由合道德性统一合经济性,即使得合道德的都合经济;第二条途径,由合经济性统一合道德性,即使得合经济的都合道德;第三条途径,兼顾合道

---

① 朱贻庭:《伦理学应走近大众》,载《道德与文明》2007 年第 3 期。

德性与合经济性,即合道德的与合经济的都降低要求,使二者都能兼顾。道德资本逻辑所要求的合道德性与合经济性的统一,是在第一条途径上提出的,它所努力追求的方向,就是使合道德的最终也合经济。

无论从企业的存在方式来看,还是从社会对企业的要求来看,企业都"应该"具备一定程度的诚信。当然,说企业"应该"诚信的道德理由可以是多种多样的。功利论伦理学会论证说诚信可以降低整个社会的运行成本,如社会学家福山就已证明,"一个社会能够开创什么样的工商,和他们的社会资本息息相关,假如同一企业里的员工都因为遵循共通的伦理规范,而对彼此发展出高度的信任,那么企业在此社会中经营的成本就比较低廉,这类社会比较能够井然有序的创新开发,因为高度信任感容许多样化的社会关系产生。"①德性论伦理学会论证说诚信是人之人的要求,如孔子就曾提出:"人而无信,不知其可也。"②契约论伦理学会论证说理性的人们必将选择相互诚信。

但是,这些论证都只是"应该"层面的论证,它还没有进入到"现实"层面中来。企业的确应该诚信,但企业会不会因为"应该"诚信而在现实生活中"实践"诚信呢?马克思早在 19 世纪 40 年代初就已经看到了道德理想在利益现实面前的无能为力,他发现关于保护林木的法律实际上是"保证林木占有者的利益",它所毁灭的是"法和自由的世界"。③ 这就是说,"应该"并不必然会变成"现实"。正是在这个意义上,颜晓峰教授才提出:"信用伦理研究不仅要论证'应该有信用'的道德律令,而且要给出'何以有信用'的现实途径。"④

事实上,"应该"能不能变成"现实",并不取决于"应该"本身的正

---

① [美]弗兰西斯·福山:《信任——社会道德与繁荣的创造》,李宛蓉译,呼和浩特:远方出版社 1998 年版,第 37 页。

② 《论语·为政篇》。

③ 《马克思恩格斯全集》(第 1 卷),北京:人民出版社 1995 年版,第 282 页。

④ 颜晓峰:《信用与文明》,载《新东方》2002 年第 3 期。

确与否,而是取决于"应该"与"利益"之间的联系:如果"应该"背离了"利益",那么"应该"至少暂时难以变成"现实";如果"应该"与"利益"相一致,那么"应该"就很有可能变成"现实"。马克思和恩格斯早在《神圣家族》中就已清楚地指出:"'思想'一旦离开'利益',就一定会使自己出丑。"①至于诚信与利益的关系,周祖城教授说得更为明白:"只有真正相信诚信与利益应该而且可以统一,坚持诚信才会成为企业内在的自觉的要求,才能始终坚持诚信。"②这就是说,"应该"诚信能不能突破纯粹的道德理想层面而进入到现实生活层面,取决于它能不能为企业带来现实的利益,即一种道德应该意义上的诚信对企业来说究竟体现为一种道德负担还是一种道德资本。

道德负担概念和道德资本概念都属于经济伦理学范畴,其中都包含了伦理学与经济学两个层面的要求:从伦理学的层面来看,无论道德负担还是道德资本首先都是一种道德,它必须体现一定的道德要求,要求行为者必须对自己、对社会、对自然界履行一定的道德责任;从经济学的层面来看,履行道德责任还有一个经济问题,即履行该道德责任需要行为者付出一定的成本,也会给行为者带来一定的收益。从这个意义上说,所谓道德负担,是指这样的道德责任,履行该道德责任给行为者带来的利益小于为此支出的成本;所谓道德资本,是指这样的道德责任,履行该道德责任给行为者带来的利益大于为此支出的成本。

因此,追问企业诚信究竟是一种道德负担还是一种道德资本,实际上首先已经承认了企业诚信的合道德性,然后在这个基础上再追问企业诚信的合经济性,即企业履行诚信道德要求能否产生一定的经济效益,企业诚信行为所带来的收益是否大于所付出的成本。也就是

---

① 《马克思恩格斯文集》(第 1 卷),北京:人民出版社 2009 年版,第 286 页。
② 周祖城:《塑造企业诚信文化三部曲》,载《华东经济管理》2005 年第 10 期。

说,如果企业诚信行为所带来的收益小于所付出的成本,那么,企业诚信行为就是一种不合乎经济理性的行为,企业诚信要求就体现为一种道德负担;相反,如果企业诚信行为所带来的收益能够超过所付出的成本,那么,企业诚信行为就是一种合乎经济理性的行为,企业诚信要求就体现为一种道德资本。

毫无疑问,如果企业诚信要求对于企业来说只是一种道德负担,企业为诚信道德付出的成本得不到有效的回报,那么企业在履行诚信要求时就可能会推三阻四,不情不愿,甚至拒不履行。反过来,如果企业诚信要求对于企业来说是一种道德资本,企业为诚信道德付出的成本能够得到有效的回报,那么企业在履行诚信要求时就会积极起来,主动起来。马克思在《资本论》中曾经引用过经济学家邓宁的一段话:"一旦有适当的利润,资本就胆大起来。如果有10%的利润,它就保证到处被使用;有20%的利润,它就活跃起来;有50%的利润,它就铤而走险;为了100%的利润,它就敢践踏人间一切法律;有300%的利润,它就敢犯任何罪行,甚至冒绞首的危险。"①这段话尽管是以批判的态度描述资本主义社会初期的情形,但它无疑揭示了所有企业强烈的内在冲动。

当然,一种道德,并不是从企业负担变成企业资本之后,就会成为企业的必然选择。对于能够带来效益的各种资本,崇尚利益最大化的企业还会认真权衡和选择:哪一种资本是优质资本,哪一种资本能够带来最大化的利润。当企业在一种具体情境中面临诚信和不诚信两种不同的行为策略选择时,它会首先考虑每一种行为策略的效益率,然后选择能够带来较大利润的行为策略。这就是说,在诚信行为能为企业带来一定效益、并且不诚信行为也能为企业带来一定效益的情况

---

① 《马克思恩格斯文集》(第 5 卷),北京:人民出版社 2009 年版,第 871 页。

下，企业讲不讲诚信最终取决于诚信行为所带来的效益与不诚信行为所带来的效益哪一个更大。从这个意义上讲，一种真正的道德资本，不仅要求履行该道德要求能给企业带来一定的效益，而且要求履行该道德要求所带来的效益要大于不履行该道德要求所带来的效益。

### 三、企业诚信：从道德负担到道德资本

从上面的分析可以看出，要推进企业诚信建设，最有效的方法就是使企业诚信能够成为企业真正的道德资本。现在的问题是：企业诚信能不能变成企业的道德资本以及企业诚信如何才能变成企业的道德资本。诚信是企业的负担还是资本，最为关键的因素是企业履行诚信要求能否产生利润；诚信是不是企业的优质资本，最关键的因素是诚信行为所产生的利润是否大于不诚信行为所产生的利润。因此，要分析诚信能不能以及如何能转化为道德资本，就必须对比分析企业诚信行为与不诚信行为的成本与收益。

从行为成本方面看，如果我们假设因政府管理和社会抗议所导致的成本为零的话，那么诚信行为所支付的成本无疑要大于不诚信行为，因为相比不诚信行为而言，诚信行为总意味着多履行诚信道德所要求的相关责任，这也就意味着多支出相应的经济成本。如果把政府管理和社会抗议等因素考虑进来，即考虑到政府和社会可能对企业的不诚信行为进行一定的经济制裁，并把这种经济制裁计入企业不诚信行为的成本之中，那么，企业诚信行为与不诚信行为之间的成本比较主要取决于：政府和社会对企业不诚信行为的经济制裁与企业因诚信行为而多付出的经济成本之间谁大谁小。

从行为收益方面看，如果我们假设消费者对企业诚信与否的考虑为零的话，那么企业诚信行为所获得的收益将与企业不诚信行为所获得的收益持平，因为如果消费者不关心企业诚信与否，那么他们将会

为企业诚信行为和企业不诚信行为支付相同的费用。如果考虑到消费者实际上对企业诚信与否会有所反应,即消费者可能会为企业因诚信行为而增加支出的成本支付相应的费用,并且可能会因企业不诚信行为而拒绝或减少费用支付,那么企业诚信行为与不诚信行为之间的收益比较主要取决于:消费者能给予企业诚信行为多高的利润率以及能给予企业不诚信行为多大力度的制裁。

如果把企业诚信行为的成本与收益两个方面综合起来进行考虑,我们可以看到两点:

第一,如果单看企业诚信行为的话,那么诚信是企业的道德负担还是道德资本,取决于消费者是否愿意以及在多大程度上为企业诚信行为的经济付出买单。从理论上说,政府不会因为企业的诚信行为而给予额外的奖赏或处罚,因此,企业诚信行为能否带来利润就取决于企业因诚信行为而额外付出的成本能否从消费者那里得到回报。如果消费者不愿意为此买单,那么企业诚信行为就只能是一种道德负担;如果消费者愿意为此买单但不愿意支付相应的利润,那么企业诚信行为就既不是道德负担也不是道德资本;如果消费者既愿意为此买单又愿意支付相应的利润,那么企业诚信就是一种与其他实物及货币资本相平等的道德资本了。

第二,如果从诚信行为与不诚信行为的比较角度分析,那么诚信是不是企业的道德资本,主要取决于政府、社会和消费者对企业不诚信行为的经济制裁力度以及对企业诚信行为的经济认可力度。如果政府、社会和消费者既不对企业不诚信行为进行任何经济制裁,也不对企业诚信行为进行任何经济认可,那么企业诚信行为的收益无疑要低于企业不诚信行为;如果政府、社会和消费者对企业不诚信行为的经济制裁力度以及对企业诚信行为的经济认可力度仅仅等于在没有任何经济制裁情况下企业不诚信行为所获得的多余收益,那么企业诚信行为的收益将与企业不诚信行为的收益持平；如果政府、社会和消费者对企业不诚信行为的经济制裁力度或者对企业诚信行为的经济认可力度高于在没有任何经济制裁情况下企业不诚信行为所获得的多余收益，那么企业诚信行为的收益就会高于企业不诚信行为。

这样，我们就可以进行如下的理论推演，以展示企业诚信是如何从道德负担转变为道德资本的。

原初阶段：企业不诚信阶段。在这个推演的理论原点上，我们所假定的情况是：没有任何外在的经济制裁，企业诚信行为体现为纯粹的企业道德负担，企业在一般情况下都不根据诚信原则行事，而根据不诚信原则行事，或者根本就不考虑是否诚信。或许有人会提出抗议，认为这样的假设太过低估企业的道德水平。事实并非如此，理论原点只是一种理论假设，并不一定就是真实存在的状态，正如社会契约论所设想的原初状态一样。而且，人类社会（也包括个人和企业）总是从不道德向低道德再向高道德发展的，因此把低道德水平作为理论推演的原点合乎历史发展的逻辑，正如近现代政治理论一般会以人性恶作为理论前提一样。

在这个原初阶段，存在着一个试图摧毁自身的矛盾：没有诚信观念的企业行为在维护了自身最大利益的同时也在不断地损害其他利益相关者的利益。利益被损害的群体，就会慢慢成长为改变这一阶段的核心力量。

动荡阶段：企业与外部力量的博弈阶段。在这一个阶段，被企业不诚信行为所伤害的各种力量开始觉醒，并且开始从两个方面采取行动：一方面，他们对企业不诚信行为采取了带有经济制裁意义的行动，工人们举行罢工，消费者抵制产品，环保主义者游行抗议，这些行动减少了企业不诚信行为带来的利润；另一方面，他们对企业诚信行为采取了带有经济认可意义的行动,资本拥有者开始投资诚信企业,社区开始欢迎接纳诚信企业,消费者开始欢迎接纳诚信企业的产品,并且愿意为企业诚信行为所付出的成本买单。这就使得企业诚信不再以单纯的企业道德负担形象出现,而是开始呈现出企业道德资本的性质。但企业诚信给企业带来的利润,仍然要比不诚信带来的利润要小。此时的企业在大多数情况下仍然会按照非诚信原则行事,只在少数情况下才遵循诚信原则。

在这个博弈阶段,企业与各种外部社会力量展开了博弈较量,每一方都极力维护自己的利益,博弈较量的结果取决于博弈双方力量的对比。由于有组织的企业远比松散的个人强大,所以在这场自发式的博弈中,企业往往会居于主导地位。

稳定阶段:企业与外部力量的和谐阶段。在这个阶段,企业诚信不再是企业的道德负担,而是企业的道德资本,它能够像其他资本一样为企业带来相等的利润,而且这个利润要远大于不诚信行为所产生的利润,企业会努力按照诚信原则行事。导致这一变化的原因在于:反抗企业不诚信行为的各种社会力量开始加强,他们最终借助于政府,借助于政府立法,使自己的意志得到了充分的体现,也使自己在与企业的博弈中占据了主导地位。他们以经济制裁否定了企业不诚信,以经济认可肯定了企业诚信,最终使企业诚信行为产生的利润远高于不诚信和非诚信行为所产生的利润。

在这个协调阶段,企业的利益与社会各方的利益都到了照顾,诚信对企业来说既具有合道德性,又具有合经济性。道德逻辑所代表的社会利益与资本逻辑所代表的自我利益这种统一,远远超越了以往抽象的、空洞的统一。黑格尔所谓的"理性的狡计"、达尔文提出的"自然的选择"和斯密崇尚的"看不见的手",都以社会整体利益的自发性为基础,都难以真正将企业利益与社会利益统一起来,倒是社会力量对企业诚信行为的自觉奖惩机制为二者的统一提供了现实的、具体的、实实在在的道路。

## 四、促进企业诚信向道德资本的转化

如果我们承认诚信能够从企业的道德负担转变为企业的道德资本，如果我们承认一旦诚信真正成为企业的道德资本，企业就一定会积极主动地遵循诚信原则，那么，推动企业诚信建设的现实任务就是积极推动企业从道德负担向道德资本的转变。

从上文的论述中我们已经可以看出，企业是否愿意按诚信原则行事，这不是由企业的道德觉悟水平决定的，而是由诚信原则的效益多少决定的；而诚信原则能产生什么样的效益，这也不是由企业自身决定的，而是由企业之外的社会决定的。这就是说，决定企业诚信能否从道德负担转变为道德资本的现实因素不在企业，而在社会，在组成社会的个人和政府。因为真正的决定因素在于社会能否从经济上认同企业诚信行为所付出的成本以及制裁企业不诚信行为所获得的收益。换一个角度说，企业从现有的诚信水平提升到更高的诚信水平，往往会产生一个额外的经济成本，现在的问题是这个额外的经济成本由谁来承担，如果承担人是企业，那么结果只能是企业想方设法地逃避这种更高的诚信道德要求；如果承担人是社会，那么企业就将像遵守其他自然法则一样遵循更高的道德要求。因此，问题的根源在于：社会能不能、愿不愿承担这种由道德行为所增加的经济成本？

如果我们把社会能不能以及愿不愿承担因道德行为而引发的经济成本的能力统称为道德能力，那么，决定社会道德能力高低的因素主要有三个：第一个也是决定性的因素就是个人及社会的物质生活水平，它决定了一个社会能够为道德行为提供多大的经济成本。荀子的"仓廪实则知礼节,衣食足则知荣辱"说明了这一点,[①]历史唯物主义同样说明了这一点。第二个因素就是个人及社会的道德生活水平,它决定了一个社会愿意为道德行为提供多大的经济成本。价值排序标定了各种价值目标的相对位置,也决定了一个社会能为各种不同的价值目标付出什么样的代价。第三个因素就是社会进行道德肯定与制裁的效率,它决定了道德干预所需的经济成本。在这三个因素之中,物质生活水平是社会经济生活长期发展的结果,是一时间难以改变的;道德生活水平则是社会长期反思教育的结果,也是一时间难以改变的;倒是道德肯定与制裁的效率,是一个更现实的、可以改变的、但又被大多数人所忽视的因素,这个因素也构成了本部分分析的主要对象。

所谓社会进行道德肯定与制裁的效率,是指一个社会对道德行为进行经济肯定、对不道德行为进行经济制裁时的成本与收益比。毫无疑问,一个社会愿意为企业诚信行为付出多大的经济成本,一个社会能为企业诚信行为付出多大的经济成本,首先得取决于社会的物质生活水平,然后得取决于社会的道德生活水平。但当我们假定社会物质生活水平与道德生活水平为一个固定值时,社会道德能力的高低就取决于社会进行道德肯定与制裁的效率高低了。也就是说,在其他因素相对不变的情况下,对道德行为进行经济肯定与对不道德行为进行经济制裁的效率越高,社会的道德能力就会越强,个人及政府就更愿意为道德行为产生的经济成本买单;反之,对道德行为进行经济肯定与对不道德行为进行经济制裁的效率越低,社会的道德能力就会越弱,个人及政府就不太愿意为道德行为产生的经济成本买单。

接下来的问题:社会进行道德肯定与制裁的效率又是由什么决

---

① 《管子·牧民篇》。

定的呢？在通常情况下，由道德行为引发的经济成本可以分为两个部分：一是对道德行为支付平均利润率水平的利润，二是对不道德行为进行经济制裁。前者数额固定，而且直接包含在商品的价格之中，所以为之提供的成本与收益也是相对固定而简易的，只要按照核定的价格认购该商品就行了。后者则相对复杂，制裁多少，通过什么途径制裁，制裁能否落实到位，都含有众多不确定的因素。因此，道德肯定与制裁的效率变化，主要取决于社会对不道德行为的经济制裁的效率。

所谓经济制裁的效率，就是制裁者使用一种现实可行的制裁手段，需要付出多大的代价，最终获得什么的成效。这里面主要涉及两点：其一，这种可用制裁手段需要制裁者付出多大的代价，其中包括时间、精力、金钱等，可以折算为一定的经济成本；其二，这种可用制裁手段能够实现多大的制裁力，它能给企业不道德行为产生多大的制裁力，又能给制裁者带来多大的经济收益。将这二者综合起来就是：一个社会用多大的代价对企业不道德行为实施了多大的制裁力，或者说，社会通过对企业不道德行为进行经济制裁最终获得多大的效益。

在现实生活中，对企业不道德行为进行经济制裁的主体主要有三种：个人、自发性组织与政府。企业在市场经济的力量对比中无疑处于强势地位，所以，单凭个人的一己之力很难对企业造成多大的影响，由此付出的代价基本上是毫无成效的；自发性组织以及媒体的力量虽然比个人要强大，但他们除了能在更大的范围内呼吁人们抵制某企业及其产品之外，也难以形成真正的强制制裁权力。相比较而言，真正有力量与企业不道德行为对抗的主体是政府，他们不仅有权力监督企业的行为，而且有权力对企业的不法行为进行强制制裁。

从这个意义上说，政府是推动企业诚信向道德资本转变的力量之源。那么，如何才能加强这个力量之源呢，笔者认为有两点：第一，必须提高政府对企业不诚信行为进行经济制裁的能力。这意味着，政府必须清楚地知道应该对哪些企业不诚信行为进行制裁,应该施以多大力度的制裁。在这方面,目前最大的问题是:政府有多大的决心愿意为社会道德进步付出多大的经济代价。第二,必须提高个人和自发性组织借助政府力量对企业不诚信进行经济制裁的效益。一旦政府的力量强大起来,个人和自发性组织也就能借助政府的力量,将政府的力量转化为自己的力量,从而可以与企业不道德行为对抗了。在这里也存在着一个重要问题:个人和自发性组织借助政府力量进行经济制裁的积极性取决于这种活动的效益。如果这个借助过程需要付出太大的成本而只能得到较小的收益,那么个人和自发性组织的制裁积极性无疑会受到挫折。

# 道德资本与企业社会责任

自谢尔顿于 1924 年提出"社会责任"概念以来,包括企业在内的社会各界经历了公司社会责任运动、企业公民运动、社会企业运动、社会责任投资运动、SA8000 认证等实践运动的冲击以及利益相关者理论、企业社会契约论、企业公民理论、企业人格化理论等理论创新的洗礼,最终在企业与社会责任的关系方面达成了基本共识:"企业行为是否应当承担社会责任? 从某种程度上讲,这个问题只有'是'一个答案。"①但是,在企业为什么要承担社会责任、企业要承担哪些社会责任以及企业如何承担社会责任等重要问题上,学术界仍然观点不一,争论不休。近年来经济伦理学界兴起的道德资本理论,从哲学高度揭示了道德的资本内涵,对于重新阐释、推进发展企业社会责任理论具有十分重要的意义。

## 一、企业社会责任在何种意义上是道德资本

从企业社会责任运动和企业社会责任理论的历史发展来看,企业社会责任正在经历一个从企业道德负担向企业道德资本的转化过程:在市场经济兴起之初,社会责任通常被视作一个额外的负担,被企业

---

① 〔美〕J.贝克特:《企业是否负有社会责任》,载《国外社会科学》2006 年第 6 期。

界排除在经营活动之外；而随着市场经济的不断成熟，社会责任开始被视作一种内在的资本，被企业纳入到经营决策之中。

### 1. 企业对社会责任的排斥

企业求"利"，社会责任讲"义"，二者在本性上各不相同甚至完全相反。极端求"利"只以利润为目的，不受任何责任的约束；而单纯讲"义"则以应当为标准，不考虑任何私利的欲求。企业与社会责任的分离对立，支撑的是"企业非道德神话"。诺贝尔经济学奖得主弗里德曼非常明确地表达了这一神话："企业仅具有一种而且只有一种社会责任——在法律和规章制度许可的范围之内，利用它的资源从事旨在增加它的利润的活动。"①在市场经济兴起之初，企业基本上没有"社会责任"概念，社会责任被视为与企业无关的事物。企业只对资本家负责，不对社会负责；只关心经济责任，不关心社会责任。在自由主义经济学家看来，企业讲"利"就够了，市场这只"看不见的手"能够将企业的"利"自发地引向社会的"义"。斯密解释说："他受着一只看不见的手的指导，去尽力达到一个并非他本意想要达到的目的。……他追求自己的利益，往往使他能比在真正出于本意的情况下更有效地促进社会的利益。"②

事实上，在经济自由主义与社会达尔文主义的支持下，企业非道德神话的可怕之处不在于"非道德性"，而在于很有可能由"非道德性"发展而来的"不道德性"。以获得利润为唯一目标的企业很容易将社会责任扔在一边，进而肆意破坏和践踏社会责任。"物竞天择，适者生存"，造就的是资本主义原始积累时期的血腥扩张、残酷剥削和无情竞

① [美]米尔顿·弗里德曼：《资本主义与自由》，张瑞玉译，北京：商务印书馆2001年版，第128页。

② [英]亚当·斯密：《国民财富的性质和原因的研究》（下卷），郭大力、王亚南译，北京：商务印书馆1994年版，第27页。

争。马克思曾经深刻揭示了这种罪恶："资本来到世间，从头到脚，每个毛孔都滴着血和肮脏的东西。"①

2. 企业对社会责任的认可

企业非道德神话是一种盲目的企业中心主义观念，它以资本利益为核心，强调企业对外界的无限扩张和无度索取。这种扩张和索取必然会突破一定的界限，严重侵犯其利益相关者的合法权益。首当其冲的是工人的合法权益，然后是消费者的合法权益，然后是居民的合法权益，还有社区和政府的合法权益，等等。当资本和企业的侵权行为变得无法忍受时，被侵权主体就会通过革命和运动等各种方式予以反抗，极力捍卫自己的正当权利。从资本主义诞生之日起直至今天仍然此起彼伏的各国工人运动、从 19 世纪中叶就开始萌芽至 20 世纪 60 年代席卷全球的消费者运动以及始于上个世纪 60 年代的环保运动，无一不是被侵权主体对资本和企业侵权行为的反抗，其结果是催生了各种各样的权益保护组织，以及保护相关权益的各种法律。马克思曾指出："正常工作日的规定，是几个世纪以来资本家和工人之间斗争的结果。"②

正是在持续不断、各种各样的侵权行为和维权运动中，企业的社会责任问题开始被提出，社会各界围绕企业是否应该承担社会责任展开了热烈讨论。从 20 世纪 30 年代的贝利-多德之争，到 20 世纪 60 年代的贝利-曼恩之争，最终得出的共识是企业既有自利的经济动机，又要承担一定的社会责任。在此过程中，经济学家、伦理学家、管理学家、法学家们纷纷提出了要求企业承担社会责任的理论。其实，无论是利益相关者理论、社会契约理论、权利-责任理论，还是企业公民理论、社会企业理论、企业人格理论，所有要求企业承担社会责任的理论都坚持一个核心观点：企业是社会的一个组成部分，它依赖特定社会

---

① 《马克思恩格斯文集》(第 5 卷)，人民出版社 2009 年版，第 871 页。
② 《马克思恩格斯文集》(第 5 卷)，人民出版社 2009 年版，第 312 页。

而生存发展,也必须遵守特定社会的各项要求。社会契约者指明了这一点:"只要某人是一个共同体的成员,他就有道德义务去遵守现存的真实的规范,那是由绝大多数的成员以其态度和行为公认为正确的规范。"①

### 3. 道德与经济的统一

一方面,作为一个经济组织,企业不得不承担一定的经济责任,正如美国经济学家斯蒂格利茨所说,"长期不能赚得利润的企业将不复存在"。② 另一方面,作为一个社会组织,企业又不得不承担一定的社会责任。那么,在企业所应承担的责任中,经济责任与社会责任之间是一个什么样的关系呢? 这几乎是所有要求企业承担社会责任的理论都必须面对和回答的一个问题,对这一问题的回答直接关系到企业社会责任的意义、地位和范围。

在这个问题上,无论是强调社会责任具有内在价值的社会契约论、社会企业论、企业公民论以及企业人格论,还是强调社会责任具有经济价值的利益相关者理论、理性选择理论以及博弈论,③都坚持相同的"义利共生"思想:社会责任可能与短期的经济责任相冲突,但与长期的经济责任基本一致。管理学家罗宾斯指出:"没有足够的证据表明,一个公司的合乎道德的行为明显降低了其长期经济绩效,公司的合乎道德的行为和经济绩效间存在一种正相关关系。"④哈利特说得更

---

① [美]托马斯·唐纳森、托马斯·邓菲:《有约束力的关系:对企业伦理学的一种社会契约论的研究》,赵月瑟译,上海:上海社会科学院出版社 2001 年版,第 52 页。

② [美]斯蒂格利茨:《经济学》上册,姚开建等译,北京:中国人民大学出版社 1997 年版,第 258 页。

③ 学者马风光称前者为"以社会为中心"的,而后者为"以企业为中心"的,参见马风光:《企业的社会责任模式论》,载《福建论坛(经济社会版)》2000 年第 9 期;另一位学者王蕾则称前者为"伦理价值模式",后者为"伦理回报模式",参见王蕾:《企业道德的两个基本问题》,载《伦理学研究》2010 年第 1 期。

④ [美]斯蒂芬·P. 罗宾斯:《管理学》,孙健敏等译,北京:中国人民大学出版社 1997 年版,第 100 页。

直接:"尽管在短期内,忽视严格的道德准则会带来更多的利润,但从长远来看,符合道德标准的做法与日渐增多的利润是一致的。"①双方的分歧仅仅在于企业履行社会责任是出于社会责任的内在价值还是出于社会责任的经济价值。

道德资本理论强调道德与资本的统一,"把道德视为一种有价值的生产性资源,以此来分析道德在经济价值增值过程中特殊的功能和作用",②这与强调企业社会责任的"义利共生"思想不谋而合,在企业层面上支持社会责任与经济责任的内在一致性。在道德资本理论看来,一方面,社会责任具有一定的规范性,是社会根据自己的需求向企业提出来的,是企业不得不遵守的外在约束;另一方面,社会责任也具有一定的工具性,和资金、技术、人力、制度一样是企业发展的重要资本,能够为资本带来特殊的利润。

## 二、企业社会责任如何转化为道德资本

企业社会责任并非天生就是道德资本,企业履责行为并非自然就会带来利润。正如有学者所指出的:"如果企业伦理的行动能立刻获得经济回报,很显然不存在企业伦理问题。"③也就是说,企业履责行为与道德资本之间有一条鸿沟,只有借助一定的外在条件,企业履责行为才能真正转化为道德资本。那么,促使社会责任转化为道德资本的条件有哪些呢?

### 1. 企业履责行为与道德赏罚

对于一个企业来说,履行社会责任必然要付出一定的成本,这是

---

① [美]罗伯特·F.哈利特:《商业伦理》,胡敏等译,北京:中信出版社 2000 年版,第 6 页。

② 王小锡:《论道德的经济价值》,载《中国社会科学》2011 年第 4 期。

③ 高小玲:《现代企业道德风险研究述评——企业道德论争、风险源与风险管理》,载《经济评论》2008 年第 2 期。

无可否认的事实;而履行社会责任能否收回成本甚至带来利润,则是一个摇摆不定的未知数。也就是说,履行社会责任并不必然蕴涵利润,企业社会责任与道德资本的联系不是自然的;相反,企业社会责任与道德资本的分离却是自然的。正是在这个意义上,王小锡教授指出:"在现代经济生活条件下,道德不会自然地或自发地带来经济价值。"①因此,履行社会责任与固定资产投资及人力资本投资就不可能在同一个层面上,因为固定资产投资和人力资本投资都能够收回成本并带来利润,而履行社会责任并不必然产生这样的结果。

履行社会责任与道德资本之间的联系既然不是自然的,那就只能是人为的。那么,这种人为的联系中介是什么呢?只能是道德赏罚。从广义上看,所有的社会责任都属于道德责任,在此意义上,是否履行社会责任就构成了道德评价的对象。从伦理学的角度看,道德评价本身就是一种道德认同或道德否定,与道德认同联系在一起的是道德赞赏,与道德否定联系在一起的是道德谴责。当然,如果道德赏罚仅仅停留在道德的领域内,仅仅停留在情感或口头赞赏和谴责的层面上,那么它就无法有效完成履责行为与道德资本的连接任务。只有当道德赏罚从情感和舆论的层面走向行动和经济选择的层面,道德赏罚才能将二者有效连接起来。事实上,道德具有强烈的实践性,能够"影响我们的情感和行为","产生或制止行为"。②尽管道德考虑并不是影响行为的唯一因素,道德上的赏罚必然会影响到公众的行为和经济选择,营销专家布伦克特指出:"信任促进人们所追求的关系,而不信任却在阻碍或打击此等关系。"③

---

① 王小锡:《论道德的经济价值》,载《中国社会科学》2011 年第 4 期。

② [英]休谟:《人性论》(下册),关文运译,北京:商务印书馆 1994 年版,第 497 页。

③ [美]金黛如:《信任与生意:障碍与桥梁》,陆晓禾等译,上海:上海社会科学院出版社 2003 年版,第 80 页。

### 2. 基于道德败坏的惩罚

道德作用于企业履行社会责任的一种方式是基于道德败坏的社会惩罚。从伦理学的角度看,人们对一个不积极做善事的人可能不予以道德谴责,但肯定会对一个主动做恶事的人进行道德谴责。这是因为不积极做善事不会损害他人的正当利益,而主动做恶事则必然会损害他人的正当利益,因而必然会引起利益受损者的谴责和报复。社会契约论早就强调"任何试图为自己的奢华而阻挠别人的人都得为战争的爆发负责"①。同样,对于一个企业来说,如果不履行一种社会责任,最后损害利益相关者的正当利益,那就必然会遭到利益受损者的谴责和报复。而利益受损者的谴责,也必然不会仅仅停留在道德舆论层面,最终有可能演变为对企业的种种抵制,使企业"因道德上出问题导致企业利益受损"。

来自利益受损者的抵制,可能以两种方式阻碍企业的经济发展:一是以自由选择的方式拒绝道德败坏的企业。在自由市场上,每一个利益相关者都是自由的,都有自由选择的权利。他可以自由地接受一个企业,与企业进行合作;也可以自由地拒绝一个企业,不与之进行合作。无论是企业内的工人、管理人员,还是企业外的投资人、供应商、消费者、政府社区以及公众,都有可能以不同的方式拒绝抵制一个道德败坏的企业。企业公民运动倡导者曾指出:"有责任感的消费主要有两种形式:杯葛(boycott),即不买某些与个人公民义务相违背的产品;拜葛(buycott),即购买生产产地和生产条件等都被证明符合消费者义务标准的产品。"②另一是以诉诸法律的方式制裁道德败坏的企

---

① [英]霍布斯:《论公民》,应星、冯克利译,贵阳:贵州人民出版社 2003 年版,第 31 页。

② [法]热罗姆·芭莱、弗郎索瓦丝·德布里:《企业与道德伦理》,丽泉、侣程译,天津:天津人民出版社 2006 年版,第 367—368 页。

业。自由市场是以法律为基础的,每一个利益相关者的正当利益都受法律保护。当企业败德行为侵犯相关者受法律保护的正当利益之后,利益受损者还有可能提起诉讼,运用法律的武器对企业进行经济制裁。"义利共生论"的提出者欧阳润平教授提出:"企业的经济目标和道德目标互为前提,只讲经济目标不讲道德目标的企业最不经济。"①

### 3. 基于道德卓越的奖赏

道德对企业履行社会责任的另一种作用是基于道德卓越的社会奖赏。从伦理学的角度看,人们通常不会对不主动做恶事的行为予以道德赞赏,而是会对积极做善事的行为予以道德赞赏。这是因为不主动做恶事不会增加其他人的福祉,但积极做善事一定会增加他人的福祉,一定会在福祉增加者那里产生报恩心理。亚当·斯密曾指出:"对地位相等的人来说,仅仅因为仁慈不足,似乎不应受到惩罚,但努力多行善举则应大受褒奖。"②同样,对一个企业来说,如果履行一种社会责任,增加了利益相关者的福祉,那就必然引起福祉增加者的感激和报恩心。而这种感激和报恩心就有可能突破道德和心理的层面,最终转化为当事人的行为选择。

来自福祉增加者的道德赞赏,往往会以两种不同的方式促进企业的经济发展:一方面提升企业内部人员对企业的认同度而激发企业员工的工作积极性。企业的道德卓越,会激发企业员工的自豪感,进而产生更为积极的工作热情,提高自己的工作效率。另一方面提升企业外部人员对企业的认可度而提升外部人员的合作意愿。有着社会责任需求的投资人、供应商、政府社区、消费者、社会公众,都更愿意与道德卓越的企业合作,愿意为其产品中的企业社会责任成本支付额外

---

① 欧阳润平:《企业伦理学》,长沙:湖南人民出版社 2003 年版,第 38 页。

② [英]亚当·斯密:《道德情操论》,余涌译,北京:中国社会科学出版社 2003 年版,第 87 页。

价格,从而形成对企业履责行为的"回报"或"奖励"。社会责任投资中的"积极筛选"就"倾向于投资那些比其同行有更良好记录的公司,以及那些承诺达到企业公民典范的行业"。① 周祖城教授总结了这两个方面的道德奖赏:"从企业内部看,卓越道德有利于赢得员工的忠诚,使企业拥有高素质的员工,有利于企业建立良好的员工关系,激发出员工的工作热情,有利于获得卓越领导。从企业外部看,卓越道德有助于获得公众支持、顾客满意、投资者青睐和供应者信任。"②

### 三、哪些企业社会责任可以转化为道德资本

企业社会责任具有一定的层次性,不同层次的企业社会责任对于企业发展具有不同的意义。③ 从道德资本理论来看,并非所有的企业社会责任在任何时候都可以转化为道德资本,履责行为能否转化为道德资本的关键在于它能否激起一定程度的道德赏罚。

1. 法律责任

在所有的社会责任中,法律所规定的责任具有最为重要的意义。

---

① 〔美〕埃米·多米尼:《社会责任投资》,兴业全球基金管理有限公司译,上海:上海人民出版社 2008 年版,第 18 页。

② 周祖城:《论道德管理》,载《南开学报》(哲学社会科学版)2003 年第 6 期。

③ 关于企业社会责任的层次性,学术界有不少论述可供参考:学者安晋城军把企业道德责任区分为底线道德责任(如保护环境、爱护员工、尊重利益相关者)、中层道德责任(如为员工提供发展机会和为社区提供就业机会)和高端道德责任(如捐赠和支持公益事业),参见安晋军:《近年来国内企业道德责任研究综述》,载《前沿》2011 年第 5期;董淑兰和刘宁则将企业社会责任划分为初级层(对员工和股东的责任)、中级层(对供应商、消费者和债权人的责任)和高级层(对政府、环境、弱势与公益群体的责任),参见董淑兰、刘宁:《企业社会责任层级结构研究——基于上市公司 2014 年报的信息披露》,载《会计之友》2011 年第 6 下期;王淑芹把企业道德责任区分为"企业基本的道德责任"(即法律责任)和"企业积极的道德责任"(即超出法律责任以外的对企业的道德期待以及企业的自觉性道德追求),参见王淑芹:《企业道德责任论》,载《伦理学研究》2006 年第 11 期;胡凯和胡骄平认为企业道德责任的底限是"基于企业生存考虑的道德责任边界",而上限是"基于企业影响力和竞争力考虑的道德责任边界",参见胡凯、胡骄平:《论企业道德责任边界决策的必然性》,载《求索》2011 年第 7 期。

一方面,法律往往会体现一些最基本的道德要求,如果不遵守这些基本要求就难以维系一定的社会秩序;另一方面,法律体现了社会公认的道德要求,这些道德要求在公民已经形成一致意见后才上升为法律。法律的本质是维护社会正义,以"禁止"的方式确保主体的合法权益。企业一旦违反法律,侵犯其他主体的合法权益,必然会引发受害主体的维权行为,这不仅会引发来自公民的道德谴责,还会引发来自国家的法律制裁。无论是道德谴责还是法律制裁,最终都能够转化为对企业的经济赏罚,影响企业的经济发展。

对于企业来说,履行法律责任就是要严格遵守与企业行为相关的法律规定。企业要遵守的法律法规,既包括维护利益相关者合法权益的种种法律,如涉及劳动者、妇女儿童、消费者合法权益的法律,也包括对种种活动进行制约的相关法律,如企业法、合同法、缴税纳税、环境保护等相关法律。我国 2005 年修改的新《公司法》中专门增加了公司社会责任的规定,其中第五条提出:"公司从事经营活动,必须遵守法律、行政法规,遵守社会公德、商业道德,诚实守信,接受政府和社会公众的监督,承担社会责任。"可以说,守法经营是企业最基本的社会责任,即使是提倡企业非道德神话的自由主义经济学家亚当·斯密,也要求自由追求自己的利益时"不违反正义的法律"。①

2. 消极道德责任

消极道德责任与法律责任非常相似,它们都涉及企业活动最基础性的道德要求,并且也主要体现为"禁止"形式,规定着企业不能侵犯哪些主体的哪些权益。二者有所不同的是,消极道德责任既包括一部分已经成为法律规定的责任,还包括一部分尚未成为法律规定的责任。消极道德责任主要涉及不同主体的道德权益,其本质要求是"禁

---

① [英]亚当·斯密:《国民财富的性质和原因的研究》(下卷),郭大力、王亚南译,北京:商务印书馆 1994 年版,第 252 页。

止主动作恶"。在消极道德责任已经得到公众认可的情况下,不履行消极道德责任就意味着要侵犯不同主体的道德权益,必然会遭到受害人的道德谴责,并进而引起社会公众的道德谴责,转化为种种形式的经济抵制,如不进这样的企业工作、不给这样的企业供应货物、不给这样的企业提供资金、不向这样的企业购买商品、不给这样的企业提供建设用地,等等。管理学大师德鲁克早就指出:"企业管理层有责任引导企业不违反社会信念或破坏社会的凝聚力。这意味着企业有一种消极的责任——不可以对公民不当施压,要求员工绝对的忠诚。如果企业忘掉了这个原则,社会将会强力反弹,通过政府扩权,来约束企业。"①

就目前来看,因为消极道德责任关乎特定主体的权益,公众在这方面是比较容易达成共识的。目前世界公认的关于企业消极道德责任的规定有两个:一个是由社会责任国际组织(SAI)于1997年开始提出的全球首个道德规范国际标准——SA8000,包括童工、强迫和强制性劳动、健康与安全、结社自由及集体谈判权、歧视、惩罚措施、工作时间、报酬、管理体系等九个方面的内容;另一个是由联合国于2000年开始推行的"全球契约",其主要内容包括人权、劳工标准、环境和反贪污等四个方面共计十项规定。应该说,这些道德责任基本上得到了世界各国的公认,是关于企业消极道德责任的很好概括。正是对消极道德责任的遵守,为参与市场交易的各方主体提供着最为基本的信任。经济学家张维迎指出:"没有信任就不会有交易发生,就不会有市场。"②

3. 积极道德责任

对企业来说,除了消极道德责任之外,还有积极道德责任。积极

① [美]彼得·德鲁克:《管理的实践》,齐若兰译,北京:机械工业出版社2009年版,第319页。
② 张维迎:《信息、信任与法律》,北京:生活·读书·新知三联书店2003年版,第3页。

道德责任与消极道德责任的不同之处在于：消极道德责任涉及正当道德权益的侵犯问题，而积极道德责任涉及普通道德福祉的增加问题。在任何一个社会里，正当道德权益都不允许受到侵犯，侵权行为会受到严格禁止；但是，没有哪个社会会硬性要求增加不相关人员的道德福祉，慈善行为从来都没有得到过刚性规定，只能停留在积极提倡的层面。几乎在所有的企业社会责任理论中，积极道德责任都被视为最高级的社会责任，如"慈善责任"就高处卡罗尔金字塔模型的最顶层。但是，一旦企业承担了积极道德责任，就会赢得受益者的道德赞赏，并进而引发社会公众的道德赞赏。这种道德赞赏最终有可能转化为企业的无形资产，帮助企业赢得种种经济支持，如企业员工的支持、公众作为消费者的支持以及供应商和投资者的支持等。周祖城教授解释说："企业经营的成功离不开利益相关者的支持，而利益相关者更愿意与以道德经营的企业打交道。"①

对于企业来说，积极道德责任通常是非义务性的，并不是非履行不可的责任，而是履行了就可以为企业加分的责任。这种道德责任有一个前提条件，即目前的道德困境并不是由该企业造成的，企业之所以承担这种道德责任，帮助解决一定的道德困境，主要不是为自己的行为负责，而是为社会负责，是为了回报社会。因此，积极道德责任大多属于慈善和公益的范畴，一方面是帮助因各种原因陷入生活困境的人，另一方面是致力于改善特定的社会公共环境。

## 四、中国企业社会责任运动向何处去

随着企业和市场的日益成熟，企业和社会各界已经基本达成了一个共识，即企业必须承担一定的社会责任，但是，企业在履行社会责任

---

① 周祖城：《三种企业道德管理策略及其影响分析》，载《理论探讨》2005 年第 2期。

时仍然存在诸多顾虑。在这种情况下,中国企业社会责任运动将向何处发展,如何推动企业向这个方向发展,则是当前不得不面对的一个核心问题。

1. 走义利结合推进之路

一个不得不承认的事实是,从改革开放算起,我国现代企业发展只有 40 年时间,尽管现代企业发展速度很快,成效也很显著,但仍然处于发展起步阶段,远远称不上发展成熟。在这个阶段,经济责任的压力仍然是头等压力,生存和发展的巨大压力要求企业首先考虑利润问题。在这种情况下,对大多数企业来说,社会责任问题必须和企业利润联系起来。只有在履行社会责任能够促进企业利润、至少不妨碍企业利润的前提下,社会责任才能得到比较顺利地推进。正如《企业与道德伦理》一书所言:"合乎伦理道德的行动,只有在某些条件下才能开展起来。对企业来说,最重要的条件显然是:开展这种行动不得损及它在市场上的生存能力。伦理道德行动必须与实现利润一致起来,或者至少必须与达到企业能在市场上站住脚、能应付竞争的利润一致起来。"[1]如果社会责任只能与企业利润相对立,履行社会责任必须以牺牲企业利润为代价,那么推进企业社会责任就会变成一纸空谈。这就是说,在当前阶段推进企业社会责任,必须走义利结合推进之路。

走义利结合推进之路,并不意味着道德向经济利益的让步,并不意味着道德在金钱利益面前的退缩。走义利结合推进之路,最深层的道德理念有两个:一个理念是德福一致思想,即德和福在最根本的层面上是一致的,道德和利益在归根结底的意义上是统一的,正如亚里

---

① [法]热罗姆·芭莱、弗朗索瓦丝·德布里:《企业与道德伦理》,丽泉、侣程译,天津:天津人民出版社 2006 年版,第 239 页。

士多德所说："幸福即是合于德性的现实活动。"[①]离开了对利益的保障,道德就失去了存在的根据;而没有道德作为约束,利益也失去了根本保障。另一个理念是个人企业社会利益一致思想,即在根本利益上,个人、企业与社会是基本一致的。我们不否认个人、企业和社会在个别的、暂时的利益上是相互冲突的,但从长远来看,个人、企业和社会的根本利益是一致的,否则,企业和社会就没有存在的可能性。强调走义利结合推进之路,主要是要求社会创造出这样一种条件:使企业履责行为最终能够为企业带来相应的利润,强化企业履责行为与道德赏罚之间的联系。

2. 增强企业的社会责任意识

范路克指出:"一个公司或企业部门是否承诺企业社会责任,很大程度上取决于它如何看待其短期利益和长期利益,取决于当前的经济环境,取决于有否来自政府的压力,取决于公司文化及其领导性质。"[②]这表明,推进企业履行社会责任,除了要创造一定的社会条件之外,还要增强企业的社会责任意识。

要增强企业的社会责任意识,一方面需要企业明白:履行社会责任与实现企业利润之间并不矛盾,相反,履行社会责任是实现企业利润的前提。事实上,在社会公众权利意识日渐觉醒、维权行动日益积极的今天,不负责任的企业行为越来越受到社会的道德谴责和经济制裁,而道德卓越的企业行为越来越受到社会的道德赞赏和经济奖励。在这种情况下,只有积极履行社会责任,才能获得真正的成功,"只讲经济目标不讲道德目标的企业最不经济"。[③]

---

① [古希腊]亚里士多德:《尼各马科伦理学》,苗力田译,北京:中国社会科学出版社 1992 年版,第 14 页。

② [荷兰]汉克·范路克:《经济伦理学与对和谐社会的追求》,陆晓禾译,载《道德与文明》2005 年第 5 期。

③ 欧阳润平:《企业伦理学》,长沙:湖南人民出版社 2003 年版,第 38 页。

另一方面还需要企业明白：要想获得真正的成功，不能以履行社会责任作为获得经济绩效的工具，而必须将履行社会责任视为自己的神圣使命，内化为"企业良心"。[1] 诺曼·鲍伊的"利润悖论"早就告诉我们：越是故意追求利润，越不可能得到利润。所罗门也提出："那些把服务顾客作为自身终极目标的公司，看似对他们自身的成本漠不关心，却最终吸引并且留住了更多顾客，反而赢得了根本性的成功。"[2]赢得超过付出的回报只是企业履行社会责任的可能后果，而不必成为企业履行社会责任的必要动机。从伦理学的角度看，动机越纯粹，行为的道德价值更高，所能赢得的道德赞赏也就越多。经济回报不是履责行为的动机，而是履责行为的奖励。

### 3. 提升公众的企业社会责任观念

企业履责行为能否得到相应的道德赏罚，首先取决于利益相关者乃至社会公众的社会责任意识。只有当利益相关者及社会公众具有一定的社会责任意识，能够对企业履责行为给予正确及时的道德回应，才能将企业履责行为真正变成道德资本。如果利益相关者和社会公众不认为企业应该承担一定的社会责任，或者根本就不关心企业是否承担社会责任，那他们根本就不会对企业履责行为进行回应，从而不可能使企业履责行为得到相应的道德及经济赏罚。从某种意义上说，"决定企业诚信能否从道德负担转变为道德资本的现实因素不在企业，而在社会，在组成社会的个人和政府。因为真正的决定因素在于社会能否从经济上认同企业诚信行为所付出的成本以及制裁企业不诚信行为所获得的收益"。[3]

---

① 王泽应：《论企业道德责任的依据、表现与内化》，载《道德与文明》2005 年第 3 期。

② ［美］罗伯特·C.所罗门：《伦理与卓越：商业中的合作与诚信》，罗汉、黄悦等译，上海：上海译文出版社 2006 年版，第 48 页。

③ 李志祥：《企业诚信与道德资本逻辑》，载《长白学刊》2011 年第 4 期。

因此,企业社会责任运动必须面对公众,必须致力于提升公众的企业社会责任意识。企业是否履行社会责任,不仅涉及到利益相关者的利益,而且会涉及到每一位社会公众的利益。要维护每一个人自己的利益,需要每一个人意识到自己的利益,关心自己的利益,为自己的利益付出一定的努力。从这个意义上说,社会需要"有责任感的消费者","通过其购物决定来影响企业在生产、尊重人权或者环境保护方面的行为";①社会还需要"有责任感的投资者","利用投资行业的力量来建设一个更美好的世界"。② 事实上,企业所必须履行的社会责任,对于社会公众来说就是他们的正当利益。

4. 建立流畅的企业社会责任信息机制

要使企业履责行为能够得到及时准确的道德回应,还需要在企业与公众之间,建立流畅的企业社会责任信息机制。有学者指出:"信息的作用在两个方面得到体现:关于对企业社会责任的需求信息以及关于企业投资于企业社会责任的供给信息。"③流畅的企业履责信息机制,对企业来说是一种严格的监督和审察,对公众来说则是一种公开的展示和检查。没有健全的企业社会责任信息机制,公众不能及时准确地了解企业履责状况,也就不可能对企业行为作出合理的回应。换一种方式说,企业社会责任信息机制同时也是一种市场声誉机制,这"既是促进企业发展的钥匙,又是保证企业道德的基石"。④

目前,我国企业社会责任信息机制并不健全,一些知名企业会定

①[法]热罗姆·芭莱、弗郎索瓦丝·德布里:《企业与道德伦理》,丽泉、侣程译,天津:天津人民出版社 2006 年版,第 364 页。

②[美]埃米·多米尼:《社会责任投资》,兴业全球基金管理有限公司译,上海:上海人民出版社 2008 年版,第 193 页。

③ 郁建兴、高翔:《企业社会责任中的经济因素与非经济因素》,载《经济社会体制比较》2008 年第 2 期。

④ 夏明:《利人还是利己——市场伦理下企业道德观透视》,载《福建论坛》(人文社会科学版)2011 年第 9 期。

期发布企业社会责任信息公报,一些组织每年评审十大慈善家,一些媒体会经常披露一些企业败德行为,"3·15"晚会则是其中最有影响力的栏目。但是,所有这些信息机制都不是非常完善,企业社会责任公报是企业自己提供的,慈善家评审只关注企业的慈善行为,媒体披露多关注企业败德行为。而且,目前的信息机制所关注到的企业面非常狭窄,起不到真正的引导和惩诫作用。应当建立一种由第三方社会组织负责的企业履责信息机制,对于具有一定经济规模以上的企业,每年定期公布其中履责最好的500名和履责最差的500名企业,并且不定期公布一些显著的企业败德行为和良善行为。

# 道德资本与消费维权

随着社会主义市场经济的不断发展,一些与社会主义市场精神不相吻合的现象开始逐渐出现,其中之一就是消费者消极维权现象,即部分消费者在其合法权益受到企业或商界侵犯时,往往持一种相对消极的态度,或者只付出很少的努力去维权,或者根本就不维权。这种现象既不利于消费者个人的合法权益,也不利于社会主义市场经济秩序的良性运行。本文试图以经济人假设作为理论前提,以维权效益作为理论切入点,分析寻找消费者消极维权现象的原因及其对策。

## 一、关于消费者的经济人假设

当合法权益受到侵害、本应属于自己的权益被他人抢走时,消费者无论是从情感还是理性出发,都必然趋向于维护自己的合法权益。这种倾向,用古代社会的情感式话语来说就是"以命偿命,以眼还眼,以牙还牙,以手还手,以脚还脚",①用现代社会的理性式话语来说就是"我享有毁灭那以毁灭来威胁我的东西的权利"。②

尽管理性和情感都支持消费者维权,但这种倾向具体以什么方式

---

① 《圣经·申命记》。
② 〔英〕洛克:《政府论》(下卷),叶启芳、瞿菊农译,北京:商务印书馆 1964 年版,第 12 页。

出现在消费者身上,致使消费者愿意付出多大的努力来维权,最终将取决于两个方面:一方面是消费者所持的消费维权理由和动机,即消费者希望从维权行为中获得什么,想通过消费维权行为达到什么样的目的;另一方面则是消费维权的社会环境,即社会是否为消费维权提供了现实的途径,在现实社会里通过什么样的维权方式能够达到什么样的目的。如果消费者在现实社会中能够很轻易地通过消费维权活动实现自己想要的目的,那么消费者无疑会积极维权;否则,消费者就可能消极维权,或根本就不维权。

如果假定消费维权的社会环境为某个固定值,那么消费维权的积极性就主要取决于消费维权的动机。事实上,消费维权的动机是复杂的、可变的,不仅每个消费维权行为的动机可能不同,而且同一个消费维权行为也可能出于多种不同的动机。为了理论分析的方便,我们只能像马克斯·韦伯所说的那样,用"理想类型"的方式将各种不同的动机抽象出来,[①]并且为每一种动机指定一个理论上的假设人。按照这种理论思路,我们把具有不同维权动机的消费者分为三类:政治人、经济人和文化人。

"政治人"思想最早由亚里斯多德提出,他认为人类"自然是趋向于城邦生活的动物",在本性上"正是一个政治动物"。[②] 作为"政治人",消费者直接表现为一个国家的公民,公民身份为消费者规定了各种权利和义务。公民有权利享受由国家法律规定的各种利益,也有义务维护和促进一个国家的良性秩序。站在"政治人"的角度,消费侵权行为不仅损害了公民应该享有的权利,而且破坏了整个社会的经济秩

①  [德]马克斯·韦伯:《韦伯文集》(上卷),韩水法等译,北京:中国广播电视出版社 2000 年版,第 125 页。
②  [古希腊]亚里士多德:《政治学》,吴寿彭译,北京:商务印书馆 1965 年版,第 7 页。

序,因此,公民必须尽一切努力来维护自己的正当消费权益。

"经济人"思想源于亚当·斯密,他认为每一个人都是理性的、自利最大化的人,所有人的行为都是"出于他们自利的打算"。① 作为"经济人",消费者是一个私利最大化的人,其所有行为的最终动机只有一个,即通过该行为获取自己的最大利益,他在进行行为选择时只考虑一个问题:在现实条件下,哪种行为带给自己的利益最大? 因此,对经济人来说,消费权益受到侵犯后是否维权,取决于在各种现实的行为策略中,消费维权这一行为策略是不是能给自己带来最大的利益。

"文化人"思想源于文化人类学这门学科,文化人类学认为每一个人都是所在民族独特文化的产物,用本尼迪克特的话来说就是:"每一个男女的每一种个人兴趣都是由他所处的文明的丰厚的传统积淀所培养的。"②作为"文化人",消费者受本民族独特文化的影响,他会按照本民族文化独特的观念来选择自己的行为。"文化人"在其正当消费权益受到侵犯时,要不要采取维权行为,这取决于民族文化是如何对待消费侵权的。

在以上三种关于消费者的假说中,"政治人"倾向于积极维权,因为对他们来说,消费维权行为是一种义务,是必须要完成的;"经济人"的维权积极性取决于消费维权行为的利益效果,现实的利益机制既可能导致积极维权,也可能导致消极维权;"文化人"维权与否取决于民族文化对于维权的价值取向,民族文化对维权行为的认同与排斥直接影响消费维权的积极性。就应对消极维权这一问题而言,"政治人"假说可以不予考虑,因为它是支持消费者积极维权的;"文化人"假说也

---

① [英]亚当·斯密:《国民财富的性质和原因的研究》(上卷),郭大力、王亚南译,北京:商务印书馆1972年版,第14页。

② [美]露丝·本尼迪克特:《文化模式》,王炜等译,北京:生活·读书·新知三联书店1988年版,第231页。

可以不予考虑,因为文化是历史长期积淀的产物,我们不可能在一个短期内随意改变;真正有意义的是"经济人"假说,我们至少可以通过改变现实社会的利益机制,将消费者从消极维权引向积极维权。出于这种考虑,本文才在理论上把消费者假设为"经济人"。

有人可能会对此提出质疑,认为"经济人"假设过于贬低了消费维权者的动机水平,毕竟很多消费者在维权过程中体现了强烈的政治人动机、文化人动机以及其他各种动机。对于消费维权动机的复合性,笔者是完全赞同的,毕竟现实生活中的消费者是一个完整的人,而不是片面的、抽象的人。将消费维权者假设为经济人,并不意味着笔者认为消费维权者就只能是经济人,而仅仅意味着:如果一个社会能够使经济人动机指向积极维权行为,那么这个社会的消极维权问题无疑会得到较大的改善。

## 二、一般消费维权行为的效益分析

按照穆勒的理解,所谓"经济人"就是"在现有知识水平上以最少劳动和最小生理节制获取最多必需品、享受和奢侈品"的人。[①] 简单地说,"经济人"就是理性、自利、谋求利益最大化的个人。在以"经济人"假设为基础的经济分析中,包括消费维权行为在内的所有人类行为都被视为"某种关系错综复杂的参与者的行为,通过积累适量信息和其他市场投入要素,他们使其源于一组稳定偏好的效用达到最大"。[②] 作为"经济人"的消费者在维权行为选择上只遵循"经济人"的行为选择准则:第一,消费维权者的行为动机只有一个,即自己的私利,他人的

---

① [英]约翰·穆勒:《政治经济学定义及研究这门学问的哲学方法》,载《海派经济学》(第6辑),上海:上海财经大学出版社,2004年版,第140页。

② [美]加里·S.贝克尔:《人类行为的经济分析》,王业宇、陈琪译,上海:上海三联书店1995年版,第19页。

利益只有在对自己的私利产生影响时才会被考虑;第二,在行为选择时,经济人只会比较各种行为即将产生的私利后果,并且选择利益后果最大的那种行为。

在合法权益被侵犯之后,消费者面临的行为策略很多:首先,他可以在各种不同的维权行为中进行选择,如直接交涉、委托他人、借助媒体或诉诸法律等;其次,他也可以放弃维权,在其他各种获利行为中进行选择,即他可以将维权所需要花费的资源用于其他获利更大的行为。后者意味着经济人不仅仅比较各种不同维权行为的效益,还会把各种不同维权方式与其他获利方式放在一起进行比较。

一个"经济人"是如何在各种不同维权行为以及其他获利行为之间进行选择呢?只要把消费维权行为理解为一种获利行为,理解为诸种获利行为中的一种,我们就可以通过"一般获利行为的平均效益"这个概念来理解消费者的维权行为选择。对一个经济人来说,每一种获利行为都会产生一定的效益,有的获利行为能够产生较高的效益,有的获利行为只能产生较低的效益,甚至是负效益。如果把一个经济人的所有获利行为放在一起,把所有获利行为的效益值加总并按行为数均分,就可以得出这个经济人的"一般获利行为的平均效益"。如果以一个经济人的一般获利行为的平均效益作为参照,那么,这个经济人的消费维权行为必将呈现以下规律:消费维权行为的效益越是高出一般获利行为的平均效益,消费者的维权意愿就越大,在等于最高行为效益时,消费者的维权意愿就会升至最高值;反之,消费维权行为的效益越是低于一般获利行为的平均效益,消费者的维权意愿就越小,在等于零值时,消费者的维权意愿就会降至最低值。

消费维权行为的效益,是指消费者在单位时间里通过消费维权行为获得的纯经济收入。其计算方式为:消费维权行为的收入减去成本,再除以时间。效益、成本、收入之间的关系简单明了:在其他条件相同的情况下,效益与成本成反比,与收入成正比。

消费维权行为的成本,是指消费者在维权行为过程中支付的成本总和。这个成本总和,既包括有形的、可以直接用货币衡量的实物成本,如交通费、通讯费、律师费等,也包括无形的、但可以转化为货币计算的非实物成本,如支出的时间、精力以及所承受的压力等。很明显,在考虑成本时,不能只考虑有形的实物成本,而忽略了无形的非实物成本。在所有的经济成本中,消费维权所需要的时间和费用占据着支配地位。

对于一般的消费维权行为来说,时间是一个更为关键的因素。消费维权行为所需要的时间越长,消费维权行为的成本自然就越高。这一点正好可以解释在日常消费维权中的一个常见现象:消费者一般都愿意通过直接面对面交谈的方式维权,而在需要间接投诉时往往犹豫不决。这就是因为直接面对面交谈所需要花费的时间很少,而间接投诉一般要花费较多的时间,相比之下,后者显得更为"麻烦"。

消费维权行为的收入,是指消费者通过维权行为所获得的收入总和。除了消费维权者的精神收入之外,物质意义上的收入总和主要由两部分构成:一是对消费侵权行为所造成损失的原价赔偿,二是对消费侵权行为所造成损失的额外赔偿。在这两部分中,原价赔偿基本上是固定不变的,直接由消费侵权行为的损失量决定;额外赔偿则是可变的,主要由通行的额外赔偿准则或惯例决定。

在消费维权行为成本固定、额外赔偿为零的情况下,消费维权行为的收入额就等于侵权行为所造成的损失额,此时消费维权行为的效益主要由消费侵权所造成的损失大小决定,消费者维权意愿的强弱直接与所受损失额的大小成正比。损失越大,维权意愿越强;损失越小,维权意愿越弱。这一规律所能解释的现象是:消费者在小额消费受到侵犯时,一般只会嘟囔几句,或者吵骂几句;而在大额消费受到侵犯时,则不惜采取投诉甚至打官司行为。不过,照损失原价赔偿原则中存在着一个可变因素:哪些损失可以并且必须算入应赔偿的损失中?是只计算消费品的价格,还包不包括消费之后所带来的各种损失,包不包括维权过程所支出的各种成本?这个可变因素主要由通行的赔偿原则来解决。

在有额外赔偿的情况下,消费维权行为的效益与额外赔偿的规则息息相关。事实上,大部分通行的额外赔偿规则都以商品或服务的原价为基础,有的根本就没有额外赔偿,有的是额外赔偿原价的一倍,如我国1994年开始实施的《消费者权益保护法》第四十九条规定:"经营者提供商品或者服务有欺诈行为的,应当按照消费者的要求增加赔偿其受到的损失,增加赔偿的金额为消费者购买商品的价款或者接受服务的费用的一倍。"也有的是额外赔偿十倍,如2009年开始实施的《食品安全法》第九十六条规定:"生产不符合食品安全标准的食品或者销售明知是不符合食品安全标准的食品,消费者除要求赔偿损失外,还可以向生产者或者销售者要求支付价款十倍的赔偿金。"由此可见,额外赔偿所带来的收入由两个方面决定:一是商品或服务的原价,二是通行的额外赔偿规则。

以上是关于消费维权行为效益的一般分析,接下来就进入到消费维权行为效益的现实分析了。

### 三、现实消费维权方式的效益分析

在现实生活中,消费者在其合法权益受到侵害时,到底可以采取哪些维权方式呢?《消费者权益保护法》第三十四条规定:"消费者和经营者发生消费者权益争议的,可以通过下列途径解决:(一)与经营者协商和解;(二)请求消费者协会调解;(三)向有关行政部门申诉;(四)根据与经营者达成的仲裁协议提请仲裁机构仲裁;(五)向人民法院提起诉讼。"以维权主体作为标准,这五条维权途径可以区分为三种:一是个人维权,二是社会维权,三是政府维权。现对这三种具体现实的维权方式及其效益作如下分析:

1. 个人维权的效益分析

消费者在其权益受到侵犯后,最自然、最快捷的维权方式就是进行直接的个人维权,消费者个人直接带着消费侵权证据,找到消费侵权者,通过协商要求消费侵权者进行一定的赔偿。事实上,日常生活中很大一部分消费纠纷都是通过这种方式得到解决的。

从维权效益的角度看,消费者个人维权有利有弊,利在成本较低,弊在收入难以保障。消费者个人维权所需要的全部成本就是消费者与侵权者的协商成本,这个成本无疑是非常低的。但是,面对一个弱小的消费者个体,侵权者会不会承认自己的侵权行为,愿不愿意承担侵权行为所带来的后果,这显然是消费者凭一己之力所无法决定的。在消费侵权过程中,侵权的一方是力量庞大到足以称为"帝国"的商企业,被侵权的一方是势单力薄的消费者个体,侵权双方的力量对比极其悬殊。在这种情况下,如果社会和法律对商企业的压力为零,当强大的侵权者不愿意承担其应该承担的责任时,弱小的消费者又能怎么样呢?他除了不再做该商企业的顾客以示惩罚之外,就没有什么任何有力的办法了!很显然,丧失区区一个消费者,庞大的商企业是根本不会放在眼里的。因此,如果没有社会和法律对商企业的巨大压力,消费者个人维权的成功与否只维系于商企业脆弱的"善心",其结果可想而知。

力量对比的悬殊使消费者个人维权十分困难,这就迫使维权者努力增加自己的力量,缩小维权过程中与商企业的力量差距,强化自己与商企业协商谈判的资本。消费者要增加力量,就必须走出个体这一范围,将自己溶入到更为强大的各种社会力量之中。

## 2. 社会维权的效益分析

一旦凭一己之力无法维权,那么消费者个人就可能走出自身,走入社会,以形成强大的社会力量与商企业对抗。这样,消费维权就由个人维权走向了社会维权。消费者社会维权,主要是指消费者个体通过社会化过程联合起来,形成一个强大的超越个体的消费者社会组织,以此来维护消费者的消费权益。

消费者走出个体自身的社会化过程主要由三个阶段构成:在第一个阶段,所有受同一侵权行为直接侵害的消费者自发地组织起来,集体对抗侵权者;在第二个阶段,组织起来的消费者从直接受害的消费者扩大到潜在受害的消费者,再扩大到所有的消费者;在第三个阶段,联合起来的力量开始客观化,并最终形成一个独立的、常规化的消费者维权组织,这也就是我们日常生活中所说的"消协"。

事实上,消费者在采用社会维权方式之前,往往已经采取过个人维权方式,他们一般是在个人维权失败之后才转向社会维权的。与个人维权相比,社会维权的收入比较有保障,但其成本也相对较高。社会维权的成本由三部分组成:一是将消费者组织起来的组织成本,二是与消费者组织商谈的交往成本,三是与侵权商企业商谈的交往成本。这个成本很明显要高于个人维权成本,因为其中的组织成本和与消费者组织的交往成本是个人维权所不需要的。社会维权的收入情况怎么样呢?根据上文的分析,消费维权的收入保障取决于消费者与商企业的力量对比。社会维权与个人维权在力量的质上是一样的,二者都无权对侵权商企业实行强制性的罚款措施,其唯一的力量来自于通过抵制消费来惩罚商企业。不过,社会维权与个人维权在力量的量上是不一样的,个人维权中起作用的是一个消费者个体的力量,社会维权中则是联合了众多消费者个体的集体力量。消费者组织的力量强于消费者个人,这就决定了社会维权的收入情况一定会好于个人维权。更进一步说,社会维权的收入保障情况最终取决于消费者组织的力量大小,而消费者组织的力量大小则取决于它所动员的消费者数量多少。它能动员的消费者数量越多,它自身的力量也就越强大,它能动员的消费者数量越小,它自身的力量也就越小。

消费者社会维权的力量在质和量两个方面都存在着一定的局限性:从质上看,消费者组织与消费者个人一样,只拥有抵制消费这一力量方式,而不具备额外罚款的强制性力量;从量上看,消费者组织只是一个自发性的民间组织,它所能动员的消费者数量同样是比较有限的。这两大局限性限制了消费者社会维权的力量,从而使商企业有可能无视消费者社会维权活动,他们完全有可能放弃被消费者组织动员起来的消费者,转而面向没有被消费者组织动员起来的消费者。

因此,为了进一步提高消费维权的效益,消费者组织这种社会维权方式为了更好地完成自己的使命,就必须超越这种自发的民间形式,以获取更大的维权力量。

3. 政府维权的效益分析

个人维权走向社会维权,在本质上就是将个体意志上升为集体意志,而集体意志的最高体现,就是国家意志。因此,自发性的社会组织要进一步增加自己的力量,就必须从民间的社会力量上升为国家的集体力量。为了解决社会维权自身的局限性,消费者组织就必须走出消费者这个范围,最终上升为国家层面的意志。当消费者权益最终以法律形式确定下来以后,消费维权也就可以从社会维权上升为政府维权了。

与个人维权以及社会维权相比,法律维权的收入更能得到保障,但需要的成本也相对更高。从成本上看,法律维权往往需要一定的律师费、诉讼费以及各种交往费,更为重要的是,法律维权往往需要较长的时间,需要消费者投入更多的精力。这个时间、精力和直接产生的费用是个人维权和社会维权所无法比拟的。从收入保障上看,政府是国家强制机关,只要有明确的消费侵权行为为根据,有清晰的相关法律条文为准绳,政府就可以运用经济手段(如赔偿和罚款)和超经济手段(如判刑等)对侵权者采取强制措施。一旦政府和法律介入其中,维权双方的势力就会发生根本性的改变。借助政府和法律,维权者可以成为真正的强者,从而真正维护自己的合法消费权益。

为维权者提供了有保障的、确定的收入,但是需要维权者支付太高的成本,这就决定了法律维权或许能够成为大额或者巨额消费维权的有效途径,但难以为小额消费维权提供有益的帮助。

以上分析仅仅是一种理论上的逻辑推演,但正如恩格斯所说,逻辑的方式"无非是历史的方式,不过摆脱了历史的形式以及起扰乱作用的偶然性而已",①它分析了各种维权方式的历史出现过程,即消费者维权方式如何从简单一步步走向复杂。这种逻辑推演方法为了理论分析的方便,往往将各种维权方式完全区分开来。在现实生活中,个人维权、社会维权以及政府维权在问世之后,就总是同时并存的,也总是混合在一起的。个人维权时,消费者组织以及法律已经作为其背景存在了;法律维权时,个人和消费者组织也会在其中发挥作用。

### 四、提高消费维权的效益

从效益上看,以上三种维权方式各有利弊:个人维权成本最低,但收入也最难以保障;社会维权成本较高,收入也比较有保障;政府维权收入最有保障,但成本也最高。将成本与收入综合起来,这三种维权方式都有可能指向较低的维权效益,而较低的维权效益,正是当前消费者维权动力不足的主要原因。要提升消费维权的动力,提高消费

---

① 《马克思恩格斯文集》(第2卷),北京:人民出版社2009年版,第603页。

维权的效益,最好的方式就是结合各种维权方式的长处,同时又尽量避免各自的不足。按照这种思路,最有效的消费者维权方式应该是:付出个人维权的成本,获得政府维权的收入。

这种维权方式有没有存在的可能性呢?有!前面已经分析过,在现实生活中,各种维权方式并非截然分开的,而是混合在一起的。个人维权和社会维权实际上已经以政府和法律为背景了,而政府维权实际上也会导致消费者对特定消费的抵制。因此,在有关消费者权益保护的各种法律法规充分普及并且严格执行的情况下,个人维权就有可能取得法律维权的收入。因为这种维权方式对于消费者和商企业来说都是最符合经济人原则的,它可以节省侵权双方大笔的律师费、诉讼费以及大量的时间、精力。不过,要想让这种效益最高的维权方式真正大量地进入现实生活,至少必须具备两个前提:

第一,每一种消费侵权行为的法律后果必须清晰确定,并且侵权双方都同等知悉。这就是说,当消费者的特定合法权益受到了特定方式的侵害,只要消费者走上法庭,运用法律的武器来维护自己的权益,其判决结果就总是明确的、清晰的、固定的。韦伯运用合理性和可计算性概念对此进行了描述:"在这里,法官像在具有合理法律的官僚国家中那样或多或少是一架法律条款自动机,人们在这架机器上面投进去案卷,再放入必要的费用,它从下面就吐出或多或少具有令人信服理由的判决;因此,法官行使职责至少大体上是可以计算出来的。"[①]这一前提条件的意义在于:如果每一种消费侵权行为的法律是客观的、不以当事人甚至法官的主观意志为转移的,那么,洞悉法律的人在打官司之前就能够准确预计到法律判断的结果,而法律程序本身也就变成了可要可不要的过场形式。法律自身的完备也就为以协商方式

①[德]马克斯·韦伯:《政治著作全集》,转引自卢卡奇著:《历史与阶级意识》,杜章智等译,北京:商务印书馆1992年版,第159页。

取得法律效果提供了可能。与此同时,这意味着两个要求:其一,公正清晰的司法导致公正清晰的法律;其二,公正严密的执法导致公正清晰的判决。

当然,侵权双方都应当同等清楚消费侵权行为的法律后果。这就是说,当消费侵权行为出现之后,消费者以及侵权者都清楚:一旦走上法律道路,那么消费者将会获得什么样的收入,而侵权者将会受到什么样的惩罚。只要侵权双方同等清楚特定消费侵权行为的法律后果,并且知道打官司需要支付的额外成本,那么理性的双方自然会选择这样一条道路:运用协商方式,不用付出打官司所需要的额外成本,就能获得法律判决的结果。要做到这一点,首先需要人们具有完备的法律知识,然后还需要日常生活中大量的法律事实。只有当法律已经成为消费者的常识,而法律判决已经成为日常生活的惯例时,人们才能真正以个人维权的方式获得法律维权的效果。

第二,法律必须规定,消费者的维权成本由侵权者承担。无论采取哪一种维权方式,消费维权者都必须付出一定的成本,而且从个人维权到社会维权再到政府维权,消费者需要付出的成本越来越高。现在的问题是:消费者的维权成本应该由谁承担?如果维权成本完全由消费维权者本人承担,那么,成本越高的维权方式尽管更能确保维权者的收入,但同时也大大降低了维权的效益,这也必然会降低消费者的维权积极性。其结果是:消费者很可能因为要承担过高的维权成本而不愿意采取更有效的法律维权手段,侵权者则肆意利用消费者的这种心理而拒不理睬消费者的个人维权与社会维权。因为侵权双方在财力上的悬殊,消费者根本就耗不过侵权者。另一方面,对消费者来说,维权成本本来就是是消费侵权所造成的连带损失,理应由侵权人给予赔偿。只有解除了消费者的维权成本之忧,才能确实提高消费者的维权积极性;只有让侵权者承担全部的维权成本,力量强大的侵权者才会主动接受维权成本最小的个人维权方式。我国 2008 年提出的《专利法修正案(草案)》已经意识到了这一点,并明确提出"侵犯专利权的赔偿应当包括专利权人为制止侵权行为所支付的合理开支",其说明理由是:"从专利保护工作的实践来看,如果专利权人维权的成本得不到赔偿,就不能弥补权利人因侵权所受到的损失。"

事实上,现实生活中的一部分消费维权行为已经实现了以个人维权的成本获得法律维权的效果。我们所需要做的,就是让这种消费维权方式更多地进入到消费维权生活中来。

# 道德资本与经济全球化

加入 WTO,步入经济全球化进程,并不完全是一个福音,而是一种挑战、一种全方位的挑战。这种挑战决不仅仅限于纯经济方面(如技术、管理和体制等等),更深层次的挑战应该来自于伦理文化领域。但我国目前的研究主要集中于从纯经济的角度探讨"入世对于某一行业、领域和对百姓生活的影响",[①]立足于伦理文化角度的研究相对较少。本文试图从经济伦理学的角度分析经济全球化对于我国企业的挑战。

## 一、经济全球化对我国企业的伦理挑战

所谓"经济全球化",根据雅克·阿达的分析,其实质就是"资本主义这种经济体制对世界空间的主宰"。[②] 全球化过程,首先是由发达国家发起的,因而它必然具有两个趋势:其一,他们要建立一个于发起者最为有利的世界市场,处于世界市场中心的是发达国家,处于整个

　　* 本文主要内容曾以《论经济全球化对中国企业的伦理挑战》为题刊发于《南京社会科学》2001 年第 2 期。
　　① 薛荣久:《定位 WTO——中国 WTO 研究与对策思考》,载《国际贸易》2000 年第 2 期。
　　② [法]雅克·阿达:《经济全球化》,何竟、周晓幸译,北京:中央编译出版社 2000 年版,第 3 页。

市场外围的是不发达国家；其二，发达国家还会排斥与其经济制度不相容的经济制度，而努力使自己的经济制度占领世界的每一个角落。

因此，任何一个国家或者企业要加入经济全球化，都不能回避两个问题：问题之一，新加入的国家必然在世界市场上处于弱势，必然会受到不平等的对待，那么如何对待这种不平等；问题之二，一旦本国的经济制度与经济全球化所要求的经济制度之间有冲突，应该如何处理这种冲突。

这是两个经济问题，同时也是两个伦理问题。世界市场问题，涉及到的是全世界经济利益与每一个国家经济利益之间的关系，以及各个国家经济利益之间的关系问题。毫无疑问，每一个人都会赞同国与国之间应适用平等互助的伦理原则，但是任何一种伦理原则如果不能通过具体的经济措施体现出来，那它就是一个空洞的口号。在经济全球化所建立的世界市场中，平等互助就是这样一个空洞的口号，真正通行于国与国之间的伦理原则是不平等，是经济强国对经济弱国的掠夺和剥削。

我国在经济上是一个发展中国家，在世界大市场中处于弱势；但从经济发展的长远利益来看，我国又必须加入世界大市场。在这种情况下，我国和我国企业究竟应当持何种态度呢？是不是就要完全不加约束地赞同经济强国及其大公司的伦理原则呢？在这方面，依附论者阿明的主张不无道理。经济全球化不是一种死的模式，而是体现为"许多可供选择的可能"，这种可能是"由任何特定时刻国与国之间力量对比平衡或不平衡以及各该国内部的社会关系作界定"。① 所以，我们必须坚持自己的伦理观念，并努力通过扩大自己的力量来实现它。这方面本文将不作重点分析。

---

① ［埃］萨米尔·阿明：《不平等的发展》，高铦译，北京：商务印书馆 2000 年版，中文版序。

　　不同经济制度之间的冲突,必然会引起伦理层面的震动,因为在任何一种经济制度背后,都有一定的伦理关系和伦理观念与之相适应。与资本主义经济制度相适应的,是以资本为基础、包括个人主义、自由主义和金钱主义在内的一套伦理观念;而与我国社会主义经济制度相适应的,则是以社会为基础的强调集体利益、社会控制和人民生活的伦理观念。经济全球化在经济制度方面要求一个社会向它所希望的方向靠拢,必然也会在伦理观念方面提出同样的要求。

　　在这方面,对经济全球化要求的理解,必须与我国的经济体制结合起来。我国在邓小平同志"三个有利于"思想的指导下,提出了建立社会主义市场经济的目标。这个目标与经济全球化的要求并不是完全相冲突的,而是具有一定相容性。尽管一个姓"社",一个姓"资",但毕竟都是市场经济。不同的市场经济具有不同的个性,更具有一定的共性。这种共性不仅是资本主义市场经济所要求的,同时也是社会主义市场经济所要求的。我国当前经济改革的方向和任务不是别的,而是进一步实行市场化;经济全球化的要求与我国经济体制改革在一定意义上是相通的。

　　因此,经济全球化对于我国企业的挑战,在经济方面体现为不成熟市场经济体制与成熟市场经济制度之间的差距,在伦理文化方面则体现为我国现有伦理文化与成熟市场经济所要求的伦理文化之间的差距。具体说来,差距主要表现在以下三个方面:

　　1. 敬业精神稀缺

　　以世界大市场为基础的市场经济需要什么样的人? 对于这一问题,有两个人曾作出过非常精辟的分析:一个人是政治经济学家大卫·李嘉图,另一个人是社会学家马克斯·韦伯。作为古典经济学的集大成者,李嘉图以政治经济学的眼光分析了在市场经济中所出现的资本家和工人。在李嘉图看来,经济发展的根本标志就是国民财富的增长,资本家和工人都是国民财富增长的工具,最能促进国民财富增长的资本家和工人就是最好的资本家和工人。在市场经济中,工人只是劳动的化身,他唯一的意义就是提供作为"供给他们每年消费的一切生活必需品和便利品的源泉"的劳动,[①]所以最好的工人就是能够为社会提供最多劳动的人,也就是"不是劳动十小时而是劳动十二小时或十四小时"的劳动机器。[②] 而资本家则是资本的化身,他唯一的意义就是为社会财富的增长提供不可缺少的资本,所以最好的资本家就是能够为社会提供最大量资本的人,也就是能够最大量地"节约自己的收入,而增加资本"的人。[③]

李嘉图的透视角度是经济学,资本家和工人成了市场经济的构成要素,是物的载体,不具有人的特征。而韦伯的透视角度是伦理学,资本家和工人被恢复成了人,具有一定伦理精神的人。韦伯提出了一个全新的概念——"天职",通俗地理解,"天职"就是上天(即上帝)赋予人们的职责,其内容就是要"人完成个人在现世里所处地位赋予他的责任和义务"。[④] 资本家的理想类型,也就是真正与市场经济相匹配的、符合资本主义精神的资本家,是以获利为唯一动机的人,与之相应的工人的理想类型就是以劳动为天职的人。二者的共同基础就是工作中的天职精神和消费中的禁欲主义。

把大卫·李嘉图和马克斯·韦伯综合起来,我们不难发现市场经济需要什么样的人。剔除李嘉图和韦伯思想中的资本主义意识形态

---

① [英]亚当·斯密:《国民财富的性质和原因的研究》(上卷),郭大力、王亚南译,北京:商务印书馆 1972 年版,第 1 页。

② [瑞士]西斯蒙第:《政治经济学新原理或论财富同人口的关系》,何钦译,北京:商务印书馆 1964 年版,第 231 页。

③ [瑞士]西斯蒙第:《政治经济学新原理或论财富同人口的关系》,何钦译,北京:商务印书馆 1964 年版,第 77 页。

④ [德]马克斯·韦伯:《新教伦理与资本主义精神》,于晓、陈维纲等译.北京:生活·读书·新知三联书店 1987 年版,第 59 页。

成分,撇开"资本家"和"工人"这些带有特定含义的名称,我们就会发现李嘉图和韦伯所强调的,实质上就是一种献身于职业的敬业精神,这恰恰就是市场经济所需要的。

敬业精神是市场经济所需要的,更是经济全球化所需要的,对于刚刚步入经济全球化进程的中国人来说又具有一种特别的意义。因为我们所面对的是已有四百多年市场经济发展历史的国家,历经数百年的市场发展,这些国家已经培养出了许多富于理性而进取的人。如果我们的企业、企业家和工人不具有这种伦理精神,就必然会像韦伯所描述的具有传统主义精神的人那样,在具有资本主义精神的人面前"关门歇业"。①

但是,敬业精神在我国还相当缺乏。虽然我们也有自己的企业家,但真正具有敬业意识的、献身于工作的企业家数量还不尽如人意。这并不是说一些企业家没有挣钱的欲望,恰恰相反,我国企业家挣钱的欲望不弱于任何国家的企业家。问题在于:弗兰克林式的企业家,是以挣钱为唯一的、最终的动机,而不是以高水平的物质享受为最终动机;而我们一些企业家尽管也以挣钱为根本动机,但在挣钱的动机背后还有更深的动机,这就是满足个人的物质需求。所以,很多企业家挣来的钱不是变成了新的资本,重新进入再生产过程,而是变成了个人的消费基金,被各种各样的消费活动所吞噬。

韦伯曾分析过我国的传统宗教,他的结论是儒教与资本主义精神是相抵触的,从儒教不可能产生资本主义精神。② 诚然,我们的主流传统文化讲究"天人合一",强调生活而不是生产,强调"安贫乐道",确实

---

① [德]马克斯·韦伯:《新教伦理与资本主义精神》,于晓、陈维纲等译.北京:生活·读书·新知三联书店1987年版,第48—49页。

② [德]马克斯·韦伯:《儒教与道教》,王容芬译,北京:商务印书馆1995年版,第299—300页。

缺乏一种现代理性和无限进取的精神。我国漫长的封建经济所产生的也只是"小富即安"的小农和商贾,建国以来的计划经济虽然突出个人和企业的艰苦奋斗,但过度集中的计划却消蚀着个人和企业的理性。这种状况与经济全球化的要求显然是有一定差距的。

2. 信任基础薄弱

经济全球化一方面将我们的个人与企业放入了世界大市场的竞争之中,另一方面也把我们放入了世界大市场的分工与合作之中。如果说竞争需要人们具有更为理性和进取的精神,那么合作就需要更为开放的态度,这种态度的基础就是信任。

在自然经济中,一个人或企业只需要与少数几个人有经济往来;在市场经济中,一个人或企业需要与众多的人和企业有经济往来;在全球化经济中,一个人或企业需要与全世界的人和企业都有经济往来。经济往来范围的变化,不仅在客观上要求我们的技术和产品能够与世界接轨,而且还要求我们在伦理观念上具有与之相适应的成分。

从伦理文化方面看,一个人或企业是否与他人进行经济交往以及与哪些人进行经济交往,并不完全取决于经济因素。有利可图固然是一个人或企业与他人进行经济交往的必要前提,但仅仅是有利可图还不够,还得有另一个不容忽视的因素,这就是个人对他人的信任。尽管从理论上讲一个人可能会让我赚钱,但如果他不能让我对他产生信任,我可能不会与他进行经济交往。

我是否信任别人,以及我信任哪些人,这并不是完全由我的个人爱好所决定,也不完全是由经济理性所决定,而主要受传统文化(尤其是价值取向)的影响。一个社会的传统文化制约着这个社会的信任程度与范围,这种信任程度和范围直接构成了经济交往的基础,并影响着这个社会的经济发展。正因为如此,著名学者福山才提出:"一国的福利和竞争能力其实受到单一而广被的文化特征所制约,那就是这个社会中与生俱来的信任程度。"①

我国人与人、企业与企业之间的信任程度如何呢？在福山眼里，中国是一个"低信任度社会"，这并不是说中国人互不信任，也不是说中国人不信任其他人，而是说中国人的信任是有一定限制的，它是一种家族主义式的信任。这种信任的最大特点是"只依赖和自己有关系的人，对家族以外的人则极不信任"。② 对于这一点，韦伯在本世纪初就有所察觉，他曾指出："在中国，一切信任，一切商业关系的基础明显地建立在亲戚关系或亲戚式的纯粹个人关系上面，这有十分重要的经济意义。"③

这种信任表现在企业中就是：许多企业高层管理人员是与自己有一定亲情关系的人，而不一定是具有真才实学的人；企业开创者引退以后多把企业传给自己的子女，而不是真正具有管理才能的人；企业交往的对象多为由血缘联结的有限圈子，而不一定是最有利可图的人。

毫无疑问，以亲情为基础的信任很难适应经济全球化的要求，它必然会限制企业的发展。依赖亲友进行管理，把企业作为财产传给子女，就难以吸引真正有才干的人进入企业，也难以扩大企业规模；多与血缘圈子打交道，就使企业的经济往来更多地受制于亲情关系，而难以真正面向世界，走向世界。全球化的趋势要求人们的信任只以经济为基础，对不同血缘、不同地域的人和企业一视同仁，给予同等的信任。

---

① ［美］弗兰西斯·福山：《信任——社会道德与繁荣的创造》，李宛蓉译，呼和浩特：远方出版社1998年版，第12页。

② ［美］弗兰西斯·福山：《信任——社会道德与繁荣的创造》，李宛蓉译，呼和浩特：远方出版社1998年版，第91页。

③ ［德］马克斯·韦伯：《儒教与道教》，王容芬译，北京：商务印书馆1995年版，第289页。

### 3. 信誉意识不足

信誉与信任不同,信任表明一个人或企业是否相信其他人,它关系着个人或企业将与哪些人或企业进行经济往来;而信誉则是一个人或企业是否能让其他人相信自己,它关系着将会有哪些个人或企业与自己进行经济往来。个人是否相信其他人取决于个人自身的文化信仰或价值取向,而个人是否让其他人相信则取决于个人是否能够始终如一地坚守自己的承诺。

经济全球化不仅要求社会具有较高的信任度,也要求企业和个人具有强烈的信誉意识。经济全球化的基础就是现代大工业生产。大工业生产的一个根本特点就是"可计量性",其生产过程的每一个要素、每一个环节都能够转化为一定的数量,从而可以在事先得到精确的预测和合理的控制。这种"可计量性",一方面给企业生产着信誉的基础,只要原料充足,它一定能够在一定的时间内保质保量地完成生产;另一方面也要求与之交往的企业或个人具有一定的信誉,只有在原料与产品能够按计划准时购进或卖出,企业内部的可计量性才能得到保障,任何一个环节的不守信用都会导致经济秩序的混乱。可以说,信誉既是大工业生产的产物,也是大工业生产的前提和基础。

在今天,由于市场经济的发展,我国企业界的信誉观念有了明显的改善,特别是时间观念。在大机器面前,人们的时间观念有了空前的提高,"时间就是金钱"这句话,很精确地表明了时间在人们头脑中的地位。更让人高兴的是,这种时间观念已经从劳动时间逐步向其它的时间延展,以至人们对于约定时间的最小单位和遵守程度达到了前所未有的程度。

但是,我国的信誉意识还处于非常肤浅的层面。就时间观念而言,尽管人们在很多时间方面意识很强,但在经济活动最为重要的时间方面,即债务的支付时间方面,仍然难以做到守时。企业之间大量存在的三角债现象就表明了这一点。另一方面是对产品性能、服务的承诺上。撇开"假冒伪劣"现象不谈，即便是一些合法的、具有一定经营规模的大企业，他们在做广告宣传自己的产品性能和售后服务的时候，也常有言过其实的现象。当前日益增多的经济纠纷就表明了这一点。国内外许多企业之所以能在激烈的经济竞争中立于不败之地，其中一个重要原因就是企业信誉度高。因此，信誉是产品市场占有率的基本前提，从一定意义上说，信誉就是利润或效益。

缺乏信誉会使我国企业在经济全球化过程中步履艰难，它不仅会招来大量的经济纠纷，更有可能会使我们自动退出经济全球化的圈子。

## 二、思考与对策

我国企业的伦理现状与经济全球化要求之间的差距，是我们在进入全球化进程中所必将面临的困难，如何使我国企业的伦理道德与经济全球化的要求相协调，则是每一个企业乃至全社会都必须重视的问题。这个解决得不好，我们在经济全球化的道路上就会举步惟艰，更谈不上充分利用全球化的机会来发展自身。如何解决这个问题，我们提出了两点思考。

1. 面对伦理挑战，必须把握我国社会、经济和文化的特色与现实

要消除差距、迎接挑战，首先必须与我国的现实情况相结合。

第一，必须与我国当前的经济体制改革相结合。不可否认，导致我国与世界差距的一个重要原因是经济体制方面的原因。我国过去一直实行计划经济，真正搞市场经济还不到二十年的时间。尽管计划经济对于我们建国以来的经济发展起过重大作用，但过度的计划与市场是不协调的。长期计划经济所带来的影响是：大多数人还在用计划经济的思想搞市场，而没有形成与市场经济相匹配的思想观念。经

济体制方面的原因,只有通过经济体制改革的不断深化才能真正得以解决。令人欣慰的是,这一点正是我国政府目前所致力要解决的。随着"社会主义市场经济"概念的提出,各种经济体制改革措施的出台,我国的市场经济体制必将不断完善,这些问题终将被证明是暂时的。

第二,必须与我国的传统文化相结合。我国历史悠久,文化传统深厚,对人们的影响也深入骨髓,其价值取向会不知不觉地影响着人们的经济活动。在这些价值取向中,有一些是与市场经济相容的,更多的部分是与市场经济相抵触的。不能否认,即使是与市场经济相抵触的部分价值取向,可能具有消解市场经济负面影响的作用。但是,在步入经济全球化的今天,对我们主流传统文化所起的作用需要重新审视。对于传统文化中与经济全球化不相适应的部分,我们要"通过自觉的努力以导使文化变迁朝着最合理的方面发展"。[①] 毫无疑问,这将是一项意义深远而又十分艰巨的任务,但它并不是本文所能解决的,也不是本文的重点。本文只想说明一点:与韦伯和福山不同,我相信我国一定可以、也一定要改造出一种具有中国特色的、与市场经济相适应的文化。既然西方的新教改革能够创造具有"资本主义精神"的人,我们也一定会通过自己的文化改革而产生出具有"社会主义精神"的人,新文化运动和延安整风运动就可以证明其可能性。

第三,必须与我国在改革后新生的经济人物和经济现象相结合。在社会主义市场经济的建设过程中,我国涌现了一大批优秀的企业和企业家,他们代表了我们社会发展的方向,也凝聚着我们时代较为先进的思想观念。不可否认,这些思想也有一些不成熟的地方,但它是一种方向,尤为重要的是,他们是中国传统文化和现代经济相结合的产物。他们在进行经济活动中,必然会产生一定的伦理观念。这些伦

---

① 余英时:《中国传统思想的现代诠释》,南京:江苏人民出版社1989年版,第57页。

理观念,就是我国在伦理文化上通向经济全球化的入口。

2. 面对伦理挑战,我国企业应有的对策

经济全球化,需要企业用理性的视角来看待经济运作的全方位和全过程,谁在伦理的挑战面前束手无策,谁就将在世界经济大浪潮中被淘汰出局。这是毋庸置疑的事实。我们只有以清醒的头脑适时应对这一趋势,才能从容面对和加入 WTO,融入经济全球化进程。

第一,熟悉经济运作的伦理规则。经济运作过程绝不是一个纯粹的物质,也不是一个纯粹的数字概念。没有人的参与,任何经济活动都不能成立。而人的经济行为又不能是随心所欲的,人在经济活动中必然地要受到体现为经济准则的"应该"的制约。坚持"应该","经济人"才能与"道德人"相通约,人才能最大限度和最好地创造经济业绩;坚持"应该",人与人之间的经济贸易往来才能正常而又公正地进行,不断增长的物质财富和日益提高的生活质量才能持久地产生。为此,作为现代企业,应该把认识和适应经济运作的伦理规则作为企业建设的重要内容和重要环节。

第二,开展伦理教育,夯实企业文化建设基础。企业文化建设是企业发展的精神力量之源,是企业的灵魂,更是企业发展的重要动力。而企业伦理则是企业文化的核心内容。企业文化大致包括企业的物质文化、制度文化和精神文化等要素。而企业物质文化也就是精神化了的物质,是人的科学技能、文化观念、伦理精神的物化。离开了作为主体的人的"介入",任何物质的文化意义都无法理解。同时,离开了人的体现为积极进取精神的价值取向,任何物质文化都只是缺乏省略的、枯燥的、科技物化体的存在,就连其存在的目的都无法确定。因此,企业物质文化的形成及其作用的发挥有赖于企业伦理精神的发扬。企业的制度文化,其合理性及其在企业生产经营过程中所产生效益的高低,取决于企业制度的伦理性。即是说,企业制度如能建立在对企业经营的"应该"的充分认识基础上,真正实现伦理制度化或企业制度伦理化,就会最大限度或最好地引导企业的发展。企业的精神文化,其核心是企业的伦理精神。企业的伦理精神不仅影响着企业的价值取向,而且直接制约着企业形象的建立。因此,企业的伦理教育应该是企业发展战略中思考的重点,它应该成为企业管理工作的重点。

第三,"盘点"道德资产,发挥道德资本作用。企业道德是企业的理性无形资产,主要体现为企业领导和职工的道德觉悟、企业管理中的道德手段、企业经营目标中的价值取向和企业制度中的伦理内涵等等。面对 WTO,企业应该审视一下自己的伦理道德现状,客观分析自己在企业道德建设方面取得的成就和存在的问题,理清思路,明确对策。企业道德要成为企业运作中的资本,企业就应该在企业生产经营过程中着力提高职工的道德水平,增强职工的责任心;同时,科学地协调好各种人际关系(包括企业与企业之间)和利益关系,使各种关系形成一种 1+1>2 的合力。唯此,才能充分发挥各类劳动主体的能量,并"促使有形资产最大限度地发挥作用和产生效益,促进劳动生产率的提高"。①

即使最终签订了"入世"协定,也并不意味着我国"入世"问题的彻底解决,恰恰相反,它意味着我国的"入世"问题才刚刚浮出水面。在经济体制、产业结构、管理、科技入世的同时,伦理精神的入世问题必将彰显出来,成为一项紧迫的任务。

---

① 王小锡:《21 世纪经济全球化趋势下的伦理学使命》,载《道德与文明》1999 年第 3 期。

# 后　记

　　这是一部论文集,收录了我过去 20 年撰写的部分论文。这些论文的问世,是很多学界同仁和编辑们帮助的结果。已经公开发表出来的论文,都得到了杂志社和编辑们的认真审读和精心修改;没有公开发表出来的论文,多数也以会议发言的形式面世,得到了每次会议点评专家的认真点评和悉心指教。在此,我要特别感谢在学术会议上认真审读、点评我会议论文的葛晨虹教授、陆晓禾教授、倪愫襄教授等,她们的点评使得我的论文更为完善。在编辑过程中,伦理学专业的博士生焦金磊同学以及我的硕士生赵凯、付文芳、雍坦同学承担了大量的书稿编辑及校对工作;在出版过程中,上海三联书店张大伟老师进行了细致的文字工作,在此一并表示感谢。

**图书在版编目（CIP）数据**

现代社会与道德批判/李志祥著.—上海：上海三联书店，
2019.12

ISBN 978-7-5426-6761-8

Ⅰ.① 现…　　Ⅱ.① 李…　　Ⅲ.① 经济伦理学－文集
Ⅳ.①B82-053

中国版本图书馆 CIP 数据核字（2019）第 176562 号

# 现代社会与道德批判

著　　者 / 李志祥

责任编辑 / 张大伟

装帧设计 / 徐　徐

监　　制 / 姚　军

责任校对 / 项行初

出版发行 / 上海三联书店

　　　　　（200030）中国上海市漕溪北路 331 号 A 座 6 楼

邮购电话 / 021-22895540

印　　刷 / 上海惠敦印务科技有限公司

版　　次 / 2019 年 12 月第 1 版

印　　次 / 2019 年 12 月第 1 次印刷

开　　本 / 640×960　1/16

字　　数 / 280 千字

印　　张 / 21

书　　号 / ISBN 978-7-5426-6761-8/B·646

定　　价 / 68.00 元

敬启读者，如发现本书有印装质量问题，请与印刷厂联系 021-63779028